# 해커스 중국어 HSKK 고급

중국어 말하기 시험

**5일 만에 딸 수 있다!**

# 200% 활용법!

KB100543

---

## 교재 MP3 [학습용/ 복습용 문제별 모범답변/ 실전모의고사 일반& 고사장 소음 버전/ 어휘리스트&모범답변]

**이용방법 1** 해커스중국어(china.Hackers.com) 접속 후 로그인 ▶
페이지 상단 [교재/MP3 → 교재 MP3/자료] 클릭 ▶ 본 교재 선택 후 이용하기

**이용방법 2** [해커스 ONE] 어플 다운로드 후 로그인 ▶ 나의 관심학습과정 [중국어] 선택 ▶
[교재·MP3] 클릭 ▶ 본 교재 선택 후 이용하기

▲ [해커스 ONE]
어플 다운받기

---

## 유튜브로 보는 실전모의고사 [교재 수록 1회분]

**이용방법** 유튜브 사이트(www.youtube.com)나 유튜브 어플 접속 ▶
'해커스중국어 HSKK' 검색 ▶ HSKK 고급 실전 체험해보기

▲ 영상 바로보기

---

# 본 교재 인강 30% 할인쿠폰

## 32F3 E494 7852 222L  *쿠폰 등록 후 30일간 사용 가능

▲ 수강신청 바로가기

▲ 쿠폰 등록하기

**이용방법** 해커스중국어(china.Hackers.com) 접속 후 로그인 ▶ 나의강의실 ▶ 내 쿠폰 확인하기 ▶ 쿠폰번호 등록

* 해당 쿠폰은 HSKK 고급 단과 강의 구매 시 사용 가능합니다.
* 본 쿠폰은 1회에 한해 등록 가능합니다.
* 이외 쿠폰 관련 문의는 해커스중국어 고객센터(02-537-5000)으로 연락 바랍니다.

# 중국어도 역시 1위 해커스중국어
# 약 900여 개의 체계적인 무료 학습자료

| 분야 / 레벨 | 공통 | 회화 | HSK | HSKK/TSC |
|---|---|---|---|---|
| **공통** | 철저한 성적분석<br>**무료 레벨테스트**<br> | 빠르게 궁금증 해결<br>**1:1 학습 케어**<br> | HSK 전 급수<br>**프리미엄 모의고사**<br> | TSC 급수별<br>**발음 완성 트레이너**<br> |
| **초급** | 초보자가 꼭 알아야 할<br>**초보 중국어 단어**<br> | 기초 무료 강의 제공<br>**초보 중국어 회화**<br> | HSK 4급 쓰기+어휘 완벽 대비<br>**쓰기 핵심 문장 연습**<br> | TSC 급수별 만능 표현<br>**& 필수 암기 학습자료**<br> |
| **중급** | 매일 들어보는<br>**사자성어 & 한자상식**<br> | 입이 트이는 자동발사<br>**중국어 팟캐스트**<br> | 기본에서 실전까지 마무리<br>**HSK 무료 강의**<br> | HSKK/TSC 실전 정복!<br>**고사장 소음 버전 MP3**<br> |
| **고급** | 실생활 고급 중국어 완성!<br>**중국어 무료 강의**<br> | 상황별 다양한 표현 학습<br>**여행/비즈니스 중국어**<br> | HSK 고득점을 위한<br>**무료 쉐도잉 프로그램**<br> | 고급 레벨을 위한<br>**TSC 무료 학습자료**<br> |

[중국어인강 1위] 주간동아 선정 2019 한국 브랜드 만족지수 교육(중국어인강) 부문 1위
[900개] 해커스중국어 사이트 제공 총 무료 콘텐츠 수 (~2021.02.19)

중국어 인강 1위 해커스중국어　china.Hackers.com　검색　　무료 학습자료 확인하기 ▶

해커스 중국어

중국어 말하기 시험

# HSKK 고급

5일 만에 딸 수 있다!

해커스중국어

# 목차

## 제1부분 듣고 나의 말로 다시 설명하기

## 제2부분 낭독하기

## 제3부분 질문에 대답하기

## 실전모의고사

 시험장까지 들고 가는
**어휘리스트&모범답변** (별책)

제1부분의 빈출 어휘, 제2부분의 고난도 어휘와 함께 제3부분의
만능 답변 아이디어, 추가 모범답변을 제공합니다. 또한 예상치 못한
상황에서 쓸 수 있는 시험장 위기 상황 대처 표현을 제공합니다.

 유튜브로 보는
**실전모의고사**(1 회분)    바로 가기 ▶

해커스중국어(china.Hackers.com) 접속 > 상단 메뉴 [교재/MP3
→ 교재 MP3/자료] > 교재 선택 후 이용하기

# 이 책의 구성과 특징

## ■ 한 눈에 파악하는 출제 유형과 시험 진행 순서

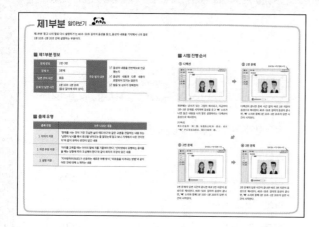

부분별 알아보기를 통해 시험 정보와 출제 유형을 한 눈에 파악할 수 있습니다. 또한 시험 진행 순서를 통해 실제 시험의 세부적인 진행 방식을 알 수 있습니다.

## ■ 문제풀이의 기초를 다지는 스텝별 전략

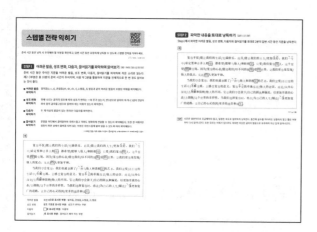

실전에서 바로 적용할 수 있는 스텝별 전략을 통해 부분별 문제에 가장 효과적으로 답변하는 방법을 익힐 수 있으며, 만능 답변 템플릿을 통해 어떤 문제가 출제되더라도 빠르게 짜임새 있는 답변을 준비할 수 있습니다.

# 실력을 쌓는 문제 유형별 학습

실제 출제 경향에 맞게 분류된 문제 유형을 통해 각 유형을 체계적으로 학습할 수 있습니다. 또한 유형별로 수록된 예제와 풍부한 표현 및 답변 아이디어를 학습함으로써 실전에 확실하게 대비할 수 있는 실력을 쌓을 수 있습니다.

# 실력을 점검할 수 있는 실전 테스트와 부분 마무리 테스트

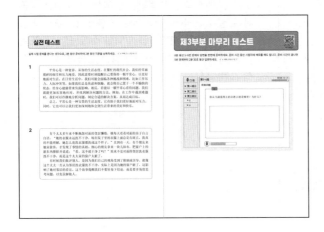

유형별 학습을 마친 후 실전 테스트를 풀어봄으로써 앞에서 배운 내용을 바로 점검할 수 있습니다. 또한 실제 시험과 동일한 난이도 및 형태로 제공되는 부분 마무리 테스트를 통해 실전 감각을 기를 수 있습니다.

# 이 책의 구성과 특징

## 실전 감각을 극대화하는 실전모의고사

최신 기출 경향이 완벽하게 반영된 실전모의고사 5회분을 풀어봄으로써 실제 시험 전 자신의 실력을 최종 점검해볼 수 있으며, 합격 실력을 완성하고, 시험 전 최종 마무리가 가능합니다.

## 문제를 완벽하게 정복하는 모범답변·해석

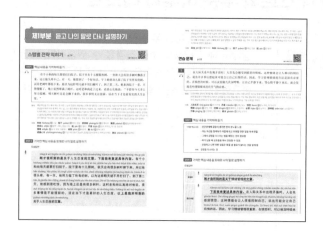

모든 문제에 대한 모범답변과 해석 및 어휘를 제공하여, 실제 중국에서 사용하는 자연스러운 표현과 답변 구성 방법을 자연스럽게 익힐 수 있습니다. 또한 모범답변을 바탕으로 자신의 답변을 보완 및 개선할 수 있습니다.

# 더욱 효과적인 학습을 위한 다양한 무료 학습자료

### 시험장까지 들고 가는 어휘리스트&모범답변

제1부분 빈출 어휘와 제2부분 고난도 어휘부터, 제3부분의 만능 답변 아이디어와 추가 모범답변까지, 부분별로 중요한 내용을 모두 빠뜨림없이 익힐 수 있습니다. 또한 예상치 못한 상황에서 쓸 수 있는 시험장 위기 상황 대처 표현을 통해 당황하지 않고 답변을 이어나갈 수 있습니다.

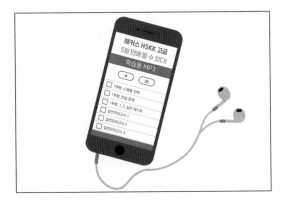

### 다양한 버전의 MP3 음원

본책 학습용 MP3와 복습용 문제별 모범답변 MP3를 통해 교재에 수록된 예제와 다양한 표현, 모범답변을 들으면서 학습할 수 있습니다. 또한 실전모의고사 MP3를 통해 문제풀이는 물론, 실제 시험장 환경과 비슷한 고사장 소음 버전 MP3를 통해 실전 상황을 대비할 수 있습니다. 그리고 별책부록의 MP3 음원으로 부분별 중요한 내용을 시험 직전까지 들으며 복습할 수 있습니다.

### 유튜브로 보는 실전모의고사(1회분)

실제 시험과 동일한 화면 및 시험 순서로 진행되는 '유튜브로 보는 실전모의고사'를 통해, 실제 시험과 동일한 흐름으로 시험을 치를 수 있을 뿐만 아니라, 실전 감각까지 극대화할 수 있습니다.

# HSKK 소개

## 1. HSKK 란?

汉语水平口语考试(중국어 말하기 능력 시험)의 한어병음인 Hànyǔ Shuǐpíng Kǒuyǔ Kǎoshì의 앞글자를 딴 것으로, 제1언어가 중국어가 아닌 사람의 중국어 능력을 평가하기 위해 만들어진 시험입니다.

## 2. HSKK의 급수 구성

HSKK 시험은 컴퓨터로 진행하는 시험인 IBT로 진행됩니다. HSKK 시험은 초급·중급·고급으로 나뉘며, 급수별로 각각 응시할 수 있습니다.

| HSKK 등급 | HSK 등급 | 수준 |
|---|---|---|
| HSKK 초급 | HSK 1급 | 중국어로 익숙한 일상생활의 화제에 대해 듣고 이해할 수 있으며, 기본적인 일상회화를 진행할 수 있다. |
| | HSK 2급 | |
| HSKK 중급 | HSK 3급 | 중국인과의 교류에서 듣고 이해할 수 있으며, 중국어로 비교적 유창하게 회화를 진행할 수 있다. |
| | HSK 4급 | |
| HSKK 고급 | HSK 5급 | 중국어로 듣고 이해할 수 있으며, 유창하게 자신의 견해를 표현할 수 있다. |
| | HSK 6급 | |

## 3. HSKK 시험 접수 및 준비물

### 1) 인터넷 접수
HSK 한국사무국 홈페이지(https://new.hsk.or.kr) 또는 HSK 시험센터(http://www.hsk-korea.co.kr)에서 접수합니다.

### 2) 시험 당일 준비물
수험표 및 유효한 신분증

## 4. HSKK 성적 확인

### 1) 성적 조회
시험일 1개월 후, 한국시간 오전 11시부터 중국고시센터 홈페이지(https://www.chinesetest.cn/HSKK)에서 성적 조회가 가능합니다.

### 2) 성적표 수령 방법
시험 접수처에 따라, 시험일로부터 약 45일 후 우편 또는 방문 수령이 가능합니다.

### 3) 성적의 유효기간
시험일로부터 2년간 유효합니다.

## 5. HSKK 고급 소개

### 1) 시험 수준 및 응시 대상

- HSKK 고급은《국제중국어능력기준》5급과《유럽언어공동참고프레임(CEF)》C급에 해당합니다.
- HSKK 고급에 합격한 응시자는 중국어로 듣고 이해할 수 있으며, 자신의 견해를 유창하게 표현할 수 있습니다.
- HSKK 고급 시험은 매주 2-3시간씩 2년 이상 중국어를 학습하고, 약 3,000개의 상용어휘를 마스터한 응시자를 대상으로 합니다.

### 2) 시험 구성 및 시험 시간

| 시험 내용 | | 문항 수 | 시험 시간 |
|---|---|---|---|
| 시험 진행에 앞서 응시자 정보(이름, 국적, 수험번호)에 대한 질의 응답이 이루어집니다. | | | |
| 제1부분 | 듣고 나의 말로 다시 설명하기 | 3 | 약 8분 |
| 제2~3부분 답변 준비 시간 | | | 10분 |
| 제2부분 | 낭독하기 | 1 | 2분 |
| 제3부분 | 질문에 대답하기 | 2 | 5분 |
| 합계 | | 6문항 | 약 25분 |

### 3) 합격 기준

- HSKK 고급 성적표에는 부분별 성적 없이 총점만 기재됩니다. 100점 만점으로 총점(응시자 취득 점수) 60점 이상이면 합격입니다.

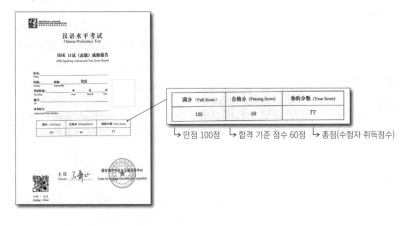

| 满分 (Full Score) | 合格分 (Passing Score) | 你的分数 (Your Score) |
|---|---|---|
| 100 | 60 | 77 |

↳ 만점 100점　↳ 합격 기준 점수 60점　↳ 총점(수험자 취득점수)

## 4) HSKK 고급 시험 화면 구성 및 진행 방식

### ① 로그인 및 응시자 정보 확인

컴퓨터 모니터에 부착되어 있는 수험번호와 패스워드를 입력하여 시험에 로그인 한 후, 본인의 응시정보가 정확한지 확인합니다.

### ② 음량 및 녹음 테스트

헤드셋을 착용하여 음량을 조절합니다. 그다음 화면 속 마이크 버튼을 클릭하여 녹음을 진행한 뒤, 녹음 내용을 들어보며 정상적으로 녹음되었는지 확인합니다.

### ③ 응시자 정보 질의응답

시험을 시작한다는 음성과 함께 응시자의 이름, 국적과 수험번호를 묻는 음성이 차례대로 제시되며, 질문마다 10초의 답변 시간이 제시됩니다.

你好，你叫什么名字？ [응답: 我叫OOO。]
你是哪国人？ [응답: 我是韩国人。]
你的序号是多少？ [응답: 我的序号是OOO。]

### ④ 제1부분 시험 진행

응시자 정보 질의응답이 끝나면, 1~3번 문제를 시작한다는 음성과 함께 제1부분 시험이 진행됩니다.

### ⑤ 제2~3부분 답변 준비

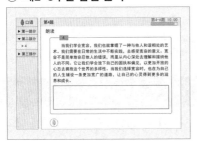

제1부분의 3번 문제의 답변 시간이 끝나면, 4~6번 문제의 준비를 시작하라는 음성과 함께 제2~3부분의 답변 준비 시간이 총 10분 제시됩니다. 4~6번 문제에는 메모칸이 제시되며, 중국어로 메모할 수 있습니다.

### ⑥ 제2~3부분 답변 진행

10분의 준비 시간이 끝나면, 4~6번 문제의 답변 시간이 차례대로 제시됩니다.

### ⑦ 시험 종료

6번 문제의 답변 시간이 끝나면 시험이 종료됩니다.

---

**Tip! 중국어 입력기 사용법**

1. Alt+Shift를 동시에 누르면 sogou 입력기가 활성화되어 중국어를 입력할 수 있습니다.
2. [ü] 발음의 중국어를 입력할 때는 알파벳 v를 입력합니다.
3. sogou 입력기에서 병음을 치면, 같은 병음의 다른 한자들이 표시됩니다. 이때 내가 입력하려는 글자가 맞는지 확인해야 합니다.
4. 중국어 필기 인식기 사용 방법: sogou 입력기 맨 우측의 사각형 모양 아이콘 클릭 → 手写输入 클릭 및 다운로드 → 연필 모양 아이콘 클릭한 후 사용

\* sogou 프로그램 다운로드 / 설치 방법: \<pinyin.sogou.com> 사이트 접속 → 컴퓨터 운영체제 선택 → 설치

# 맞춤형 학습 플랜

## ■ 5일 완성 학습 플랜

HSK 5~6급을 이미 취득했거나, 단기간에 HSKK 고급에 합격하고자 하는 학습자에게 적합한 플랜입니다.

| 1일 | 2일 | 3일 | 4일 | 5일 |
|---|---|---|---|---|
| ☐ ___월___일 | ☐ ___월___일 | ☐ ___월___일 | ☐ ___월___일 | ☐ ___월___일 |
| [제1부분]<br><br>[별책]<br>제1부분 빈출 어휘 | [제2부분]<br><br>[별책]<br>제2부분 고난도 어휘 | [제3부분]<br><br>[별책]<br>제3부분 만능 답변 아이디어<br>제3부분 추가 모범답변<br>(p.24~34) | [실전모의고사 1~5]<br><br>[별책]<br>제3부분 추가 모범답변<br>(p.35~46)<br>시험장 위기 상황 대처 표현 | [제1~3부분] 복습<br><br>[유튜브로 보는 실전<br>모의고사(1회분)] |

### 5일 완성 학습 플랜 활용방법

1. 공부할 날짜를 쓰고, 매일 당일 학습 분량을 공부한 후 박스에 하나씩 체크해 나가며 목표를 달성해 보세요.
2. 각 부분을 3일 동안 학습하고, 남은 2일 중 하루는 실전모의고사를 풀고 하루는 학습한 문제 유형 전체를 복습하는 방식으로 학습합니다.
3. 총 3일에 걸쳐 제1~3부분의 부분별 문제 유형을 학습한 후, 부분 마무리 테스트를 풀고 복습합니다.
4. 매일 학습이 끝나면 별책 '시험장까지 들고 가는 어휘리스트&모범답변'을 정해진 분량만큼 학습합니다.
5. 제1~3부분의 모든 문제 유형 학습이 끝나면, 실전모의고사를 풀어보며 실력을 점검합니다.
6. 5일차에는 제1~3부분에서 학습한 문제 유형 전체를 복습한 후, '유튜브로 보는 실전모의고사(1회분)'을 보며 마무리합니다.

# ■ 10일 완성 학습 플랜

HSK 5~6급을 학습한 적이 있거나, 체계적인 부분별 집중 학습을 통해 HSKK 고급에 합격하고자 하는 학습자에게 적합한 플랜입니다.

| 1일 | 2일 | 3일 | 4일 | 5일 |
|---|---|---|---|---|
| ☐ ___월___일 | ☐ ___월___일 | ☐ ___월___일 | ☐ ___월___일 | ☐ ___월___일 |
| [제1부분]<br>01 이야기 지문<br>02 의견 주장 지문 | [제1부분]<br>03 설명 지문<br>제1부분 마무리 테스트 | [제2부분]<br>01 어려운 발음<br>02 성조 변화 | [제2부분]<br>03 다음자<br>04 끊어읽기<br>제2부분 마무리 테스트 | [제3부분]<br>01 의견을 묻는 질문<br>02 선택을 묻는 질문 |
| [별책]<br>제1부분 빈출 어휘(p.2~5) | [별책]<br>제1부분 빈출 어휘(p.6~9) | [별책]<br>제2부분 고난도 어휘<br>(p.10~13) | [별책]<br>제2부분 고난도 어휘<br>(p.14~17) | [별책]<br>제3부분 만능 답변 아이디어 |

| 6일 | 7일 | 8일 | 9일 | 10일 |
|---|---|---|---|---|
| ☐ ___월___일 | ☐ ___월___일 | ☐ ___월___일 | ☐ ___월___일 | ☐ ___월___일 |
| [제3부분]<br>03 상황을 가정하여 묻는 질문<br>제3부분 마무리 테스트 | [실전모의고사 1~2] | [실전모의고사 3~5] | [제1~2부분] 복습 | [제3부분] 복습 |
| [별책]<br>제3부분 추가 모범답변<br>(p.24~34) | [별책]<br>제3부분 추가 모범답변<br>(p.35~46)<br>시험장 위기 상황 대처 표현 | [별책]<br>제1부분 빈출 어휘 복습<br>제2부분 고난도 어휘 복습 | [별책]<br>제3부분 만능 답변 아이디어,<br>시험장 위기 상황 대처 표현<br>복습 | [유튜브로 보는 실전<br>모의고사(1회분)] |

## 10일 완성 학습 플랜 활용방법

1. 공부할 날짜를 쓰고, 매일 당일 학습 분량을 공부한 후 박스에 하나씩 체크해 나가며 목표를 달성해 보세요.
2. 각 부분을 6일 동안 학습하고, 남은 4일 중 이틀은 실전모의고사를 풀고 이틀은 학습한 문제 유형 전체를 복습하는 방식으로 학습합니다.
3. 총 6일에 걸쳐 제1~3부분의 부분별 문제 유형을 학습합니다. 부분 마무리 테스트는 부분별 학습이 끝난 후 풀고 복습합니다.
4. 매일 학습이 끝나면 별책 '시험장까지 들고 가는 어휘리스트&모범답변'을 정해진 분량만큼 학습합니다.
5. 제1~3부분의 모든 문제 유형 학습이 끝나면, 실전모의고사를 풀어보며 실력을 점검합니다.
6. 9일차부터는 제1~3부분에서 학습한 문제 유형 전체를 복습합니다. 10일차에는 '유튜브로 보는 실전모의고사(1회분)'을 보며 마무리합니다.

본 교재 동영상강의 · 무료 학습자료 제공

**china.Hackers.com**

# 제1부분

## 듣고 나의 말로 다시 설명하기

**스텝별 전략 익히기**

# 제1부분 알아보기

제1부분 '듣고 나의 말로 다시 설명하기'는 40초~50초 길이의 음성을 듣고, 음성의 내용을 기억해서 나의 말로 1분 10초~1분 20초 안에 설명하는 부분이다.

## ■ 제1부분 정보

| 문제 번호 | 1번~3번 | 주요 평가 내용 | ☑ 음성의 내용을 전반적으로 언급했는지 |
|---|---|---|---|
| 문제 수 | 3문제 | | ☑ 음성의 내용과 다른 내용이 포함되어 있지는 않은지 |
| 답변 준비 시간 | 없음 | | ☑ 발음 및 성조가 정확한지 |
| 문제 당 답변 시간 | 1분 10초~1분 20초 (음성 길이에 따라 상이) | | |

## ■ 출제 유형

| 출제 유형 | 자주 나오는 내용 |
|---|---|
| 1. 이야기 지문 | '현재를 사는 것이 가장 진실한 삶의 태도이다'와 같은 교훈을 전달하는 내용 또는 '남편이 낚시를 해서 생선을 낚아오는 줄 알았는데 알고 보니 가게에서 사온 것이었다'와 같이 유머나 반전이 담긴 내용 |
| 2. 의견 주장 지문 | '아이를 교육할 때는 아이의 말에 귀를 기울여야 한다', '인터넷에서 유행하는 용어를 쓸 때는 상황에 따라 조심해야 한다'와 같이 화자의 주장이 담긴 내용 |
| 3. 설명 지문 | '지우링허우(90后)가 선호하는 새로운 여행 방식', '외로움을 이겨내는 방법'과 같이 어떤 것에 대해 소개하는 내용 |

# ■ 시험 진행 순서

## ① 디렉션

화면에는 남녀가 있는 그림이 제시되고, 지금부터 1번~3번 문제를 시작하며 음성을 듣고 '삐' 소리가 나면 들은 내용을 나의 말로 설명하라는 디렉션이 음성으로 제시된다.

[디렉션]
现在开始第一到三题。每题你会听到一段话，请在 "嘀" 声后复述这段话。现在开始第一题。

## ② 1번 문제

음성 듣는 시간+답변 시간

디렉션이 끝나면 준비 시간 없이 바로 1번 지문이 음성으로 제시된다. 40초~50초 길이의 음성이 끝나면, '삐' 소리와 함께 1분 10초~1분 20초의 답변 시간이 시작된다.

## ③ 2번 문제

음성 듣는 시간+답변 시간

1번 문제의 답변 시간이 끝나면 바로 2번 지문이 음성으로 제시된다. 40초~50초 길이의 음성이 끝나면, '삐' 소리와 함께 1분 10초~1분 20초의 답변 시간이 시작된다.

## ④ 3번 문제

음성 듣는 시간+답변 시간

2번 문제의 답변 시간이 끝나면 바로 3번 지문이 음성으로 제시된다. 40초~50초 길이의 음성이 끝나면, '삐' 소리와 함께 1분 10초~1분 20초의 답변 시간이 시작된다.

# 스텝별 전략 익히기

MP3 바로듣기

음성을 들을 때 핵심이 되는 부분을 중점적으로 기억하고, 기억한 내용을 바로 나의 말로 설명할 수 있도록 스텝별 전략을 익혀두세요. 🎧 1부분_스텝별 전략

## STEP 1  핵심 내용을 기억하며 듣기 [음성 듣는 시간 40~50초]

음성을 들을 때, 핵심이 되는 내용을 우리말로 기억하며 듣는다. 이때 모든 세부적인 내용을 완벽하게 기억하려고 하기보다는 핵심이 되는 부분 위주로 기억해야 한다. 또한 음성에서 언급되는 화제나 등장인물·동물을 기억해두면 답변에 그대로 활용할 수 있으므로, 음성에서 언급되는 화제나 등장인물·동물을 기억해둔다.

**1** 문장의 뼈대가 되는 주어, 술어, 목적어가 될 수 있는 내용을 위주로 기억한다.

> **들은 내용:** 一到秋天会有很多树叶飘落下来，这让他头疼不已。
> 가을이 되기만 하면 나뭇잎이 많이 떨어져 그를 끊임없이 머리 아프게 했다.

> **기억한 핵심 내용:** 가을에는 나뭇잎이 많이 떨어져서 그는 머리가 아픔.

**2** 그대로 언급하기 어려운 성어나, 관형어·부사어와 같은 꾸며주는 말은 쉬운 말로 기억한다.

> **들은 내용:** 这时老和尚走了过来，语重心长地说：
> 이때 나이 많은 스님이 다가와서 진심 어린 말로 진솔한 감정을 담아 말했다.

> **기억한 핵심 내용:** 스님이 그에게 진지하게 말함.

> **들은 내용:** 到了第二天，他不禁傻眼了。
> 다음날, 그는 눈이 휘둥그레지는 걸 참을 수 없었다.

> **기억한 핵심 내용:** 다음날이 되어 그는 깜짝 놀랐음.

**3** 구체적인 숫자가 나오면 대략적인 수량으로 기억한다.

> **들은 내용:** 院子里有十五棵银杏树。
> 마당에는 은행나무 열다섯 그루가 있었다.

> **기억한 핵심 내용:** 마당에는 나무가 십여 그루 있었음.

**4** 음성에서 언급되는 화제를 기억한다. 음성에서 화제를 파악하기 어렵다면 등장인물이나 동물을 기억해둔다. 화제나 등장인물·동물은 주로 음성의 도입부나 마지막에 언급된다.

有个小和尚每天都要打扫院子。

院子里有十五棵银杏树，一到秋天会有很多树叶飘落下来，这让他头疼不已。

有一天，他想到了一个好办法。早上他使劲儿摇了院子里所有的树，试着把树叶都摇下来。他以为这样明天就不用扫树叶了。

到了第二天，他来到院子一看，不禁傻眼了，地上依然堆满了树叶。

这时老和尚走了过来，语重心长地说："不管你今天多么努力摇树，明天树叶还是会飘下来的。很多事情无法提前，活在当下才是最真实的人生态度。"

**기억한 핵심 내용:**
한 어린 스님이 매일 마당을 청소함.

마당에 나무가 십여 그루 있었는데, 가을에는 나뭇잎이 많이 떨어져서 그는 머리가 아픔.

어느 날 그는 모든 나무를 힘껏 흔들었고, 내일 청소를 안 해도 되겠다고 생각함.

다음날이 되어 그는 깜짝 놀람. 바닥에 여전히 나뭇잎이 많았기 때문임.

나이 많은 스님이 그에게 많은 일은 앞당길 수 없고, 현재를 사는 것이 가장 좋은 삶의 태도라고 진지하게 말함.

**화제:** 삶의 태도

해석 p.120

음성을 듣고 기억한 핵심 내용을 아래의 템플릿에 넣어 답변한다.

만능 답변 템플릿

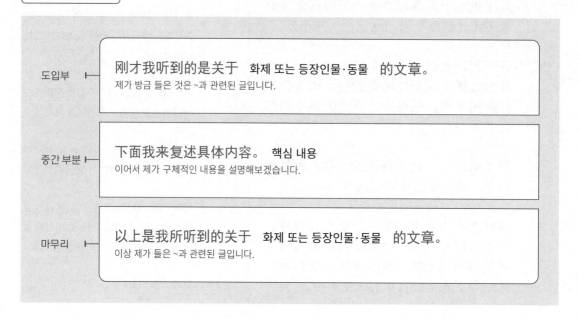

도입부

刚才我听到的是关于 화제 또는 등장인물·동물 的文章。
제가 방금 들은 것은 ~과 관련된 글입니다.

중간 부분

下面我来复述具体内容。 핵심 내용
이어서 제가 구체적인 내용을 설명해보겠습니다.

마무리

以上是我所听到的关于 화제 또는 등장인물·동물 的文章。
이상 제가 들은 ~과 관련된 글입니다.

예

| 기억한 핵심 내용 | | 답변 |
|---|---|---|

도입부 ┤ 삶의 태도 ➡ 刚才我听到的是关于人生态度的文章。

중간 부분 ┤

한 어린 스님이 매일 마당을 청소함.

마당에 나무가 십여 그루 있었는데, 가을에는 나뭇잎이 많이 떨어져서 그는 머리가 아픔.

어느 날 그는 모든 나무를 힘껏 흔들었고, 내일 청소를 안 해도 되겠다고 생각함.

다음날이 되어 그는 깜짝 놀람. 바닥에 여전히 나뭇잎이 많았기 때문임.

나이 많은 스님이 그에게 많은 일은 앞당길 수 없고, 현재를 사는 것이 가장 좋은 삶의 태도라고 진지하게 말함.

➡

下面我来复述具体内容。有个小和尚每天都要打扫院子。

院子里有十几棵树，秋天会有很多树叶掉下来，所以他很头疼。

有一天，他用力摇了所有的树，以为这样明天就不用打扫了。

到了第二天，他感到很吃惊，因为地上还是有很多树叶。

这时老和尚认真地对他说，很多事情是不能提前的，活在当下才是最好的人生态度。

마무리 ┤ 삶의 태도 ➡ 以上是我所听到的关于人生态度的文章。

해석 p.120

TIP! 음성 길이가 40초~50초밖에 되지 않는데 비해 답변 시간은 1분 10초~1분 20초로 넉넉하게 주어지므로, 답변 시간을 꽉 채우지 않아도 괜찮다. 답변 시간을 다 채우려고 음성에서 언급되지 않은 내용을 덧붙여 설명하지 말고, 음성에서 언급된 핵심 내용을 나의 말로 잘 설명하는 것에 중점을 둔다.

# 연습 문제

MP3 바로듣기

앞에서 배운 전략을 사용하여, 음성을 듣고 우리말로 Step1의 빈칸을 채워보세요. 그다음 Step2에 우리말로 적혀 있는 부분을 중국어로 바꾸어 답변해보세요. 🎧 1부분_연습 문제

## 1

---

**STEP 1** 핵심 내용을 기억하며 듣기

기억한 핵심 내용: _____

_____

_____

화제: _____

**STEP 2** 기억한 핵심 내용을 토대로 나의 말로 설명하기

🎤 도입부 ├─ 제가 방금 들은 것은 **情绪管理** 와 관련된 글입니다.

중간 부분 ├─ 이어서 제가 구체적인 내용을 설명해보겠습니다. 在人际关系中出现矛盾时，人会先感到愤怒。这种情绪会让人很难控制自己，说出可能会让自己后悔的话。因此，学习情绪管理很重要。在愤怒时，可以做深呼吸来让自己平静下来。等平静下来后，就会发现有些事没必要生气。

마무리 ├─ 이상 제가 들은 **情绪管理** 와 관련된 글입니다.

## 2

STEP 1  핵심 내용을 기억하며 듣기

기억한 핵심 내용: _____

_____

_____

화제: _____

STEP 2  기억한 핵심 내용을 토대로 나의 말로 설명하기

도입부 ├── 제가 방금 들은 것은  一个失明的老人  과 관련된 글입니다.

중간 부분 ├── 이어서 제가 구체적인 내용을 설명해보겠습니다. 一个年轻人生病了，感到很绝望。一天，他发现一个失明的老人在弹钢琴，身边还有镜子。年轻人问老人镜子是不是他的， 거울이 그의 보물이라고 했습니다. 年轻人又问镜子对老人有什么意义。老人说他希望有一天能看到镜子里自己弹钢琴的样子， 거울을 항상 가지고 다닙니다. 我们无论遇到多么艰难的情况， 희망을 가지고 긍정적인 마음을 유지해야 합니다.

마무리 ├── 이상 제가 들은  一个失明的老人  과 관련된 글입니다.

해석 p.121

# 01 │ 이야기 지문

이야기 지문은 등장하는 인물이나 동물을 중심으로 전개되는 지문이다. 주로 교훈을 전달하는 이야기 지문 또는 반전·유머가 있는 이야기 지문이 출제된다. 주로 (有)一天(어느 날), 有人(어떤 사람), 有(一)个(어느 한 ~)로 시작하며, 등장인물(동물), 이야기가 전개되는 장소, 시간 등을 정확하게 기억하고, 이야기의 전체적인 흐름을 파악해야 한다.

## 1 교훈을 전달하는 이야기 지문

등장인물·동물과 관련된 일화를 통해 교훈을 전달하는 지문이다. 교훈은 주로 이야기의 마지막 부분에서 언급되므로, 마지막까지 반드시 집중해서 들어야 하며, 지문이 전하고자 하는 교훈이 무엇인지 정확하게 설명해야 한다.   🎧 1부분_1_1_예제

 음성

> 　　一只雄孔雀拥有美丽的长尾巴，尾巴上金黄色和翠绿色的羽毛在阳光下闪着光。所有人都惊叹它的美，它自己也因这美丽的长尾巴而感到自豪。每次休息的时候，它总会选择一个能藏住尾巴的地方，防止尾巴被弄脏。有一天，天上下起了暴雨，它没来得及躲避，全身都湿了。这时，有个猎人悄悄接近了它，但它只忙着整理自己的尾巴，没有看到猎人。就这样，它因过分追求外在的虚荣，而失去了自己的生命。

➡ 이야기 지문에서 전달하고자 하는 교훈인 **它因过分追求外在的虚荣，而失去了自己的生命**이 마지막 부분에서 언급되었다.

모범답변

> 　　刚才我听到的是关于一只孔雀的文章。下面我来复述具体内容。一只雄孔雀有着美丽的尾巴，尾巴上的羽毛在阳光下闪着光。人们都惊叹它的美，它自己也很自豪。每次休息时，它都会选能藏住尾巴的地方，避免弄脏尾巴。有一天下了暴雨，它没来得及躲避，所以全身都湿了。有个猎人接近了它，但它忙着整理尾巴，没有看到。就这样，它因为追求虚荣而失去了生命。以上是我所听到的关于一只孔雀的文章。

➡ 이야기 지문에서 전달하고자 하는 교훈인 **它因为追求虚荣而失去了生命**을 반드시 정확하게 설명해야 한다.

해석 p.123

## 자주 나오는 표현

교훈을 전달하는 이야기 지문에서 자주 나오는 표현을 여러 번 듣고 따라 말하며 익혀둔다. 🎧 1부분_1_2_표현

| | |
|---|---|
| 01 chéngshí shǒuxìn<br>**诚实守信**<br>성실하고 신용을 지키다 | 02 kèfú chóngchóng kùnnan<br>**克服重重困难**<br>거듭되는 어려움을 극복하다 |
| 03 miànlín jiānnán de chǔjìng<br>**面临艰难的处境**<br>힘든 상황을 만나다 | 04 gǔqi yǒngqì zǒu xiàqu<br>**鼓起勇气走下去**<br>용기를 내서 해 나가다 |
| 05 jījí de miànduì wèntí<br>**积极地面对问题**<br>긍정적으로 문제에 직면하다 | 06 píng wàibiǎo pànduàn tārén<br>**凭外表判断他人**<br>겉모습으로 타인을 판단하다 |
| 07 gùshǒu zài zìjǐ de lǐngyù li<br>**固守在自己的领域里**<br>자신의 영역을 고수하다 | 08 duì biérén yào bǎochí chéngxìn hé shànliáng<br>**对别人要保持诚信和善良**<br>사람을 대할 때 신용을 지키고 선량해야 한다 |
| 09 tànxún jīngcǎi shìjiè de nénglì<br>**探寻精彩世界的能力**<br>멋진 세상을 탐구하는 능력 | 10 yǔzhòngbùtóng de jiàzhí hé nénglì<br>**与众不同的价值和能力**<br>남다른 가치와 능력 |
| 11 bǎochí lèguān de xīntài<br>**保持乐观的心态**<br>낙관적인 마음을 유지하다 | 12 jiějué wèntí yào cóng gēnběn shang rùshǒu<br>**解决问题要从根本上入手**<br>문제를 해결하는 것은 근본부터 시작돼야 한다 |

## 2 반전·유머 이야기 지문

우화, 옛날이야기, 일상생활 이야기에 반전이나 유머러스한 내용이 있는 지문이다. 반전이나 유머러스한 내용은 주로 이야기의 마지막 부분에서 언급되므로, 마지막까지 반드시 집중해서 들어야 하며, 이야기의 반전이나 유머 코드를 담은 내용을 정확하게 설명해야 한다. 🎧 1부분_1_3_예제

[예]  음성

> 　　有对夫妇最大的愿望就是到各个地方游玩。为了实现这个愿望，他们省吃俭用，终于积攒到了一笔费用。他们购买了一些廉价的面包，坐上轮船出发了。他俩住最差的房间，饿了就吃面包，渴了就喝轮船上看起来最便宜的饮料。过了几天目的地到了，他俩去结账时，对职员说他们只喝了一点儿饮料，应该没有花很多钱。职员惊讶地告诉他们不用付钱，因为船上的餐食都是免费的。

➡ 이야기의 반전인 **职员惊讶地告诉他们不用付钱，因为船上的餐食都是免费的。**가 마지막 부분에서 언급되었다.

🎤

> 刚才我听到的是关于一对夫妇的文章。下面我来复述具体内容。有对夫妇的愿望是去旅游。为了实现愿望，他们过得非常节省，攒到了去旅游的钱。他们买了一些便宜的面包，上船出发了。他们住最差的房间，饿了就吃面包，渴了就喝船上看起来很便宜的饮料。到目的地后，他们去结账时说只喝了点儿饮料。职员惊讶地说不用付钱，船上的食物都是免费的。以上是我所听到的关于一对夫妇的文章。

➡ 이야기의 반전인 **职员惊讶地说不用付钱，船上的食物都是免费的。**를 반드시 정확하게 설명해야 한다.

해석 p.124

## 자주 나오는 표현

반전·유머 이야기 지문에서 자주 나오는 표현을 여러 번 듣고 따라 말하며 익혀둔다. 🎧 1부분_1_4_표현

01
Méi xiǎngdào tā jìngrán shì zhè jiā gōngsī de lǎobǎn.
没想到她竟然是这家公司的老板。
그녀가 뜻밖에도 이 회사의 사장일 줄 몰랐다.

02
Tōu tā xiàngliàn de rén jūrán shì tā de érzi.
偷她项链的人居然是她的儿子。
그녀의 목걸이를 훔친 사람은 뜻밖에도 그녀의 아들이었다.

03
Yuánlái tā zài xīnlǐ zǎo jiù yǐjīng yuánliàngle qīzi.
原来他在心里早就已经原谅了妻子。
알고 보니 그는 마음속으로 이미 아내를 용서했다.

04
Shéi zhīdào wǒmen jìngrán chéngwéile hǎo péngyou.
谁知道我们竟然成为了好朋友。
우리가 좋은 친구가 될 줄 누가 알았겠어요.

05
Búliào tā què bǎ hùzhào làzàile jiā li.
不料他却把护照落在了家里。
뜻밖에도 그는 여권을 집에 두고 왔다.

06
Zhè dān shēngyi fǎn'ér ràng tā zhuànle yí dà bǐ qián.
这单生意反而让他赚了一大笔钱。
이 사업은 오히려 그가 많은 돈을 벌게 했다.

07
tài dānwù shíjiān le
太耽误时间了
너무 시간이 지체되다

08
chóngxīn guòshang ānjìng de shēnghuó
重新过上安静的生活
다시 조용한 삶을 살게 되다

09
duìzhe jìngzi shìle qǐlai
对着镜子试了起来
거울을 보고 입어보기 시작했다

10
cóng tóu dào jiǎo zǐxì de kàn
从头到脚仔细地看
머리부터 발끝까지 자세히 보다

11
Xiànchǎng biàn de yāquèwúshēng le.
现场变得鸦雀无声了。
현장은 쥐 죽은 듯이 조용해졌다.

12
Wǒ míshangle duì tǐlì yāoqiú jiào gāo de yùndòng.
我迷上了对体力要求较高的运动。
나는 체력에 대한 요구가 높은 운동에 빠졌다.

# 실전 테스트

실제 시험 문제를 푼다는 생각으로, 45초~50초 길이의 음성을 듣고 1분 10초~1분 20초 안에 나의 말로 설명하세요.

🎧 1부분_1_5_실전 테스트

**1** 🎧

🎙️

**2** 🎧

🎙️

**3** 🎧

🎙️

모범답변·해석 p.124

# 02 | 의견 주장 지문

의견 주장 지문은 어떠한 대상, 견해에 대해 화자가 의견을 주장하는 내용의 지문이다. 주로 삶·성공 관련 의견 주장 지문과 교육 관련 의견 주장 지문이 출제된다. 화자가 주장하는 내용은 보통 음성의 도입부나 마지막에 언급되며, 화자가 무엇을 주장하는지 정확하게 기억해야 한다. 应该/要/能과 같은 조동사 바로 뒤에 주장이 나오는 경우가 많으므로, 이와 같은 조동사가 들리면 뒷부분을 더욱 주의해서 듣는다.

## 1 삶·성공 관련 의견 주장 지문

삶·성공 관련 의견 주장 지문은 인생을 살아가면서 가져야 할 마음가짐, 성공을 하기 위한 방법 등과 관련된 화자의 주장이 담긴 지문이다. 음성의 도입부나 마지막에 언급되는 화자의 주장을 반드시 정확하게 파악하여 설명해야 한다. 1부분_2_1_예제

예 음성

> 健康不只是指身体的健康，还包括心理的健康。身体健康和心理健康是相互影响、相互促进的。身体上的健康有助于我们更好地应对生活中的挑战和压力，提高心理适应能力；而心理上的健康则可以促进身体的健康，让我们更好地维护和提升自身的状态。想要保持身心健康，一定要养成良好的生活习惯，并始终以积极的心态面对一切。

➡ 화자의 주장인 想要保持身心健康，一定要养成良好的生活习惯，并始终以积极的心态面对一切。가 마지막 부분에서 언급되었다.

모범답변

> 刚才我听到的是关于身心健康的文章。下面我来复述具体内容。健康包括身体健康和心理健康。身体健康和心理健康是相互影响和促进的。身体健康可以使我们更好地应对挑战，提高心理适应能力；心理健康则能促进身体健康，维护和提升我们的状态。想要保持身心健康，要有良好的生活习惯，并积极面对一切。以上是我所听到的关于身心健康的文章。

➡ 화자의 주장인 想要保持身心健康，要有良好的生活习惯，并积极面对一切。를 반드시 정확하게 설명해야 한다.

해석 p.127

## 자주 나오는 표현

삶·성공 관련 의견 주장 지문에서 자주 나오는 표현을 여러 번 듣고 따라 말하며 익혀둔다. 🎧 1부분_2_2_표현

01
jīfā qiánlì
**激发潜力**
잠재력을 불러일으키다

02
zhǔdòng zhuīqiú mùbiāo
**主动追求目标**
능동적으로 목표를 추구하다

03
dǎxia láogù de jīchǔ
**打下牢固的基础**
견고한 기초를 닦다

04
xīntài juédìng mìngyùn
**心态决定命运**
마음가짐이 운명을 결정짓다

05
chéngjiù yì fān dà shìyè
**成就一番大事业**
큰 사업을 이루다

06
wúfǎ yùcè wèilái
**无法预测未来**
앞날을 예측할 수 없다

07
qīngtīng nèixīn de shēngyīn
**倾听内心的声音**
내면의 소리에 귀를 기울이다

08
cúnzài mìqiè de liánxì
**存在密切的联系**
밀접한 관계가 있다

09
jiēshòu zìjǐ de bù wánměi
**接受自己的不完美**
자신의 부족함을 받아들이다

10
chōngfèn liǎojiě zìjǐ de yōudiǎn
**充分了解自己的优点**
자신의 장점을 충분히 알다

11
zhǔdòng yǔ tārén jiànlì guānxi
**主动与他人建立关系**
자발적으로 다른 사람과 관계를 맺다

12
yīn yìshí de shībài ér chuítóusàngqì
**因一时的失败而垂头丧气**
일시적인 실패에 의기소침하지 않다

## 2 교육 관련 의견 주장 지문

교육 관련 의견 주장 지문은 자녀 교육이나 학생들의 학습과 관련된 화자의 주장이 담긴 지문이다. 음성의 도입부나 마지막에 언급되는 화자의 주장을 반드시 정확하게 파악하여 설명해야 한다. 🎧 1부분_2_3_예제

예   음성

学习压力和电子产品的使用是孩子睡眠不足的常见原因。平时，孩子不仅要在学校面对繁重的学习压力，回到家也要花大量的时间学习，这占用了孩子的睡眠时间。电子产品也是导致孩子睡眠不足的原因之一。许多孩子经常在睡前使用电子产品，这会导致睡眠质量下降。为了保证孩子的睡眠时间和睡眠质量，家长最好帮助他们改变学习方法，并让他们减少电子产品的使用频率。只有这样，孩子才能有充足的睡眠。

➡ 화자의 주장인 **家长最好帮助他们改变学习方法,并让他们减少电子产品的使用频率**가 마지막 부분에서 언급되었다.

> 刚才我听到的是关于孩子睡眠问题的文章。下面我来复述具体内容。学习压力和电子产品的使用是孩子睡眠不足的常见原因。孩子要在学校面对学习压力，还要在家学习，这占用了睡眠时间。电子产品也会导致孩子睡眠不足。许多孩子在睡前使用电子产品，这会导致睡眠质量下降。为了保证孩子的睡眠，家长要帮助他们改变学习方法，让他们少用电子产品。这样孩子才能拥有充足的睡眠。以上是我所听到的关于孩子睡眠问题的文章。

➡ 화자의 주장인 家长要帮助他们改变学习方法, 让他们少用电子产品을 반드시 정확하게 설명해야 한다.

해석 p.128

## 자주 나오는 표현

교육 관련 의견 주장 지문에서 자주 나오는 표현을 여러 번 듣고 따라 말하며 익혀둔다. 🎧 1부분_2_4_표현

01 yīncáishījiào
**因材施教**
눈높이에 맞게 교육하다

02 hěn nán guǎnzhù háizi
**很难管住孩子**
아이들을 통제하기 어렵다

03 chǔyú qīngchūnqī
**处于青春期**
사춘기에 처하다

04 chǎnshēng fùmiàn yǐngxiǎng
**产生负面影响**
부정적인 영향을 미치다

05 xìnggé bǐjiào pànnì
**性格比较叛逆**
성격이 비교적 반항적이다

06 hé fùmǔ duìzhe gàn
**和父母对着干**
부모에게 대항하다

07 jùyǒu bùkě qǔdài de jiàzhí
**具有不可取代的价值**
대체할 수 없는 가치를 지니고 있다

08 héngliáng háizi de zhòngyào biāozhǔn
**衡量孩子的重要标准**
아이를 가늠하는 중요한 기준

09 chénjìn zài shūjí de shìjiè li
**沉浸在书籍的世界里**
책의 세계에 빠져 있다

10 miànduì fánzhòng de xuéxí yālì
**面对繁重的学习压力**
극심한 학업 스트레스에 직면하다

11 zǒujìn háizi de nèixīn shìjiè
**走进孩子的内心世界**
아이의 내면세계로 들어가다

12 lājìn yǔ háizi de xīnlǐ jùlí
**拉近与孩子的心理距离**
아이와의 심리적 거리를 좁히다

# 실전 테스트

실제 시험 문제를 푼다는 생각으로, 45초~50초 길이의 음성을 듣고 1분 10초~1분 20초 안에 나의 말로 설명하세요.

🎧 1부분_2_5_실전 테스트

**1** 🎧

🎤

**2** 🎧

🎤

**3** 🎧

🎤

모범답변·해석 p.128

# 03 | 설명 지문

MP3 바로듣기

설명 지문은 어떠한 대상에 대해 설명하는 내용의 지문이다. 주로 자연·과학 설명 지문이나 사회 이슈 설명 지문이 출제된다. 설명 대상과 관련된 세부 사항을 최대한 많이 기억해서 설명해야 한다.

## 1 자연·과학 설명 지문

자연·과학 설명 지문은 동식물과 관련된 특징, 과학 현상, 과학 기술과 관련된 내용 등을 설명하는 지문이다. 음성 전반적으로 반복해서 언급되는 설명 대상은 반드시 정확하게 언급해야 한다.  1부분_3_1_예제

예 음성

> 桂花是中国十大名花之一。桂花通常在秋季开放，花期长达一个月。桂花的香味浓郁而持久，因此被誉为"花中之王"。桂花的生长需要温暖湿润的气候，且对日照强度也有一定的要求。桂花不仅可以用于观赏，还可以用来制作桂花糕、桂花酒等美食和饮品。此外，桂花还可以用来提取精油，这种精油具有舒缓神经和改善睡眠的功效。

➡ 설명 대상인 桂花가 음성 전반적으로 반복해서 언급되었다.

모범답변

> 刚才我听到的是关于桂花的文章。下面我来复述具体内容。桂花是中国十大名花之一，通常在秋天开，花期约一个月。桂花香味很浓，因此被称为"花中之王"。桂花的生长需要温暖湿润的气候。桂花不仅可以用来观赏，还可以用来制作美食和饮品。此外，从桂花中提取的精油对身体有好处。以上是我所听到的关于桂花的文章。

➡ 설명 대상인 桂花를 반드시 정확하게 언급해야 한다.

해석 p.131

## 자주 나오는 표현

자연·과학 설명 지문에서 자주 나오는 표현을 여러 번 듣고 따라 말하며 익혀둔다.　🎧 1부분_3_2_표현

01
wēnnuǎn shīrùn de qìhòu
温暖湿润的气候
따뜻하고 습한 기후

02
fēngfù de yíngyǎng yuánsù
丰富的营养元素
풍부한 영양소

03
xiāngwèi nóngyù ér chíjiǔ
香味浓郁而持久
향이 진하고 오래 지속되다

04
jùyǒu gǎishàn shuìmián de gōngxiào
具有改善睡眠的功效
수면을 개선하는 효과가 있다

05
zǒujìn rénmen de shìyě
走进人们的视野
사람의 시야에 들어오다

06
cùjìn zìshēn xīnchéndàixiè
促进自身新陈代谢
자신의 신진대사를 촉진하다

07
tànshuǐ huàhéwù hánliàng hěn gāo
碳水化合物含量很高
탄수화물 함량이 높다

08
duì réntǐ yǒuyì de wēiliàng yuánsù
对人体有益的微量元素
인체에 유익한 미량 원소

09
liánghǎo de fángshuǐ zuòyòng
良好的防水作用
좋은 방수 효과

10
jùyǒu gāodù de zhìnénghuà
具有高度的智能化
고도의 지능화

11
shéntōng guǎngdà de jīqìrén
神通广大的机器人
신통방통한 로봇

12
bú shòu shíjiān hé kōngjiān de xiànzhì
不受时间和空间的限制
시간과 공간의 제약을 받지 않다

## 2 사회 이슈 설명 지문

사회 이슈 설명 지문은 최근 중국에서 발생한 사건이나 유행하는 현상 등을 설명하는 지문이다. 신조어나 전문 용어가 언급되는 경우가 많으며, 만약 모르는 신조어나 전문 용어가 언급되어도 발음을 최대한 기억하여 그대로 언급하도록 해야 한다. 그대로 언급하기 힘든 경우, 내가 아는 쉬운 말로 바꾸어 설명한다.　🎧 1부분_3_3_예제

예　음성

> 　　在当今社会，年轻人的就业观和劳动观正经历着一场变革。面对现实压力，许多年轻人开始放弃传统的职业观念，转而选择更为实际且灵活的就业方式。其中一部分人不约而同地放弃了稳定又体面的工作，当上了保洁员。他们有别于传统的保洁员，主打"专业"和"口碑"，走进千家万户，提供量身定制的高端家政服务。他们一致认为，虽然这份工作社会认可度不够高，但可以实现自我价值。

➡ 전문 용어인 **保洁员**과 **高端家政服务**가 언급되었다.

모범답변

🎙️

> 　　刚才我听到的是关于年轻人新的就业观的文章。下面我来复述具体内容。现在，年轻人的就业观正经历着变化。许多年轻人放弃传统的职业观念，选择更实际的就业方式。其中一些人放弃了稳定的工作，当上了保洁员。他们与传统的保洁员不同，注重专业性和口碑，提供高端家政服务。他们都认为，通过这份工作，可以实现自我价值。以上是我所听到的关于年轻人新的就业观的文章。

➡️ 전문 용어인 保洁员과 高端家政服务를 정확하게 언급해야 한다. 만약 그대로 언급하기 힘든 경우, 동일한 뜻의 쉬운 말인 清洁员과 高级服务로 바꾸어 설명한다.

해석 p.131

## 자주 나오는 표현

사회 이슈 설명 지문에서 자주 나오는 표현을 여러 번 듣고 따라 말하며 익혀둔다. 🎧 1부분_3_4_표현

| | |
|---|---|
| 01 Tèzhǒngbīng shì lǚyóu<br>**特种兵式旅游**<br>특전사식 여행(최대한 짧은 시간과 적은 비용으로 많은 곳을 여행하는 여행 방식) | 02 Zhíbō dàihuò<br>**直播带货**<br>라이브 커머스 |
| 03 Zuǐ tì<br>**嘴替**<br>자신의 의견이나 감정을 직접 표현하기 꺼려하는 사람을 대신해 의견을 표현해주는 사람 | 04 liǎojiě shìchǎng qūshì<br>**了解市场趋势**<br>시장의 흐름을 이해하다 |
| 05 miànlín jùdà de sǔnshī<br>**面临巨大的损失**<br>막대한 손실을 보다 | 06 quēfá miàn duì miàn de gōutōng<br>**缺乏面对面的沟通**<br>얼굴을 맞대고 하는 소통이 부족하다 |
| 07 tígōng kuàisù huòqǔ xìnxī de qúdào<br>**提供快速获取信息的渠道**<br>빠르게 정보를 얻는 경로를 제공하다 | 08 shèhuì rènkědù búgòu gāo<br>**社会认可度不够高**<br>사회적 인정을 덜 받다 |
| 09 bùkěhuòquē de cúnzài<br>**不可或缺的存在**<br>없어서는 안 될 존재 | 10 wěndìng yòu tǐmiàn de gōngzuò<br>**稳定又体面的工作**<br>안정적이고 체면이 서는 직장 |
| 11 shíjì ér línghuó de jiùyè fāngshì<br>**实际而灵活的就业方式**<br>현실적이고 유용한 취업 방법 | 12 tígōng liáng shēn dìngzhì de fúwù<br>**提供量身定制的服务**<br>맞춤형 서비스를 제공하다 |

# 실전 테스트

실제 시험 문제를 푼다는 생각으로, 45초~50초 길이의 음성을 듣고 1분 10초~1분 20초 안에 나의 말로 설명하세요.

🎧 1부분_3_5_실전 테스트

**1** 🎧

🎤

**2** 🎧

🎤

**3** 🎧

🎤

모범답변·해석 p.132

# 제1부분 마무리 테스트

음성을 듣고, '삐' 소리가 나면 들은 내용을 1분 10초~1분 20초 안에 나의 말로 설명하세요.  🎧 1부분_마무리 테스트

모범답변·해석 p.135

본 교재 동영상강의 · 무료 학습자료 제공
**china.Hackers.com**

# 제2부분

## 낭독하기

---

**스텝별 전략 익히기**

**01** 어려운 발음

**02** 성조 변화

**03** 다음자

**04** 끊어읽기

제2부분 마무리 테스트

# 제2부분 알아보기

제2부분 '낭독하기'는 제시된 200~300자의 지문을 2분 동안 낭독하는 부분이다.

## ■ 제2부분 정보

| 문제 번호 | 4번 | | |
|---|---|---|---|
| 문제 수 | 1문제 | 주요 평가 내용 | ☑ 발음 및 성조가 정확한지 |
| 답변 준비 시간 | 총 10분<br>(제2~3부분이 합쳐진 준비 시간) | | ☑ 실수 없이 유창하게 낭독했는지 |
| 문제 당 답변 시간 | 2분 | | ☑ 자연스럽게 끊어읽었는지 |

## ■ 출제 유형

| 출제 유형 | 자주 나오는 내용 |
|---|---|
| 1. 이야기 지문 | '잘못을 인정해야 성장할 수 있다' 또는 '성공은 작은 것이 모여 이루어진다'와 같은 교훈이 있는 내용 |
| 2. 의견 주장 지문 | '항상 호기심을 가져야 한다' 또는 '우수한 관리자가 되기 위한 방법'과 같이 화자가 자신의 의견을 주장하는 내용 |
| 3. 설명 지문 | '음식을 소화하는 과정' 또는 '중국의 선물 문화'와 같이 특정한 대상에 대해 설명하는 지문 |

# ■ 시험 진행 순서

## ① 디렉션

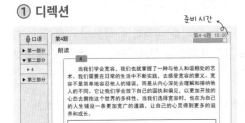

화면에는 4번 문제와 메모란이 제시되고, 지금부터 4번~6번 문제를 시작하며 준비 시간은 10분이라는 디렉션이 음성으로 제시된다. 즉, 답변 준비 시간인 10분 동안 제2부분과 제3부분의 답변 준비를 모두 마쳐야 한다.

[디렉션]
现在开始准备第四到六题，可以在试卷上写提纲。
准备时间为十分钟。

## ② 준비 시간

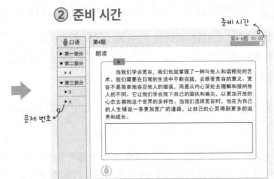

10분의 준비 시간 중 약 2분 동안 제2부분 4번 문제를 먼저 준비하고, 약 8분 동안 제3부분의 5~6번 문제를 준비한다. 화면 왼쪽에 있는 문제 번호를 클릭하면 해당하는 문제를 바로 볼 수 있다.

## ③ 답변 시간

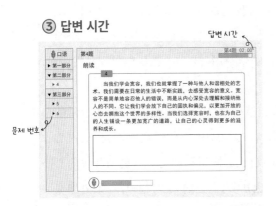

10분의 답변 준비 시간이 끝나면, 지금부터 4번 문제를 낭독하라는 디렉션과 함께 2분의 답변 시간이 시작된다.

[디렉션]
准备时间结束，现在开始朗读第四题。

# 스텝별 전략 익히기

MP3 바로듣기

준비 시간 동안 낭독 시 주의해야 할 부분을 확인하고, 답변 시간 동안 유창하게 낭독할 수 있도록 스텝별 전략을 익혀두세요.

🎧 2부분_스텝별 전략

**STEP 1** **어려운 발음, 성조 변화, 다음자, 끊어읽기를 파악하며 읽어보기** [제2~3부분 준비 시간 총 10분]

준비 시간 동안 주어진 지문을 어려운 발음, 성조 변화, 다음자, 끊어읽기를 파악하며 작은 소리로 읽는다. 제2~3부분은 총 10분의 준비 시간이 주어지며, 이중 약 2분을 활용하여 지문을 전체적으로 한 번 정도 읽어보는 것이 좋다.

- **어려운 발음 파악하기** 설치음(z, c, s), 권설음(zh, sh, ch, r), ü 발음, 儿 발음과 같이 어려운 발음이 포함된 어휘를 파악해둔다.

- **성조 변화 파악하기** 뒤에 나오는 글자의 성조에 따라 성조가 변하는 一와 不가 있는지, 반3성으로 읽어야 하거나 3성이 연달아 와서 앞의 글자를 2성으로 읽어야 하는 어휘가 있는지 파악한다.

- **다음자 파악하기** 두 개 이상의 발음이 있는 한자인 다음자를 파악한다.

- **끊어읽기 파악하기** 문장을 어디에서 끊어읽어야 자연스럽고 의미도 정확하게 전달할 수 있는지 파악해둔다. 또한 한 어휘지만 컴퓨터 화면 상에서 줄바꿈 되어 있는 부분은 자연스럽게 붙여 읽을 수 있도록 미리 파악해둔다.

\* 어려운 발음/성조 변화/다음자/끊어읽기는 p.46~61에서 더 자세히 배울 수 있다.

예

宽容不仅/能让我们的生活/充满快乐，而且/能让我们的人生/更加美好。我们一生中/必定要和许多人相处，都希望/能够与他人/和睦相处。只要/我们宽容待人，这个愿望/便能实现。因为/宽容的心态/能使我们/以不同的视角/看待世界，让我们更容易发现/他人的优点，从而/待人更加平和。

当我们学会宽容，我们也就掌握了/一种与他人和谐相处的艺术。我们需要/在日常的生活中/不断实践，去感受宽容的意义。宽容不是简单地容忍/他人的错误，而是/从内心深处/去理解和接纳/他人的不同。它让我们学会放下/自己的固执和偏见，以更加开放的心态/去拥抱/这个世界的多样性。当我们选择宽容时，也在/为自己的人生/铺设/一条更加宽广的道路，让自己的心灵得到/更多的滋养和成长。

어려운 발음 　　**파란색으로 표시된 부분**: 설치음, 권설음, ü 발음, 儿 발음

성조 변화 　　**성조 기호로 표시된 부분**: 성조가 변하는 부분

다음자 　　□로 표시된 부분: 다음자

끊어읽기 　　/로 표시된 부분: 끊어읽기 해야 하는 부분

## STEP 2  파악한 내용을 토대로 낭독하기 [답변 시간 2분]

Step1에서 파악한 어려운 발음, 성조 변화, 다음자와 끊어읽기를 토대로 2분의 답변 시간 동안 지문을 낭독한다.

[예]

> 　　宽容不仅/能让我们的生活/充满快乐，而且/能让我们的人生/更加美好。我们一生中/必定要和许多人相处，都希望/能够与他人/和睦相处。只要/我们宽容待人，这个愿望/便能实现。因为/宽容的心态/能使我们/以不同的视角/看待世界，让我们更容易发现/他人的优点，从而/待人更加平和。
>
> 　　当我们学会宽容，我们也就掌握了/一种与他人和谐相处的艺术。我们需要/在日常的生活中/不断实践，去感受宽容的意义。宽容不是简单地容忍/他人的错误，而是/从内心深处/去理解和接纳/他人的不同。它让我们学会放下/自己的固执和偏见，以更加开放的心态/去拥抱/这个世界的多样性。当我们选择宽容时，也在/为自己的人生/铺设/一条更加宽广的道路，让自己的心灵得到/更多的滋养和成长。

해석 p.138

**TIP!** 시간은 충분하므로 조급해하지 말고, 일정한 속도로 침착하게 낭독한다. 중간에 실수를 하더라도 당황하지 말고 틀린 부분부터 다시 읽어나간다. 또한 모르는 어휘가 있더라도 최대한 비슷한 글자의 발음으로 유추하여 자신 있게 읽어나간다.

제2부분

해커스 HSKK 고급 5일 만에 딸 수 있다!

# 연습 문제

앞에서 배운 전략을 사용하여 지문에 있는 어려운 발음, 성조 변화, 다음자와 끊어읽기를 파악해보세요. 그다음 파악한 내용을 바탕으로 지문을 낭독해보세요.

## 1

**STEP 1** 어려운 발음, 성조 변화, 다음자, 끊어읽기를 파악하며 읽어보기

**STEP 2** 파악한 내용을 토대로 낭독하기

> 读一本好书/意义重大而深远。好书/可以带领我们穿越时空，了解世界各地的自然美景、历史文化等，从而/开阔我们的视野，满足我们的好奇心，使我们的生活/变得更加丰富多彩。

## 2

**STEP 1** 어려운 발음, 성조 변화, 다음자, 끊어읽기를 파악하며 읽어보기

**STEP 2** 파악한 내용을 토대로 낭독하기

> 在人际交往中，及时沟通/尤其重要。产生误会时如果/双方都保持沉默、埋怨对方，或/给对方挑刺儿，那就只会加深误会。只有/及时沟通，才能更好地理解/彼此的想法，有效化解误会。

## 3

**STEP 1** 어려운 발음, 성조 변화, 다음자, 끊어읽기를 파악하며 읽어보기

**STEP 2** 파악한 내용을 토대로 낭독하기

> 睡眠质量的好坏/直接影响/一个人的身体健康和精神状态。据统计，许多人被失眠、睡不醒等睡眠问题所困扰，生活质量受到了/严重的影响。其中失眠是/最常见的睡眠问题。如果/经常失眠，就会出现/记忆力变差、情绪不稳定、免疫力下降等问题。

**4** STEP 1 어려운 발음, 성조 변화, 다음자, 끊어읽기를 파악하며 읽어보기

STEP 2 파악한 내용을 토대로 낭독하기

> 每个人/每天都有/一个大约三小时的黄金时间段。在这段时间内，头脑最清醒、精力最充沛、注意力最集中。这时/工作一个小时/相当于/在其他时段/工作三个小时。这三个小时/被称为"黄金三小时"，由此/衍生出的法则/为"黄金三小时法则"。该法则强调，人们应该找到/自己的黄金三小时，并/在这个时间段内/完成/最重要的事情，以达到事半功倍的效果。为了充分利用这个时间段，要尽量避免/周围的干扰，远离社交媒体，让自己全身心地投入到工作中。

**5** STEP 1 어려운 발음, 성조 변화, 다음자, 끊어읽기를 파악하며 읽어보기

STEP 2 파악한 내용을 토대로 낭독하기

> 有一天，有个富有的商人/在大街上/看到了/一个穿着破旧的推销员。推销员可能是/因为不够自信，只是低着头/站在角落里。于是/商人大步上前，把钱塞到推销员的手中，拿了十支铅笔。他拍了拍推销员的肩膀说："虽然/我们卖的东西不一样，但/我们都是商人，你要自信一点儿。"一年后，商人/在商务会议上/再次碰到了那个推销员。穿着整洁的推销员/对商人说："您可能早已忘了我，但/我永远不会忘记您。您是/重新给我自尊的人，因为/您说过/我和您一样都是商人。"

해석 p.139

중국어에는 한국어에 없는 발음들이 많아 알아들을 수는 있어도 막상 직접 발음하려고 하면 정확하게 발음하지 못하는 경우가 많다. 한국 사람들이 발음하기 특히 더 어려워하는 아래 발음들을 중점적으로 익혀두자.

## 1  설치음과 권설음

설치음 z, c, s와 권설음 zh, ch, sh는 혀 끝을 어디에 두고 발음하는지에 따라 소리가 구분된다. 설치음과 권설음을 잘 구분해서 발음하지 않아 발음을 잘못하게 되면, 어휘의 의미가 달라질 수 있으므로 z/zh, c/ch, s/sh를 잘 구분하여 연습해두어야 한다. 권설음 r도 한국 사람이 매우 어려워하는 발음이므로 여러 번 반복하여 연습해두자.  🎧 2부분_1_1_설치음과 권설음

### z/zh

| | | |
|---|---|---|
| 01 | fàng màn jiézòu<br>放慢节奏 | 속도를 늦추다 |
| 02 | yǐshēnzuòzé<br>以身作则 | 솔선수범하다 |
| 03 | tígāo zhàndòulì<br>提高战斗力 | 전투력을 향상시키다 |
| 04 | gǎndào bú bèi zūnzhòng<br>感到不被尊重 | 존중 받지 못한다고 느끼다 |
| 05 | bú yào guòyú zhízhuó<br>不要过于执着 | 너무 집착하지 마라 |
| 06 | miànlín gèzhǒng tiǎozhàn<br>面临各种挑战 | 다양한 문제에 직면하다 |
| 07 | zēngjiā huàn bìng fēngxiǎn<br>增加患病风险 | 병에 걸릴 위험을 증가시키다 |
| 08 | zuì zhēnzhì de gǎnqíng<br>最真挚的感情 | 가장 진실된 감정 |
| 09 | xiǎngshòu gèng duō de zīyuán<br>享受更多的资源 | 더 많은 자원을 누리다 |
| 10 | zhuīzhú mínglì hé jīnqián<br>追逐名利和金钱 | 돈과 명예를 좇다 |
| 11 | héngliáng jiàzhí de biāozhǔn<br>衡量价值的标准 | 가치를 판단하는 기준 |
| 12 | yǒuzhù yú jiànlì rénjì guānxi<br>有助于建立人际关系 | 인간관계를 형성하는 데에 도움을 주다 |

### c/ch

| | | |
|---|---|---|
| 01 | cóngróng de yìngduì<br>从容地应对 | 여유롭게 대처하다 |
| 02 | chéngzuò chūzūchē<br>乘坐出租车 | 택시를 타다 |
| 03 | chōngfèn lìyòng shíjiān<br>充分利用时间 | 시간을 충분히 활용하다 |
| 04 | yǒngyú chéngrèn cuòwù<br>勇于承认错误 | 용감하게 잘못을 인정하다 |

05
dūcù yuángōng wánchéng gōngzuò
督促员工完成工作　직원이 일을 다 하도록 독촉하다

06
zēngjìn bǐcǐ de gǎnqíng
增进彼此的感情　서로의 감정을 돈독하게 하다

07
cìjī rén de qiúzhīyù
刺激人的求知欲　사람의 지적 욕구를 자극하다

08
bǎochí yì kē píngchángxīn
保持一颗平常心　평정심을 유지하다

09
xuéhuì tóuzī hé lǐcái
学会投资和理财　투자와 재테크를 배우다

10
wéirén chǔshì de tàidu
为人处世的态度　세상을 살아가는 태도

11
jiākuài chéngshìhuà jìnchéng
加快城市化进程　도시화 과정을 가속화하다

12
zhuīqiú shìshì chènxīnrúyì
追求事事称心如意　모든 일이 생각대로 잘 되기를 추구하다

## s/sh

01
xuéhuì zìwǒ fàngsōng
学会自我放松　스스로 긴장을 푸는 법을 배우다

02
zūnshǒu jiātíng guīzé
遵守家庭规则　가정의 규칙을 준수하다

03
yuǎnlí shèjiāo méitǐ
远离社交媒体　소셜 미디어를 멀리하다

04
chǎnshēng xiāojí yǐngxiǎng
产生消极影响　부정적인 영향을 미치다

05
dǎsǎo sùshè wèishēng
打扫宿舍卫生　기숙사 청소를 하다

06
sōusuǒ suǒ xū de xìnxī
搜索所需的信息　필요한 정보를 찾다

07
cóng nèixīn shēn chù liǎojiě
从内心深处了解　마음속부터 깊이 이해하다

08
yǐ bùtóng shìjiǎo kàn shìjiè
以不同视角看世界　다양한 시각으로 세상을 바라보다

09
jīfā rén de chuàngzào yìshí
激发人的创造意识　인간의 창조 의식을 불러일으키다

10
cóng júbù kuòsàn dào zhěngtǐ
从局部扩散到整体　일부에서 전체로 확산되다

11
bèi suǒsuì de xìjié yānmò
被琐碎的细节淹没　사소한 세부 사항에 파묻히다

12
Jǐsuǒbúyù, wùshīyúrén
己所不欲, 勿施于人　자신이 싫은 것은 남에게도 강요하지 말라

## r

01
xiànrù wùqū
陷入误区　잘못된 인식에 빠지다

02
chūxiàn xìnrèn wēijī
出现信任危机　신용 위기가 나타나다

03
miǎnfèi yìngyòng ruǎnjiàn
免费应用软件　무료 애플리케이션

04
jǐnliàng jiǎnshǎo gānrǎo
尽量减少干扰　최대한 간섭을 줄이다

05
shíwù biàn de róuruǎn
食物变得柔软　음식이 부드러워지다

06
róngrěn tārén de cuòwù
容忍他人的错误　타인의 잘못을 용인하다

## 2 ü가 포함된 발음

ü는 입술을 앞으로 쭉 내밀어서 내는 소리로, 우리말의 '위'와는 조금 다르다. ü가 포함된 üe, ün, üan 발음도 충분히 연습해 두자. 🎧 2부분_1_2_ü가 포함된 발음

| | | | |
|---|---|---|---|
| 01 | jǔjué shíwù<br>咀嚼食物     음식을 씹다 | 02 | zhìdù bú jiànquán<br>制度不健全     제도가 불완전하다 |
| 03 | gōngzuò xiàolǜ dīxià<br>工作效率低下     업무 효율이 떨어지다 | 04 | bù néng nüèdài háizi<br>不能虐待孩子     아이를 학대해서는 안된다 |
| 05 | tīngqǔ qúnzhòng de yìjiàn<br>听取群众的意见     대중의 의견에 귀를 기울이다 | 06 | bànyǎnzhe zhòngyào juésè<br>扮演着重要角色     중요한 역할을 하다 |
| 07 | xúnzhǎo xīn de fāzhǎn fāngxiàng<br>寻找新的发展方向     새로운 발전 방향을 찾다 | 08 | fàngqì búqièshíjì de yùwàng<br>放弃不切实际的欲望     비현실적인 욕망을 버리다 |

## 3 儿이 포함된 발음

儿(ér)은 '아이' 또는 '아들'의 의미를 나타낸다. 儿이 이러한 의미 없이 어휘 뒤에 오는 경우도 있는데, 이는 중국 북방 사람들의 언어 습관으로 儿을 앞 글자와 연결하여 발음하고, 병음은 r만 표기한다. 앞 글자의 발음이 운모 i, n, ng로 끝나는 경우 이를 생략하고 儿을 발음한다. 🎧 2부분_1_3_er이 포함된 발음

| | | | |
|---|---|---|---|
| 01 | jīngdiǎn érgē<br>经典儿歌     고전 동요 | 02 | chūshēng yīng'ér<br>初生婴儿     갓난아이 |
| 03 | yùndòng jiàn'ér<br>运动健儿     운동선수 | 04 | yángròu xiànr<br>羊肉馅儿     양고기로 만든 소 |
| 05 | méikòngr xiǎng bié de<br>没空儿想别的     딴 생각을 할 겨를이 없다 | 06 | ài gēn rén jiàojìnr<br>爱跟人较劲儿     남을 집요하게 파고 드는 것을 좋아하다 |
| 07 | zhè zhǒng xīnxiān wányìr<br>这种新鲜玩意儿     이런 신기한 물건 | 08 | yòngle xǔduō mòshuǐr<br>用了许多墨水儿     많은 잉크를 사용했다 |

# 실전 테스트

실제 시험 문제를 푼다는 생각으로, 2분 동안 준비하여 2분 동안 지문을 낭독하세요. 🎧 2부분_1_4_실전 테스트

**1**

　　平常心是一种宽容、从容的生活态度。在繁忙的现代社会，我们经常被琐碎的细节和压力淹没，因此需要时刻提醒自己要保持一颗平常心，以更好地面对生活。在日常生活中，我们可能会面临各种挑战和困难，比如工作压力、人际冲突等。如果我们总是焦虑和烦躁，就会将自己置于一个不愉快的状态，给身心健康带来负面影响。相反，若能以一颗平常心看待问题，我们就能更加从容地应对，并找到解决问题的方法。例如，在工作中遇到难题时，我们可以冷静地分析问题，制定合适的解决方案，从而达成目标。

　　总之，平常心是一种宝贵的生活态度。它有助于我们更好地面对压力。同时，它也可以让我们更加深刻地体会到生活带来的美好和快乐。

**2**

　　有个太太多年来不断抱怨对面的邻居懒惰，她每天看着对面的房子自言自语："她的衣服永远洗不干净，晾在院子里的衣服上面总是有斑点。我真的不能理解，她怎么连洗衣服都洗成这个样子。"直到有一天，有个朋友来她家做客，才发现了事情的真相。细心的朋友拿来一块儿抹布，把窗户上的脏东西擦掉并说道："看，这不就干净了吗？"原来不是对面的邻居洗衣服洗不干净，而是这个太太家的窗户太脏了。

　　有时候我们批评别人，是因为我们自己的视角受到了限制或误导。就像这个太太一直认为邻居洗衣服洗不干净，实际上是因为她的窗户脏了，这影响了她对邻居的看法。这个故事提醒我们不要轻易下结论，而是要多角度思考问题，以免误解他人。

모범답변·해석 p.141

# 02 | 성조 변화

MP3 바로듣기

지문을 낭독할 때, 성조를 틀리게 발음하면 뜻이 달라질 수 있다. 정확한 성조로 발음하기 위해, 뒤에 나오는 글자의 성조에 따라 본래의 성조가 변하는 一(yī)와 不(bù)에 특히 주의해야 하며, 뒤에 오는 성조에 따라 변화가 생기는 3성의 성조 변화도 충분히 익혀두자.

## 1　一의 성조 변화

一(yī)는 원래 1성이지만, 뒤에 1,2,3성이 오면 4성으로 발음하고, 뒤에 4성이 오면 2성으로 발음한다. 단독으로 쓰이거나 서수 (예: 第一)로 쓰일 때는 원래 성조인 1성으로 발음한다.　🎧 2부분_2_1_yi의 성조 변화

### 一(yì)+1성/2성/3성

01
wéiqī yìzhōu
**为期一周**　　일주일 동안

02
fù jiǎ yìfāng
**富甲一方**　　일대에서 가장 부유하다

03
zhídào yǒu yìtiān
**直到有一天**　　어느 날

04
zài yìxiē jíduān qíngkuàng xia
**在一些极端情况下**　일부 극단적인 상황에서

05
yìpínrúxǐ
**一贫如洗**　　찢어지게 가난하다

06
jiǔniúyìmáo
**九牛一毛**　　아주 사소하다

07
yìshí xiǎng bu qǐlai
**一时想不起来**　　얼핏 생각이 나지 않다

08
yìzhí mányuàn duìfāng
**一直埋怨对方**　　계속 상대를 원망하다

09
huítóu yì xiǎng
**回头一想**　　돌이켜 생각해보다

10
zāoyù yì chǎng chēhuò
**遭遇一场车祸**　　교통사고를 당하다

11
yìtǐhuà shēngchǎn tǐxì
**一体化生产体系**　일체화 생산 체계

12
yì zhǒng bǎoguì de shēnghuó tàidu
**一种宝贵的生活态度**　일종의 귀중한 생활 태도

### 一(yí)+4성

01
yí rì sān cān
**一日三餐**　　삼시 세끼

02
jìnyíbù fāzhǎn
**进一步发展**　　한층 더 발전하다

03
cǎiqǔ yíyàng de xíngdòng
**采取一样的行动**　　동일한 행동을 취하다

04
cúnzài yídìng de júxiànxìng
**存在一定的局限性**　어느 정도 한계가 있다

## 2 不의 성조 변화

不(bù) 뒤에 1,2,3성이 오면 원래 성조인 4성으로 발음하고, 4성이 오면 2성으로 발음한다. 🎧 2부분_2_2_bu의 성조 변화

### 不(bù)+1성/2성/3성

01 bùzhīsuǒcuò
**不知所措** 어찌할 바를 모르다

02 bùgānluòhòu
**不甘落后** 남보다 뒤처지는 것을 싫어하다

03 bùjūxiǎojié
**不拘小节** 사소한 일에 구애받지 않는다

04 liúchéng shèjì bù kēxué
**流程设计不科学** 프로세스 설계가 비과학적이다

05 jīnglì bùzú
**精力不足** 에너지가 부족하다

06 mínbùliáoshēng
**民不聊生** 백성이 안심하고 생활할 수가 없다

07 xiāohuà bùliáng
**消化不良** 소화 불량

08 gēnjù bùtóng de qíngkuàng
**根据不同的情况** 다른 상황에 따라

09 qíngxù bù wěndìng
**情绪不稳定** 정서적으로 불안정하다

10 bùjiǔ de jiānglái
**不久的将来** 머지않은 미래

11 yíngjiē bù shǎo tiǎozhàn
**迎接不少挑战** 적지 않은 문제에 직면하다

12 bùkě cuòguò de jǐngdiǎn
**不可错过的景点** 놓칠 수 없는 명소

### 不(bú)+4성

01 guǎnlǐ búshàn
**管理不善** 관리가 잘 안된다

02 búqièshíjì
**不切实际** 현실에 들어맞지 않다

03 zhànlüè bú zhèngquè
**战略不正确** 전략이 잘못되다

04 búduàn jìnxíng shíjiàn
**不断进行实践** 끊임없이 실천을 하다

---

**TIP!** 정반의문문의 '술어+不+술어' 형태 또는 가능보어에 포함된 不는 경성으로 발음한다.

Nǐ jīntiān yào zuò de gōngzuò duō bu duō?
**你今天要做的工作多不多？** 당신은 오늘 할 일이 많나요? (정반의문문)

Zhège dàizi zhuāng bu xià nàme duō tǔdòu.
**这个袋子装不下那么多土豆。** 이 봉지에 그렇게 많은 감자를 담을 수 없다. (가능보어)

## 3  3성의 성조 변화

3성은 뒤에 오는 성조에 따라 반3성 또는 2성으로 성조가 바뀐다. 3성 뒤에 1,2,4,경성이 오면 앞의 3성은 내려가는 부분까지만 발음하는데, 이를 '반3성'이라고 한다. 3성 뒤에 3성이 오면 앞의 3성을 2성으로 발음한다.  🎧 2부분_2_3_3성의 성조 변화

### 3성+1성/2성/4성/경성 → 반3성+1성/2성/4성/경성

01  péiyǎng tónglǐxīn
**培养同理心**  공감 능력을 기르다

02  bìmiǎn zhàiwù de lěijī
**避免债务的累积**  부채의 축적을 피하다

03  chǎnshēng jùdà de yǐngxiǎng
**产生巨大的影响**  큰 영향을 미치다

04  jiànlì tǒngyī de xíngwéi biāozhǔn
**建立统一的行为标准**  통일된 행동 기준을 수립하다

05  zhǎochu jiějué fāng'àn
**找出解决方案**  해결방안을 찾다

06  hélǐ de lǐcái jìhuà
**合理的理财计划**  합리적인 재테크 계획

07  xuéhuì yǒu xuǎnzé de fàngqì
**学会有选择地放弃**  선택적으로 포기하는 법을 배우다

08  mǎnzú jīběn de shēnghuó xūqiú
**满足基本的生活需求**  기본적인 생활 요구를 충족시키다

09  lěngjìng de fēnxī wèntí
**冷静地分析问题**  냉정하게 문제를 분석하다

10  jījí xiàngshàng de pǐnzhì
**积极向上的品质**  적극적으로 나아가려는 자질

11  zhànshèng kǒngjù de lìliang
**战胜恐惧的力量**  두려움을 이겨낼 힘

12  gǔlì wǒmen yǒnggǎn qiánxíng
**鼓励我们勇敢前行**  우리가 용감하게 나아가도록 격려하다

13  huǎnjiě yǎnjing píláo
**缓解眼睛疲劳**  눈의 피로를 완화시키다

14  zhuǎzi fēicháng fēnglì
**爪子非常锋利**  (짐승의) 발톱이 매우 날카롭다

15  shuōchu zìjǐ de lǐyóu
**说出自己的理由**  자신의 이유를 말하다

16  yòng ěrduo jiēshōu xìnhào
**用耳朵接收信号**  귀로 신호를 받다

### 3성+3성 → 2성+3성

01  dàilai fùmiàn yǐngxiǎng
**带来负面影响**  부정적인 영향을 미치다

02  bǔzhuō měihǎo de shùnjiān
**捕捉美好的瞬间**  아름다운 순간을 포착하다

03  xìjié kànsì bù qǐyǎn
**细节看似不起眼**  디테일은 별거 아닌 것처럼 보이다

04  liǎojiě hé tànsuǒ wèizhī lǐngyù
**了解和探索未知领域**  미지의 영역에 대해 알고 탐구하다

**TIP!**  3성 뒤에 3성이 연이어 올 경우, 마지막 3성을 제외한 앞의 3성은 모두 2성으로 발음하면 된다. 만약 문장이 길 경우, 의미상 자연스럽게 끊어지는 부분만 3성으로 읽고, 앞의 3성은 마찬가지로 모두 2성으로 발음하면 된다.

Zhège zhǎnlǎnguǎn li yǒu hǎo jǐ zhǒng zhǎnpǐn dōu shì dì yī cì zhǎnchū.
**这个展览馆里有好几种展品都是第一次展出。**
이 전시관에는 여러 종류의 전시품이 모두 처음 전시된다.

Yí wèi yōuxiù de qǐyè guǎnlǐzhě néng hěn hǎo de lǐngdǎo zhěnggè gōngsī.
**一位优秀的企业管理者能很好地领导整个公司。**
우수한 기업 관리자는 회사 전체를 잘 이끌 수 있다.

# 실전 테스트

실제 시험 문제를 푼다는 생각으로, 2분 동안 준비하여 2분 동안 지문을 낭독하세요. \bigcirc 2부분_2_4_실전 테스트

**1**

　　好奇心是一个人想要了解和探究未知领域的一种心理状态。它是人们不断前进的动力之一，促使人们寻找新的知识和经验。好奇心是一种积极向上的品质，它帮助我们更好地适应环境，了解外界的变化，与周围的人互动交流。

　　好奇心是人类与生俱来的特质。它是人学习的内在动机，能刺激人类的求知欲，同时还能激发人类的创造意识和创造力，帮助人们发现问题并找出解决方案。另外，好奇心还有助于人们建立新的人际关系，增进彼此之间的了解和信任。

　　然而，好奇心也存在一定的局限性。在一些极端情况下，这种心理会导致人们盲目冒险，甚至走向错误的道路。因此，我们应该正确对待好奇心，发挥其积极作用，也要避免好奇心带来的负面影响。

**2**

　　有位名人曾说过："明智的放弃胜过盲目的执着。"有时候我们感到快乐越来越稀缺，实际上是因为我们追求的太多了。我们会在人生中遇到各种各样的人和事，但每个人的精力和资源都是有限的。倘若我们过于追求事事称心如意，只会让自己筋疲力尽、疲惫不堪。放下的越多，反而越容易获得快乐，负担越轻，生活越轻松自在。

　　因此，我们需要学会放弃，学会有选择地放弃。放弃并非是退缩，而是一种智慧，有助于储蓄更大的力量。放弃那些不切实际的幻想和盲目的欲望，舍弃所有应该舍弃的东西，这样才能赢得更多。放弃并不等于懦弱，而是为人处世的态度与技巧。所以当我们面对一些事情时，不要过于执着，而是要学会放弃，努力向成功的彼岸迈进。

모범답변·해석 p.143

두 개 이상의 발음을 가진 한자를 다음자(多音字)라고 한다. 다음자는 발음에 따라서 의미가 달라지므로, 올바른 발음으로 읽는 것이 중요하다. HSKK 고급 시험에서 자주 출제되는 다음자를 보고, 다음자의 의미와 예시 어휘를 익혀두자. 🎧 2부분_3_1_다음자

| | | | |
|---|---|---|---|
| 背 | bèi | 몡 등, 뒤(뒷면) | 背面 bèimiàn 몡 뒷면　　背景 bèijǐng 몡 배경 |
| | bēi | 통 메다, 업다 | 背包 bēibāo 몡 배낭<br>背小孩儿 bēi xiǎoháir 아이를 업다 |
| 差 | chà | 혱 모자라다, 나쁘다, 차이가 나다 | 差品 chàpǐn 몡 불량품　　相差 xiāngchà 통 서로 차이가 나다 |
| | chā | 혱 차이가 있다 | 差别 chābié 몡 차별, 차이　　差距 chājù 몡 격차, 차이 |
| | chāi | 통 파견하다, 보내다 | 出差 chūchāi 통 출장을 가다 |
| 长 | cháng | 혱 길다, 뛰어나다 | 长途 chángtú 몡 장거리　　擅长 shàncháng 통 ~에 뛰어나다 |
| | zhǎng | 통 성장하다, 자라다<br>몡 서열이 높은 사람 | 成长 chéngzhǎng 통 성장하다<br>家长 jiāzhǎng 몡 가장, 보호자 |
| 处 | chǔ | 통 함께 지내다, 처하다, 처리하다 | 相处 xiāngchǔ 통 함께 지내다, 교제하다<br>处理 chǔlǐ 통 처리하다 |
| | chù | 몡 곳, 장소 | 到处 dàochù 몡 곳곳, 도처　　何处 héchù 때 어디, 어느 곳 |
| 答 | dá | 통 대답하다 | 回答 huídá 통 대답하다　　答案 dá'àn 몡 답안 |
| | dā | 통 대답하다 | 答应 dāying 통 응답하다, 동의하다 |
| 当 | dāng | 통 담당하다, ~을 마주 대하다 | 相当于 xiāngdāng yú ~와 같다<br>当面 dāngmiàn 뵘 직접 마주 대하고 |
| | dàng | 통 ~로 여기다, 적합하다 | 当作 dàngzuò 통 ~로 삼다　　不当 búdàng 혱 부당하다 |
| 倒 | dǎo | 통 넘어지다, 도산하다 | 摔倒 shuāidǎo 통 넘어지다　　倒闭 dǎobì 통 도산하다 |
| | dào | 통 거꾸로 되다, 쏟다, 따르다 | 倒数 dàoshǔ 통 뒤에서 세다, 거꾸로 세다<br>倒水 dào shuǐ 물을 따르다, 물을 쏟다 |
| 的 | de | 조 관형어를 만드는 역할을 함 | 生活的意义 shēnghuó de yìyì 삶의 의미 |
| | dì | 어휘를 구성하는 글자 | 目的 mùdì 몡 목적　　目的地 mùdìdì 몡 목적지 |
| 地 | de | 조 부사어를 만드는 역할을 함 | 高效地工作 gāoxiào de gōngzuò 효율적으로 일하다 |
| | dì | 몡 지역, 땅 | 地区 dìqū 몡 지역　　地名 dìmíng 몡 지명 |
| 得 | de | 조 술어와 보어를 이어주는 역할을 함 | 来得及 láidejí 통 늦지 않다, (시간이) 가능하다<br>看得见 kàn de jiàn 보이다 |
| | dé | 통 얻다 | 获得 huòdé 통 얻다, 획득하다<br>得分 défēn 통 득점하다 |

| | | | | |
|---|---|---|---|---|
| 调 | diào | 동 조사하다 명 어조, 말투 | 调查 diàochá 동 조사하다 | 强调 qiángdiào 동 강조하다 |
| | tiáo | 동 조정하다 형 조화롭다 | 调整 tiáozhěng 동 조정하다 | 协调 xiétiáo 형 조화롭다 |
| 都 | dōu | 부 모두, 다 | 全都 quándōu 부 모두, 전부 | |
| | dū | 명 수도, 도시 | 首都 shǒudū 명 수도 | 都市 dūshì 명 도시 |
| 缝 | féng | 동 바느질하다, 꿰매다 | 缝制 féngzhì 동 (옷 등을) 만들다, 봉제하다 | |
| | fèng | 명 틈, 이음새 | 缝隙 fèngxì 명 틈, 갈라진 곳 | |
| 给 | gěi | 동 주다 | 送给 sònggěi 주다, 선물하다<br>递给 dìgěi 건네다, 전해주다 | |
| | jǐ | 동 주다, 공급하다 | 给予 jǐyǔ 동 주다, 급여하다 | 供给 gōngjǐ 동 공급하다 |
| 更 | gèng | 부 더욱, 더 | 更加 gèngjiā 부 더욱, 게다가 | |
| | gēng | 동 바꾸다, 고치다 | 更新 gēngxīn 동 갱신하다, 업데이트하다<br>更换 gēnghuàn 동 교체하다, 갈아입다 | |
| 好 | hǎo | 형 좋다, 훌륭하다 | 美好 měihǎo 형 아름답다, 행복하다<br>良好 liánghǎo 형 양호하다, 좋다 | |
| | hào | 동 좋아하다 | 爱好 àihào 명 취미 | 好奇心 hàoqíxīn 명 호기심 |
| 还 | hái | 부 아직, 여전히 | 还有 háiyǒu 접 그리고, 또한 | 还是 háishi 접 아직도, 아니면 |
| | huán | 동 갚다, 돌아가다 | 还钱 huán qián 돈을 갚다 | 还原 huányuán 동 원상복구하다 |
| 假 | jiǎ | 형 거짓의, 가짜의 | 假设 jiǎshè 명 가설 | 假如 jiǎrú 접 만약, 가령 |
| | jià | 명 휴가, 휴일 | 暑假 shǔjià 명 여름 방학 | 请假 qǐngjià 동 휴가를 내다 |
| 教 | jiāo | 동 가르치다 | 教书 jiāoshū 동 (공부를) 가르치다 | |
| | jiào | 동 가르치다 명 교육 | 教育 jiàoyù 동 교육하다 | 教授 jiàoshòu 명 교수 |
| 几 | jǐ | 수 몇 | 几千年 jǐ qiān nián 몇천 년 | |
| | jī | 부 거의, 대략 | 几乎 jīhū 부 거의, 하마터면 | |
| 尽 | jǐn | 동 가능한 한 ~하고자 하다 | 尽量 jǐnliàng 부 되도록, 가능한 한<br>尽管 jǐnguǎn 접 비록 ~라 하더라도 | |
| | jìn | 동 다 쓰다, 다하다 | 尽力 jìnlì 온 힘을 다하다 | 尽心 jìnxīn 동 정성을 다하다 |
| 觉 | jué | 명 감각, 느낌 동 느끼다 | 感觉 gǎnjué 명 감각 동 ~라고 느끼다<br>味觉 wèijué 명 미각 | |
| | jiào | 명 잠, 수면 | 睡懒觉 shuì lǎnjiào 늦잠을 자다 | |
| 角 | jué | 명 역, 배역 | 角色 juésè 명 배역, 역할 | 主角 zhǔjué 명 주연, 주인공 |
| | jiǎo | 명 각, 구석 | 视角 shìjiǎo 명 시각 | 角度 jiǎodù 명 각도 |
| 空 | kōng | 형 텅 비다 | 空间 kōngjiān 명 공간 | 空中 kōngzhōng 명 공중 |
| | kòng | 명 틈, 빈칸 | 有空儿 yǒu kòngr 시간이 있다, 짬이 있다<br>填空 tiánkòng 동 빈칸을 채우다 | |

| | | | |
|---|---|---|---|
| 乐 | lè | 휑 즐겁다 | 快乐 kuàilè 휑 즐겁다, 유쾌하다<br>娱乐 yúlè 몡 오락, 즐거움 |
| | yuè | 몡 음악 | 音乐会 yīnyuèhuì 몡 음악회　　乐器 yuèqì 몡 악기 |
| 累 | lèi | 휑 지치다, 피로하다 | 劳累 láolèi 휑 (과로로) 지치다, 고단하다 |
| | lěi | 동 쌓다, 누적하다 | 积累 jīlěi 동 쌓다, 축적하다 |
| 量 | liàng | 몡 양, 분량 | 质量 zhìliàng 몡 질, 질량　　能量 néngliàng 몡 에너지, 능력 |
| | liáng | 동 재다, 측량하다 | 衡量 héngliáng 동 평가하다, 고려하다<br>测量 cèliáng 동 측량하다 |
| 率 | lǜ | 몡 비율 | 效率 xiàolǜ 몡 효율　　概率 gàilǜ 몡 확률 |
| | shuài | 동 인솔하다 | 率领 shuàilǐng 동 거느리다, 이끌다<br>表率 biǎoshuài 몡 모범, 본보기 |
| 没 | méi | 뷔 ~하지 않았다 | 没用 méi yòng 쓸모가 없다<br>没意思 méi yìsi 재미가 없다, 지루하다 |
| | mò | 동 물에 빠지다, 사라지다, 몰수하다 | 淹没 yānmò 동 물에 빠지다, 잠기다<br>没收 mòshōu 동 몰수하다 |
| 抹 | mǒ | 동 바르다, 닦다 | 涂抹 túmǒ 동 칠하다, 바르다 |
| | mā | 동 닦다, 문지르다 | 抹布 mābù 몡 걸레, 행주 |
| 难 | nán | 휑 어렵다, 힘들다 | 难题 nántí 몡 난제　　难忘 nánwàng 동 잊기 어렵다 |
| | nàn | 몡 재난, 불행 | 灾难 zāinàn 몡 재난　　苦难 kǔnàn 몡 고난 |
| 便 | pián | 어휘를 구성하는 글자 | 便宜 piányi 휑 싸다, 저렴하다 |
| | biàn | 휑 편리하다, 편하다 | 便利 biànlì 휑 편리하다　　便于 biànyú 동 ~하기 편리하다 |
| 强 | qiáng | 휑 강하다, 힘이 세다 | 加强 jiāqiáng 동 강화하다<br>强大 qiángdà 휑 강력하다, 막강하다 |
| | qiǎng | 동 강제로 시키다 | 强迫 qiǎngpò 동 강제하다, 강요하다<br>勉强 miǎnqiǎng 휑 간신히 ~하다 동 억지로 시키다 |
| 曲 | qū | 휑 굽다 | 弯曲 wānqū 휑 구불구불하다<br>曲折 qūzhé 몡 우여곡절 |
| | qǔ | 몡 곡, 노래 | 歌曲 gēqǔ 몡 노래, 가곡　　戏曲 xìqǔ 몡 중국의 전통적인 희곡 |
| 塞 | sāi | 동 집어넣다, 쑤셔 넣다 | 塞住 sāizhù 동 막다, 틀어막다 |
| | sè | 동 막히다 | 堵塞 dǔsè 동 막히다　　鼻塞 bísè 동 코가 막히다 |
| 散 | sǎn | 동 느슨하다, 흩어지다 | 散开 sǎnkāi 동 풀어지다, 느슨해지다 |
| | sàn | 동 흩어지다, 분산하다 | 分散 fēnsàn 휑 분산하다 동 분산시키다<br>扩散 kuòsàn 동 확산하다 |
| 少 | shǎo | 휑 적다, 부족하다 | 减少 jiǎnshǎo 동 감소하다　　少数 shǎoshù 몡 소수, 적은 수 |
| | shào | 휑 젊다, 어리다 | 青少年 qīngshàonián 몡 청소년<br>少女 shàonǚ 몡 소녀 |

| | | | |
|---|---|---|---|
| 省 | shěng | 图 아끼다, 절약하다 | 节省 jiéshěng 图 아끼다, 절약하다<br>省钱 shěngqián 图 돈을 절약하다 |
| | xǐng | 图 반성하다, 되돌아보다 | 反省 fǎnxǐng 图 반성하다 |
| 数 | shù | 图 수, 수량 | 数字 shùzì 图 숫자  双数 shuāngshù 图 짝수 |
| | shǔ | 图 세다, 헤아리다 | 数不清 shǔ bu qīng (너무 많아서) 정확하게 셀 수 없다 |
| 为 | wèi | 图 ~때문에, ~를 위해 | 因为 yīnwèi 집 ~때문에  为了 wèile 图 ~를 위해 |
| | wéi | 图 ~이 되다, ~으로 삼다 | 分为 fēnwéi ~로 나누다(나뉘다)<br>视为 shìwéi ~로 보다, 간주하다 |
| 系 | xì | 图 계통, 계열 | 系统 xìtǒng 图 계통, 시스템  体系 tǐxì 图 체계 |
| | jì | 图 매다, 묶다 | 系安全带 jì ānquándài 안전벨트를 매다 |
| 相 | xiāng | 图 서로, 함께 | 相关 xiāngguān 图 상관이 있다<br>相同 xiāngtóng 图 서로 같다, 똑같다 |
| | xiàng | 图 모습, 상, 외모 | 照相 zhàoxiàng 图 사진을 찍다<br>真相 zhēnxiàng 图 진상, 참모습 |
| 行 | xíng | 图 걷다, 가다, 행하다 | 行为 xíngwéi 图 행위  执行 zhíxíng 图 집행하다, 실시하다 |
| | háng | 图 줄, 순서, 업무 | 行列 hángliè 图 행렬, 대열  行业 hángyè 图 업종, 업무 |
| 应 | yīng | 조동 마땅히 ~해야 한다 | 应该 yīnggāi 조동 마땅히 ~해야 한다<br>应当 yīngdāng 조동 응당 ~해야 한다 |
| | yìng | 图 응하다, 적응하다 | 应对 yìngduì 图 대응하다, 대처하다<br>效应 xiàoyìng 图 효과, 반응 |
| 与 | yǔ | 图 ~와, ~에게 집 ~와 | 人与人之间的距离 rén yǔ rén zhījiān de jùlí<br>사람과 사람 사이의 거리 |
| | yù | 图 참여하다, 참가하다 | 参与 cānyù 图 참여하다 |
| 载 | zài | 图 나르다, 싣다 | 下载 xiàzài 图 다운로드하다  载体 zàitǐ 图 매개체 |
| | zǎi | 图 기재하다, 등재하다 | 记载 jìzǎi 图 기재하다 |
| 着 | zhe | 조 ~하고 있다, ~한 채로 있다 | 意味着 yìwèizhe 图 의미하다, 뜻하다<br>随着 suízhe 图 ~에 따라 |
| | zháo | 图 잠들다, (어떤 상태에) 빠지다 | 睡着 shuìzháo 图 잠이 들다  着急 zháojí 图 조급해하다 |
| | zhuó | 图 입다, 닿다 | 穿着 chuānzhuó 图 옷, 복장<br>执着 zhízhuó 图 고집하다, 고수하다 |
| 只 | zhǐ | 图 단지, 오직 | 只有 zhǐyǒu 집 ~해야만  只要 zhǐyào 집 ~하기만 하면 |
| | zhī | 图 마리, 개 | 一只鸟 yì zhī niǎo 새 한 마리 |
| 种 | zhǒng | 图 종류 图 종, 품종 | 种类 zhǒnglèi 图 종류  各种 gè zhǒng 각종의 |
| | zhòng | 图 심다, 기르다 | 种植 zhòngzhí 图 심다, 재배하다 |
| 重 | zhòng | 图 중요하다, 무겁다 图 중요시하다 | 重视 zhòngshì 图 중시하다  尊重 zūnzhòng 图 존중하다 |
| | chóng | 图 중복하다, 반복하다 | 重新 chóngxīn 图 다시  重复 chóngfù 图 중복하다 |

해커스 HSKK 고급 5일 만에 딸 수 있다!

# 실전 테스트

실제 시험 문제를 푼다는 생각으로, 2분 동안 준비하여 2분 동안 지문을 낭독하세요. 2부분_3_2_실전 테스트

**1**

　　对于金钱，我们需要树立正确的观念。首先，不应该把金钱视为衡量一个人价值的唯一标准。虽然金钱在现代社会中扮演着重要的角色，但我们不能将其视为一切。我们应该重视人际关系、品德、健康、幸福等其他方面的价值，而不仅仅是追逐金钱。其次，应该把金钱视为一种工具，而非目的。金钱可以满足我们基本的生活需求，让我们享受教育、医疗等资源。因此我们应该把金钱视为实现更大目标、追求更有意义的生活的手段。最后，应该树立正确的金钱观念。我们应该根据自己的实际情况和目标，制定合理的理财计划，并避免过度的消费和债务的累积。同时，我们也应该学会投资和理财，让金钱为我们创造更多的价值。

**2**

　　想要成为一名优秀的管理者，必须要做好表率。很多人认为企业管理不善是因为战略不正确、制度不健全、流程设计不科学。其实关键在于管理者能不能做到让下属跟随自己，并让他们高效地执行任务。管理者的言行举止会对下属产生巨大的影响。因此，管理者必须坚持原则，以身作则，说到做到。只有这样，他所领导的团队才能成为一支具有执行力的团队。如果管理不当，会导致工作效率低下，整个团队凝聚力不足。因此，管理者要严格要求自己，做到"己所不欲，勿施于人"。管理者要通过实际行动在员工中建立威信，这样才能上下同心，大大提高团队的战斗力。

모범답변·해석 p.145

# 04 | 끊어읽기

중국 사람들이 말을 할 때 자연스럽게 끊어지는 부분이 있는데, 이를 잘 익혀두면 자연스럽게 낭독할 수 있을 뿐만 아니라 정확한 의미도 전달할 수 있다. 끊어읽는 것을 학습하는 이유는 문장을 자연스럽게 읽기 위함이므로 아래에서 제시하는 끊어읽는 법을 모든 문장에 엄격하게 적용하기보다는 이를 자연스럽게 습득할 수 있도록 음원을 여러 번 들으며 문장을 따라 읽는 연습을 한다. 🎧 2부분_4_1_끊어읽기

## 1 쉼표(,)나 모점(、)과 같은 문장부호 앞에서 끊어읽는다.

Jùjué biérén shí,　　　　yào zhùyì fāngshì hé tàidu.
拒绝别人时,　/　要注意方式和态度。　　　　다른 사람을 거절할 때는, 방식과 태도에 주의해야 한다.

Yīnyuèjù shì yīnyuè,　　　wǔdǎo hé biǎoyǎn xiāng jiéhé de yìshù xíngshì.
音乐剧是音乐、　/　舞蹈和表演相结合的艺术形式。　　　뮤지컬은 음악, 춤 그리고 공연이 결합된 예술 형식이다.

## 2 주어와 술어는 보통 끊어읽지 않는다. 하지만 주어가 길면 끊어 읽는다.

Tā kànwánle nà běn shū.
他 看完了那本书。　　　그는 그 책을 다 봤다.
주어 술어

Tā de fángjiān　　　hěn gānjìng.
他的房间　/　很干净。　　　그의 방은 깨끗하다.
　주어　　　　술어

Nàge yǒumíng de yīshēng　　zhìliáole hěn duō huànzhě.
那个有名的医生　/　治疗了很多患者。　　　그 유명한 의사는 많은 환자를 치료했다.
　　주어　　　　　　술어

## 3 술어와 목적어 사이는 보통 끊어읽지 않는다. 하지만 목적어가 길면 끊어읽는다.

Wǒ qí zìxíngchē.
我骑 自行车。　　　나는 자전거를 탄다.
술어　목적어

Gōngsī jīnnián de mùbiāo shì kuòdà guīmó.
公司今年的目标　/　是 扩大规模。　　　회사의 올해 목표는 규모를 확대하는 것이다.
　　　　　　　　　　술어　목적어

Zhè shí yǒu rén tíchūle　　hěn yǒu chuàngyì de xiǎngfǎ.
这时有人提出了　/　很有创意的想法。　　　이때 누군가 아주 창의적인 아이디어를 냈다.
　　　술어　　　　　　긴 목적어

Fùmǔ dōu xīwàng　　zìjǐ de háizi jiānglái néng yǒu chūxi.
父母都希望　/　自己的孩子将来能有出息。　　　부모는 모두 자신의 아이가 장래에 성공할 수 있기를 바란다.
　　술어　　　　　　긴 목적어

**4  접속사 뒤에서 끊어읽는다.**

Zhǐyào    nǔlì xuéxí, jiù néng qǔ de hǎo chéngjì.

只要  /  努力学习，就能取得好成绩。          열심히 노력하기만 하면, 좋은 성적을 거둘 수 있다.
접속사

Yīnwèi    tiānqì rè, dàjiā dōu bú yuànyì chūmén.

因为  /  天气热，大家都不愿意出门。          날씨가 덥기 때문에, 다들 나가려고 하지 않는다.
접속사

**5  부사·개사구와 같은 부사어는 주어와 끊어읽는다. 개사구는 술어와도 끊어읽는다.**

Zhè zhǒng xīnxíng bōli cáiliào    xiāngdāng jiēshi.

这种新型玻璃材料  /  相当结实。          이런 신형 유리 재료는 상당히 튼튼하다.
              주어              부사어(부사)

Tā    tōngguò wǎngluò    xuédàole hěn duō zhīshi.

他  /  通过网络  /  学到了很多知识。          그는 인터넷을 통해 많은 지식을 배웠다.
주어    부사어(개사구)    술어

\* 단, 일반적으로 1글자 부사나 부정부사는 끊어읽지 않는다.
Wúlùn zuò shénme shì, dōu bú yào jíyúqiúchéng.

无论做什么事，都  不要急于求成。          무슨 일을 하든지 간에, 서둘러 성공하려 해서는 안 된다.
              부사  부정부사

# 실전 테스트

실제 시험 문제를 푼다는 생각으로, 2분 동안 준비하여 2분 동안 지문을 낭독하세요. 🎧 2부분_4_2_실전 테스트

**1**

　　人免不了会犯错，但面对错误，有的人会选择逃避或找借口推脱责任，而有的人则会勇于承认错误，并积极改正。其实勇于承认错误是一个人成熟的标志，表明一个人谦虚的姿态。承认错误不仅能让我们成长，还能让我们与他人建立更加深入的关系。当我们承认错误时，能向他人表达出我们的诚意。这种真实的态度能够打破偏见，增加互信，构建良好的人际关系。
　　在人生的旅途中，我们会经历许多挑战，有时候我们会迷失方向。然而我们只要敢于承认自己的错误，并努力去弥补和改正，就能回归正确的道路。承认错误并非意味着丢掉尊严，而是一种展现勇气、诚实和责任感的表现。

**2**

　　随着城市化进程的加快，垃圾分类已成为我们生活中必不可少的一部分。垃圾分类不仅有助于减少环境污染，还能促进资源的回收利用，对实现可持续发展具有重要的意义。
　　垃圾主要分为可回收垃圾、厨余垃圾、有害垃圾和其他垃圾。经过分类和回收，垃圾可以得到有效的利用，这在一定程度上会减少资源的浪费。假如不对垃圾进行分类，随意丢弃垃圾，会对环境和人体健康造成危害，因此垃圾分类十分重要。
　　除此之外，垃圾分类还有助于培养人们的环保意识，增强人们的责任感。通过垃圾分类，人们会清晰地了解到环保的重要性，进而在日常生活中更加关注环保问题，为建设美丽的家园贡献自己的力量。

模范答变·해석 p.147

# 제2부분 마무리 테스트

MP3 바로듣기

2분 동안 4번 문제를 준비하세요. 준비 시간이 끝나면 2분 동안 낭독하세요. 2부분_마무리 테스트

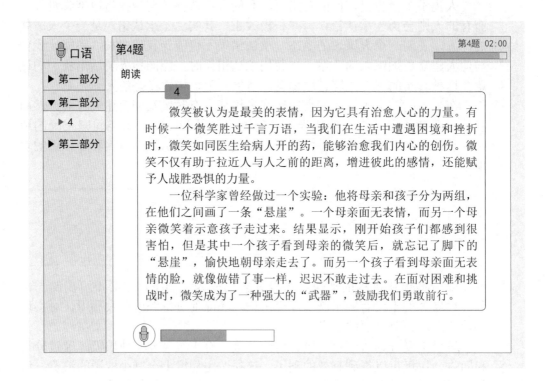

> 口语　　　　　　第4题　　　　　　　　　　　　　　　　第4题 02:00
>
> ▶ 第一部分
> ▼ 第二部分
> 　▶ 4
> ▶ 第三部分
>
> 朗读
>
> 　　　微笑被认为是最美的表情，因为它具有治愈人心的力量。有时候一个微笑胜过千言万语，当我们在生活中遭遇困境和挫折时，微笑如同医生给病人开的药，能够治愈我们内心的创伤。微笑不仅有助于拉近人与人之前的距离，增进彼此的感情，还能赋予人战胜恐惧的力量。
> 　　　一位科学家曾经做过一个实验：他将母亲和孩子分为两组，在他们之间画了一条"悬崖"。一个母亲面无表情，而另一个母亲微笑着示意孩子走过来。结果显示，刚开始孩子们都感到很害怕，但是其中一个孩子看到母亲的微笑后，就忘记了脚下的"悬崖"，愉快地朝母亲走去了。而另一个孩子看到母亲面无表情的脸，就像做错了事一样，迟迟不敢走过去。在面对困难和挑战时，微笑成为了一种强大的"武器"，鼓励我们勇敢前行。

모범답변·해석 p.149

본 교재 동영상강의 · 무료 학습자료 제공
**china.Hackers.com**

# 제3부분

## 질문에 대답하기

**스텝별 전략 익히기**

제3부분 마무리 테스트

# 제3부분 알아보기

제3부분 '질문에 대답하기'는 화면에 제시되는 질문을 보고 준비 시간 동안 답변을 준비하여, 2분 30초 동안 나의 생각을 논리적으로 답변하는 부분이다.

## ■ 제3부분 정보

| 문제 번호 | 5번~6번 | 주요 평가 내용 | ☑ 발음 및 성조가 정확한지 |
|---|---|---|---|
| 문제 수 | 2문제 | | ☑ 답변에 문법적 오류가 없는지 |
| 답변 준비 시간 | 총 10분<br>(제2~3부분이 합쳐진 준비 시간) | | ☑ 자연스럽고 유창하게 답변했는지 |
| 문제 당 답변 시간 | 2분 30초 | | ☑ 답변 내용이 풍부하고 논리적인지 |

## ■ 출제 유형

| 출제 유형 | 자주 나오는 내용 |
|---|---|
| 1. 의견을 묻는 질문 | • 당신은 스트레스를 어떻게 해소하는가?<br>• '만족을 알면 항상 즐겁다(知足常乐)'라는 성어에 대해 어떻게 생각하는가? |
| 2. 선택을 묻는 질문 | • 성공하기 위해 능력과 운 중에서 어느 것이 더 중요하다고 생각하는가?<br>• 직업을 선택함에 있어 어떤 것을 가장 중요하게 생각하는가? |
| 3. 상황을 가정하여 묻는 질문 | • 만약 친구와 트러블이 생기면 어떻게 해결할 것인가?<br>• 당신에게 한 달의 휴가가 주어진다면 무엇을 하고 싶은가? |

# ■ 시험 진행 순서

## ① 디렉션

준비 시간

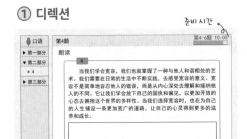

화면에는 4번 문제와 메모란이 제시되고, 지금부터 4~6번 문제를 시작하며 준비 시간은 총 10분이라는 디렉션이 음성으로 제시된다. 즉, 답변 준비 시간인 10분 동안 제2부분과 제3부분의 답변 준비를 모두 마쳐야 한다.

[디렉션]
现在开始准备第四到六题，可以在试卷上写提纲。
准备时间为十分钟。

## ② 준비 시간

준비 시간

문제 번호

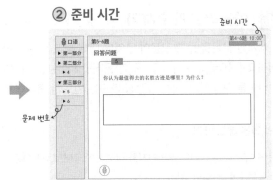

10분의 준비 시간 중 약 2분 동안 제2부분 4번 문제를 먼저 준비하고, 약 8분 동안 제3부분의 5~6번 문제를 준비한다. 화면 왼쪽의 문제 번호를 클릭하면 해당하는 문제를 바로 볼 수 있다. 5번 문제를 클릭하면 화면에는 5번 문제와 메모 작성란이 제시된다.

## ③ 5번 문제

답변 시간

문제 번호

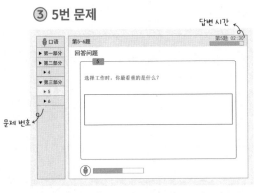

4번 문제의 답변 시간이 끝나면 자동으로 5번 문제 화면으로 넘어간다. 지금부터 5번 문제에 답변하라는 디렉션과 함께 2분 30초의 답변 시간이 시작된다.

[디렉션]
第四题结束，现在开始回答第五题。

## ④ 6번 문제

답변 시간

문제 번호

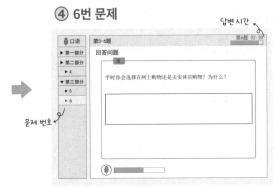

5번 문제의 답변 시간이 끝나면 자동으로 6번 문제 화면으로 넘어간다. 지금부터 6번 문제에 답변하라는 디렉션과 함께 2분 30초의 답변 시간이 시작된다.

[디렉션]
第五题结束，现在开始回答第六题。

# 스텝별 전략 익히기

MP3 바로듣기

답변 준비 시간을 효율적으로 사용하여 아웃라인을 메모하고, 템플릿에 맞는 논리적인 구조로 답변할 수 있도록 스텝별 전략을 익혀두세요.  3부분_스텝별 전략

## STEP 1  아웃라인 메모하기 [제2~3부분 준비 시간 총 10분]

화면에 제시된 질문을 보고 질문이 무엇에 대해 묻고 있는지 파악한 후 답변 아웃라인을 메모해둔다. 제2~3부분에서 제공되는 10분의 준비 시간 중 한 문제당 약 4분을 사용하여 '나의 의견 → 이유와 근거 → 마무리'의 순서로 아웃라인을 구상한다. 시험 규정상 메모는 반드시 중국어로 작성해야 한다.

### 1 나의 의견 메모하기

질문에 대한 나의 의견이 무엇인지를 정해서 중국어로 메모해둔다. 이유와 근거로 말할 거리가 많이 떠오르는 것을 나의 의견으로 정하는 것이 좋다.

### 2 이유와 근거 메모하기

- 나의 의견을 뒷받침하는 이유와 이에 대한 세부적인 근거를 중국어로 메모해둔다. 답변 시간이 2분 30초로 긴 편이다. 따라서 최대한 구체적으로 많이 메모해두는 것이 좋으며, 이유는 2~3가지를 메모하는 것이 좋다.

- 이유에 대한 근거로는 나의 실제 경험, 구체적인 예시와 설명을 들 수 있다.

- 아웃라인을 메모할 때는 가급적 줄 바꿈을 사용하여 각 내용이 깔끔하게 구분되도록 한다. 이렇게 하면 답변 시 메모한 아웃라인의 구조대로 쉽게 말할 수 있다.

### 3 마무리하기

나의 의견을 한번 더 언급하며 마무리한다.

예

对你来说，人生中最重要的是什么？为什么？

→ 인생에서 가장 중요한 것이 무엇인지 묻고 있다.

## 메모한 아웃라인

| | | |
|---|---|---|
| 나의 의견 | 人生中最重要的是健康。 | 인생에서 가장 중요한 것은 건강이다. |
| 이유1 | 健康的身体能够让我们正常地生活。 | 건강한 몸은 우리가 정상적으로 생활할 수 있게 한다. |
| 근거 | 没有健康的身体，我们的生活会受到影响。 | 건강한 몸이 없다면, 우리의 삶은 영향을 받을 것이다. |
| | 我生过重病，日常生活和学业受到了影响。 | 나는 큰 병을 앓은 적 있으며, 일상생활과 학업이 영향을 받았다. |
| 이유2 | 身体健康的人工作状态更好，更有创造力。 | 몸이 건강한 사람은 업무 태도가 더욱 좋으며, 더욱 창의적이다. |
| 근거 | 健康出现问题，就很难保持良好状态。 | 건강에 문제가 생긴다면, 좋은 상태를 유지하기 어렵다. |
| | 健康的身体让我们更容易产生新的想法。 | 건강한 몸은 우리가 새로운 아이디어를 더욱 쉽게 떠올릴 수 있게 한다. |
| 이유3 | 健康是我们实现梦想和目标的前提。 | 건강은 우리가 꿈과 목표를 이루기 위한 전제 조건이다. |
| 근거 | 想实现梦想，需要以健康的身体作支撑。 | 꿈을 이루고자 한다면, 건강한 몸이 지탱해줘야 한다. |
| | 健康的人能更好地应对压力和挑战。 | 건강한 사람은 스트레스와 시련에 더 잘 대처할 수 있다. |
| 마무리 | 人生中最重要的是健康。 | 인생에서 가장 중요한 것은 건강이다. |

**TIP!** 아웃라인을 메모하고 남은 시간에는 아웃라인을 보며 실제 답변하는 것처럼 작게 소리 내어 읽어보면, 실제로 답변할 때 보다 유창하게 답변할 수 있다.

메모해둔 아웃라인을 아래 만능 답변 템플릿에 넣어 대답한다.

만능 답변 템플릿

나의 의견

我认为 나의 의견 [의견을 묻는 경우]
저는 ~라고 생각합니다.

또는

我觉得 나의 선택 更 나의 의견 [선택을 묻는 경우]
저는 ~이 더 ~라고 생각합니다.

또는

如果 문제에 제시된 상황, 我会 나의 의견 [상황을 가정하여 묻는 경우]
만약 ~라면, 저는 ~를 할 것입니다.

이유1
근거

第一 / 首先 / 一方面, 첫 번째 이유
첫째/먼저/한편으로는 ~

比如 / 如果 이유에 대한 예시 또는 具体来说, 이유에 대한 구체적인 설명
예를 들어/만약 ~ 구체적으로 말하자면~

이유2
근거

第二 / 其次 / 另一方面, 두 번째 이유
둘째/그다음으로/다른 한편으로는 ~

比如 / 如果 이유에 대한 예시 또는 具体来说, 이유에 대한 구체적인 설명
예를 들어/만약 ~ 구체적으로 말하자면~

이유3
근거

第三 / 最后, 세 번째 이유
셋째/마지막으로 ~

比如 / 如果 이유에 대한 예시 또는 具体来说, 이유에 대한 구체적인 설명
예를 들어/만약 ~ 구체적으로 말하자면~

마무리

综上所述 / 总而言之, 나의 의견
앞서 언급한 내용을 종합했을 때/결론적으로 말하자면 ~

|  | 아웃라인 | 답변 |
|---|---|---|
| 나의 의견 | 人生中最重要的是健康。 | 我认为人生中最重要的是健康。 |
| 이유1<br>근거 | 健康的身体能够让我们正常地生活。<br>没有健康的身体，我们的生活会受到影响。<br>我生过重病，日常生活和学业受到了影响。 | 首先，健康的身体能够让我们正常地生活。如果没有健康的身体，那么我们的生活将会受到很大的影响。就拿我的例子来说，上大学时我生过重病。在生病的那段时间，我很难每天去学校上课，我的日常生活和学业也因此受到了很大的影响。从那以后，我深刻地意识到了健康的重要性。 |
| 이유2<br>근거 | 身体健康的人工作状态更好，更有创造力。<br>健康出现问题，就很难保持良好状态。<br>健康的身体让我们更容易产生新的想法。 | 其次，身体健康的人工作状态会更好，也更有创造力。如果我们的健康经常出现问题，那么我们就很难保持良好的工作状态，难以集中注意力去完成任务。而健康的身体能使大脑保持最佳状态，让我们更容易产生新的想法。 |
| 이유3<br>근거 | 健康是我们实现梦想和目标的前提。<br>想实现梦想，需要以健康的身体作支撑。<br>健康的人能更好地应对压力和挑战。 | 最后，健康是我们实现梦想和目标的前提。如果想实现梦想，就需要以健康的身体作支撑。一个健康的人能保持足够的精力，因此能更好地应对各种压力和挑战，从而实现自己的梦想。 |
| 마무리 | 人生中最重要的是健康。 | 综上所述，我认为人生中最重要的是健康。 |

해석 p.150

# 연습 문제

앞에서 배운 전략을 사용하여, 질문을 보고 Step1에서 나의 의견, 이유와 근거, 마무리를 중국어로 작성해 보세요. 그다음 Step2에서 우리말로 적혀있는 부분을 중국어로 바꾸어 답변해 보세요.

## 1 选择工作时，你最看重的是什么？

### STEP 1 아웃라인 메모하기

| | | |
|---|---|---|
| 나의 의견 | 직업이 나의 흥미에 부합하는지가 가장 중요하다. | _____ |
| 이유1 | 흥미는 직업을 선택할 때의 중요한 근거이다. | _____ |
| 근거 | 만약 내가 어떤 일에 관심이 있다면 자발적으로 공부할 것이다. | _____ |
| | 직업이 나의 흥미와 맞지 않으면 나는 동기가 부족해질 것이다. | _____ |
| 이유2 | 흥미는 직업의 안정성과 성공을 보장하는 중요한 요소이다. | _____ |
| 근거 | 자신이 흥미를 갖는 일을 하면 업무 효율이 향상될 것이다. | _____ |
| | 긍정적인 상태는 내가 더욱 안정적이고 더욱 멀리 갈 수 있도록 해준다. | _____ |
| 마무리 | 직업이 나의 흥미에 부합하는지가 가장 중요하다. | _____ |

### STEP 2 아웃라인을 답변 템플릿에 넣어 대답하기

🎤 나의 의견 ├── 저는 ~라고 생각합니다 工作是否符合我的兴趣最重要。

이유1
근거 ├── 한편으로, 对我来说，兴趣是选择职业时的重要依据。만약 我对某个工作感兴趣，就会主动地去学习和掌握相关知识和技能，也会更好地投入到工作中。在工作中遇到困难和挑战时，我也会更加积极地去面对和解决。相反，如果那份工作不符合我的兴趣，我就会缺乏学习和工作的动力，感到无聊和厌烦，也更容易放弃工作。

이유2
근거 ├── 다른 한편으로, 兴趣是保证职业稳定和成功的重要因素。만약 我做的是自己感兴趣的工作，我的工作效率和工作质量就会自然而然地提高，因为我会对自己感兴趣的事情投入更多的努力和热情。符合兴趣的工作会给我带来成就感和满足感，我会因此而感到更加快乐。这种积极的状态能让我在职业发展的道路上走得更稳、更远。

마무리 ├── 결론적으로 말하자면, 我认为工作是否符合我的兴趣最重要。

**2** 平时你会选择在网上购物还是去实体店购物？为什么？

**STEP 1** 아웃라인 메모하기

| | | |
|---|---|---|
| **나의 의견** | 오프라인 매장에 가서 쇼핑하는 것이 더 좋다. | |
| **이유1** | 오프라인 매장에 가서 쇼핑을 하면 품질에 대해 더욱 자세히 알 수 있다. | |
| 근거 | 직접 상품을 만져볼 수 있어 상품의 품질을 알 수 있다. | |
| | 온라인에서 쇼핑을 하면 상품이 도착한 후에야 물건을 볼 수 있다. | |
| **이유2** | 오프라인 매장에서 쇼핑을 하면 더 나은 쇼핑 경험을 할 수 있다. | |
| 근거 | 나는 매장의 서비스를 누릴 수 있다. | |
| | 직원들이 전문적인 조언을 제공할 수 있다. | |
| **이유3** | 오프라인 매장의 상품은 품질이 더 보장된다. | |
| 근거 | 온라인에서 구매한 상품은 아주 큰 불확실성이 존재한다. | |
| **마무리** | 오프라인 매장에 가서 쇼핑하는 것이 더 좋다. | |

**STEP 2** 아웃라인을 답변 템플릿에 넣어 대답하기

**나의 의견** ├─ 저는 ~라고 생각합니다 去实体店购物更好。

**이유1 근거** ├─ 먼저, 去实体店购物，我会对商品的质量和特点有更清晰的了解。구체적으로 말하자면, 因为我在实体店可以直接触摸到商品，所以能知道商品的质量如何。而且在买衣服或鞋子时，我能马上试穿，试穿后大小不合适的话，就可以直接换别的尺寸。而在网上购物时，我一般不能试穿，而且等商品到达后才能亲眼看到我买的东西。

**이유2 근거** ├─ 那么来, 去实体店购物可以让我有更好的购物体验。구체적으로 말하자면, 在购物的过程中，我不仅可以买到心仪的商品，还能享受到店内提供的服务。而实体店的店员通常可以提供专业的建议，在我购物的时候，他们的建议能为我带来很大的帮助。这样一来，我能买到适合自己的商品。

**이유3 근거** ├─ 마지막으로, 实体店的商品在质量上更有保障。구체적으로 말하자면, 在网上买的商品存在着很大的不确定性，所以我会容易购买到质量不好的商品。

**마무리** ├─ 결론적으로 말하자면, 我觉得去实体店购物更好。

해석 p.151

# 01 | 의견을 묻는 질문

MP3 바로듣기

의견을 묻는 질문은 제시된 주제에 대해 어떻게 생각하는지를 물으며, 질문에 주로 "你怎么看?", "…是什么?" 또는 "为什么?"와 같은 표현이 사용된다. 제시되는 질문에 대한 나의 의견과 이유 및 근거를 바로 떠올릴 수 있도록, 자주 나오는 의견을 묻는 질문과 이에 대한 답변 아이디어를 익혀두자.

## 1 일상생활 및 미래계획

🎧 3부분_1_1_일상생활_미래계획

### 1 你认为你的什么兴趣爱好值得推荐给别人?
당신은 당신의 어떤 취미가 다른 사람에게 추천할 만하다고 생각하는가?

| 나의 의견 | 摄影值得推荐给别人。 | 사진 촬영은 다른 사람에게 추천할 만하다. |
|---|---|---|
| 이유1 | 摄影能够捕捉生活中的美好瞬间。 | 사진 촬영은 삶 속의 아름다운 순간들을 포착할 수 있다. |
| 근거 | 用相机记录的瞬间变成永恒。 | 카메라로 기록한 순간은 영원으로 변한다. |
| | 照片会成为永远的美好回忆。 | 사진들은 영원한 아름다운 추억이 된다. |
| | 每当看到照片时，会想起我们的欢笑与感动。 | 사진들을 볼 때마다 우리의 웃음과 감동이 떠오를 것이다. |
| 이유2 | 摄影有助于培养观察力和审美能力。 | 사진 촬영은 관찰력과 미적 감각을 키우는 데 도움이 된다. |
| 근거 | 拍摄风景时，我会仔细观察景物。 | 풍경을 촬영할 때 나는 풍경과 사물을 세심하게 관찰한다. |
| | 我能学会如何欣赏美。 | 나는 어떻게 아름다움을 감상하는지를 배울 수 있다. |

### 2 在你做过的事情中，哪件事最让你感到自豪? 为什么?
당신이 한 일 중에서, 어떤 일이 가장 자랑스러운가? 왜인가?

| 나의 의견 | 跑完全程马拉松这件事最让我感到自豪。 | 마라톤 풀코스를 완주한 이 일이 가장 자랑스럽다. |
|---|---|---|
| 이유1 | 通过这件事，我挑战了自我。 | 이 일을 통해 나는 내 자신에게 도전했다. |
| 근거 | 我进行了长达6个月的训练和准备。 | 나는 6개월에 달하는 훈련과 준비를 했다. |
| | 我明确了目标，严格按照计划进行了训练。 | 나는 목표를 명확히 했으며, 엄격하게 계획에 따라 훈련을 진행했다. |
| | 我经受住了考验，最终跑完了全程。 | 나는 시련을 견뎌 내며, 결국 풀코스를 완주했다. |
| 이유2 | 通过这件事，我激励了周围的人。 | 이 일을 통해 나는 주변 사람들에게 자극을 주었다. |
| 근거 | 我的经历使周围人也有勇气挑战自己。 | 내 경험은 주변 사람들로 하여금 스스로에게 도전할 용기를 얻게 했다. |
| | 当我站在终点线时，他们意识到了坚持的力量。 | 내가 결승점에 섰을 때, 그들은 꾸준히 하는 것의 힘을 깨달았다. |
| | 这件事让他们觉得只要坚持不懈，就能成功。 | 이 일은 그들에게 느슨해지지 않고 끈질기게 노력하면 반드시 성공할 수 있다고 느끼게 했다. |

**3** 你最想实现的愿望是什么？ 당신이 가장 이루고 싶은 소원은 무엇인가?

| 나의 의견 | 我最想实现的愿望是去世界各地旅行。 | 내가 가장 이루고 싶은 소원은 세계 각지를 여행하는 것이다. |
|---|---|---|
| 이유1 | 旅行对我来说是一种寻找自我的过程。 | 여행은 나에게 있어 일종의 자아를 찾는 과정이다. |
| 근거 | 旅行能给心灵一次放松的机会。 | 여행은 마음에 쉴 기회를 줄 수 있다. |
| | 我能有很多独处的时间来整理思绪。 | 나는 생각을 정리할 혼자 있을 시간을 많이 가질 수 있다. |
| | 我可以重新寻找人生的意义。 | 나는 인생의 의미를 다시 찾을 수 있다. |
| 이유2 | 旅行对我来说是一种挑战。 | 여행은 나에게 있어 일종의 도전이다. |
| 근거 | 旅行时我可能会面临生理和心理上的挑战。 | 여행 중에 나는 생리적 그리고 심리적인 도전에 직면할 수 있다. |
| | 我能通过克服挑战，得到更大的成长。 | 나는 도전을 극복하여 더 큰 성장을 할 수 있다. |
| 이유3 | 旅行对我来说是一种拓展视野的方法。 | 여행은 나에게 있어 일종의 시야를 확장하는 방법이다. |
| 근거 | 通过与不同背景的人交流，我能拓展思维。 | 다양한 배경을 가진 사람들과의 소통을 통해 나는 사고를 확장할 수 있다. |
| | 我能在旅行中理解不同人的生活方式。 | 나는 여행에서 다양한 사람들의 삶의 방식을 이해할 수 있다. |

\* [1 일상생활 및 미래계획] 답변 아이디어가 사용된 전체 모범답변은
별책부록 〈시험장까지 들고 가는 어휘리스트&모범답변〉 p.24~26에서 확인할 수 있다.

## 2 학업 및 직장생활

🎧 3부분_1_2_학업_직장생활

**1** 许多学生课后都会去辅导班学习，你怎么看？
많은 학생이 방과 후에 학원에 가서 공부를 하는데, 당신은 어떻게 생각하는가?

| 나의 의견 | 课后去辅导班学习是很有必要的。 | 방과 후에 학원에 가서 공부하는 것은 매우 필요하다. |
|---|---|---|
| 이유1 | 去辅导班学习有助于学生进一步学习。 | 학원에 가서 공부하는 것은 학생들이 한 걸음 더 나아가 공부하는 것에 도움이 된다. |
| 근거 | 在学校上课时，老师很难照顾每个学生。 | 학교에서 수업을 할 때 선생님은 모든 학생들을 돌보기 어렵다. |
| | 学生去辅导班，能得到更多指导。 | 학생들은 학원에 가면 더 많은 지도를 받을 수 있다. |
| 이유2 | 去辅导班学习能让学生灵活地选择课程。 | 학원에 가서 공부하는 것은 학생들이 유연하게 수업을 선택할 수 있게 한다. |
| 근거 | 在辅导班，学生可以根据需求来报名课程。 | 학원에서는 학생들이 자신의 필요에 따라 수업을 등록할 수 있다. |
| | 这种学习方式有助于学生高效利用时间。 | 이러한 공부 방식은 학생들이 시간을 효율적으로 활용하는 데 도움이 된다. |
| 이유3 | 去辅导班学习可以提高学生的学习动力。 | 학원에 가서 공부하는 것은 학생들의 학습 동기를 높일 수 있다. |
| 근거 | 与有相同目标的学生学习，能激发动力。 | 동일한 학습 목표를 가진 학생들과 공부하면 동기를 자극할 수 있다. |
| | 积极的学习氛围能让学生专注于学习。 | 긍정적인 학습 분위기는 학생들이 공부에 더 집중할 수 있게 한다. |

**2** 有人说，学习时欲速则不达，你怎么看？为什么？

어떤 사람들은 공부할 때 너무 서두르면 오히려 목표를 달성하지 못한다고 하는데, 당신은 어떻게 생각하는가? 왜인가?

| 나의 의견 | 这句话很有道理。 | 이 말은 매우 일리가 있다. |
|---|---|---|
| 이유1 | 过于追求速度，往往不能做好充分的准备。 | 지나치게 속도를 추구하면 종종 충분한 준비를 할 수 없다. |
| 근거 | 过于追求速度，会导致学习前无法设定计划。 | 지나치게 속도를 추구하면 공부하기 전에 계획을 세울 수 없게 된다. |
| | 急于求成会使人很难得到好的结果。 | 목표를 달성하기에만 급급하면 좋은 결과를 얻기 힘들다. |
| | 我们要制定好学习计划，避免一味地追求速度。 | 우리는 학습 계획을 잘 세우고, 속도만을 추구하는 것을 피해야 한다. |
| 이유2 | 只在乎速度，容易忽略细节，达不到目的。 | 속도에만 신경 쓰면 디테일을 놓치기 쉬워 목표에 도달할 수 없다. |
| 근거 | 不注重细节会影响学习进度。 | 디테일을 중시하지 않으면 학습 진도에 영향을 줄 수 있다. |
| | 忽略细节会导致问题的逐渐积累。 | 디테일을 놓치면 문제가 점점 쌓이는 것을 초래한다. |
| 이유3 | 学习是一个持续性的过程。 | 공부는 지속적인 과정이다. |
| 근거 | 几天之内得到很大的学习成果是不现实的。 | 며칠 만에 큰 학습 성과를 얻는 것은 현실적이지 않다. |
| | 如果急于求成，会导致知识掌握得不牢固。 | 만약 목표를 달성하기에만 급급하면 지식을 제대로 이해하지 못할 수 있다. |

**3** 你认为弹性工作制怎么样？为什么？  당신은 유연 근무제가 어떻다고 생각하는가? 왜인가?

| 나의 의견 | 弹性工作制是一种很好的工作制度。 | 유연 근무제는 좋은 근무 제도이다. |
|---|---|---|
| 이유1 | 弹性工作制能减少通勤压力。 | 유연 근무제는 통근 스트레스를 줄일 수 있다. |
| 근거 | 员工可以选择人流量少的时间上下班。 | 직원들은 유동 인구량이 적은 시간을 선택해 출퇴근할 수 있다. |
| | 这能减少员工的通勤压力。 | 이는 직원들의 통근 스트레스를 줄일 수 있다. |
| 이유2 | 弹性工作制能提高员工的满意度。 | 유연 근무제는 직원들의 만족도를 높일 수 있다. |
| 근거 | 有事要处理时，员工可以调整工作时间。 | 처리해야 할 일이 생겼을 때 직원은 근무 시간을 조정할 수 있다. |
| | 在不实行弹性工作制的公司，员工满意度变低。 | 유연 근무제를 실행하지 않는 회사에서는 직원들의 만족도가 낮아진다. |
| 이유3 | 弹性工作制能让员工更高效地工作。 | 유연 근무제는 직원들이 더 효율적으로 일하도록 할 수 있다. |
| 근거 | 员工可以在自己最有效率的时间段工作。 | 직원들은 자신이 가장 효율이 높은 시간대에 근무할 수 있다. |
| | 在高效状态下工作有助于员工取得更好的成绩。 | 효율적인 상태에서 일하는 것은 직원들이 더 나은 성과를 얻는 데 도움이 된다. |

* [2 학업 및 직장생활] 답변 아이디어가 사용된 전체 모범답변은 별책부록 〈시험장까지 들고 가는 어휘리스트&모범답변〉 p.27~29에서 확인할 수 있다.

**1** 电子书和纸质书有什么区别？你觉得电子书会取代纸质书吗？为什么？

전자책과 종이책은 어떤 차이가 있는가? 당신은 전자책이 종이책을 대체할 것이라고 생각하는가? 왜인가?

| 나의 의견 | 电子书不会取代纸质书。 | 전자책은 종이책을 대체하지 않을 것이다. |
|---|---|---|
| 이유1 | 纸质书提供独特的阅读体验，有特殊意义。 | 종이책은 독특한 독서 경험을 제공하고 특별한 의미를 지닌다. |
| 근거 | 纸张的质感、香味给人一种享受。 | 종이의 질감, 향기는 사람에게 독특한 즐거움을 준다. |
| | 对一些读者来说，纸质书具有收藏价值。 | 일부 독자에게 있어 종이책은 소장 가치가 있다. |
| 이유2 | 电子书有其明显的缺点。 | 전자책에는 분명한 단점이 있다. |
| 근거 | 电子设备需要经常充电。 | 전자 기기는 자주 충전해야 한다. |
| | 电子设备出现故障，就无法继续阅读。 | 전자 기기가 고장 나면 더 이상 읽을 수 없게 된다. |
| | 读者注意力容易分散，阅读效果受影响。 | 독자의 주의력이 쉽게 분산되어 독서 효과에 영향을 받는다. |
| | 长时间阅读电子书，会加重眼睛疲劳。 | 장시간 전자책을 읽으면 눈의 피로를 가중시킬 수 있다. |

**2** 有人觉得人工智能的发展会给人类带来威胁，你怎么看？为什么？

어떤 사람은 인공 지능의 발전이 인류에게 위협을 가져올 것이라고 생각하는데, 당신은 어떻게 생각하는가? 왜인가?

| 나의 의견 | 人工智能的发展确实会给人类带来一定的威胁。 | 인공 지능의 발전은 확실히 인류에게 어느 정도의 위협을 가져올 수 있다. |
|---|---|---|
| 이유1 | 人工智能会影响人们的就业。 | 인공 지능은 사람들의 취업에 영향을 미친다. |
| 근거 | 由于人工智能的发展，许多岗位会被取代。 | 인공 지능의 발전으로 인해 많은 일자리가 대체될 것이다. |
| | 一些传统工作岗位会减少。 | 일부 전통적인 일자리가 줄어들 것이다. |
| 이유2 | 人工智能会侵犯个人隐私。 | 인공 지능은 개인 프라이버시를 침해할 수 있다. |
| 근거 | 在训练人工智能的过程中，要用到用户信息。 | 인공 지능을 훈련하는 과정에서 사용자 정보가 사용될 수 있다. |
| | 个人信息可能被不当使用。 | 개인 정보가 부당하게 사용될 가능성이 있다. |
| 이유3 | 人工智能会引发伦理道德问题。 | 인공 지능은 윤리적 문제를 일으킬 수 있다. |
| 근거 | 人工智能无法在道德层面思考问题。 | 인공 지능은 도덕적인 측면에서 문제를 사고하지 못한다. |
| | 人工智能可能与人的道德标准产生冲突。 | 인공 지능은 인간의 도덕 기준과 충돌이 발생할 가능성이 있다. |

제3부분

해커스 HSKK 고급 5일 만에 딸 수 있다!

**3** 最近"摆烂"一词备受关注，它指"事情已经无法向好的方向发展时，干脆不采取任何措施，而是任由其往坏的方向继续发展下去"的心态。你怎么看待这种心态？

요즘 '바이란'이라는 말이 주목 받고 있는데, 이는 '일이 좋은 방향으로 갈 수 없을 때 아예 아무 조치도 취하지 않고 나쁜 방향으로 가게 내버려 두는' 마음가짐이다. 당신은 이런 마음가짐에 대해 어떻게 생각하는가?

| 나의 의견 | "摆烂"的这种心态会给人带来很大的危害。 | '바이란'이라는 이런 마음가짐은 사람에게 큰 해를 끼칠 수 있다. |
|---|---|---|
| 이유1 | "摆烂"的心态会影响人的动力。 | '바이란'이라는 마음가짐은 사람의 원동력에 영향을 미친다. |
| 근거 | 人有这种心态，会消极看待事务。 | 사람이 이런 마음가짐을 가지게 되면 일을 부정적으로 대하게 된다. |
| | 他很难获得成就感，逐渐失去热情和动力。 | 그는 성취감을 얻기 어려워 점점 열정과 원동력을 잃게 된다. |
| 이유2 | "摆烂"的心态会影响人的情绪。 | '바이란'이라는 마음가짐은 사람의 감정에 영향을 미친다. |
| 근거 | 人有这种心态，情绪会受负面影响。 | 사람이 이러한 마음가짐을 가지게 되면 감정은 부정적인 영향을 받을 것이다. |
| | 他会任由事情往更坏的方向发展下去。 | 그는 일이 더 나쁜 방향으로 흘러가도록 방치하게 될 수 있다. |
| 이유3 | "摆烂"的心态会影响人的自信心和自尊心。 | '바이란'이라는 마음가짐은 사람의 자신감과 자존감에 영향을 미친다. |
| 근거 | 人有这种心态，会认为自己能力不足。 | 사람이 이런 마음가짐을 가지게 되면 자신이 능력이 부족하다고 생각할 수 있다. |
| | 这种心理会进一步削弱自信心和自尊心。 | 이러한 심리는 사람의 자신감과 자존감을 더욱 약화시킨다. |

\* [3 사회 이슈] 답변 아이디어가 사용된 전체 모범답변은
별책부록 〈시험장까지 들고 가는 어휘리스트&모범답변〉 p.30~32에서 확인할 수 있다.

## 4 가치관

**1** 很多人都觉得第一印象很重要，你怎么看？

많은 사람은 첫인상이 매우 중요하다고 생각하는데, 당신은 어떻게 생각하는가?

| 나의 의견 | 第一印象很重要。 | 첫인상은 매우 중요하다. |
|---|---|---|
| 이유1 | 第一印象是我们的第一张名片。 | 첫인상은 우리의 첫 번째 명함과 같다. |
| 근거 | 对方会根据我们的特征来评价我们。 | 상대방은 우리의 특징을 바탕으로 우리를 평가한다. |
| | 通过良好的第一印象，我们可以脱颖而出。 | 좋은 첫인상을 주면, 우리는 두각을 드러낼 수 있다. |
| 이유2 | 第一印象能对我们的声誉产生很大的影响。 | 첫인상은 우리의 평판에 큰 영향을 미칠 수 있다. |
| 근거 | 第一印象会影响他人对我们的看法和态度。 | 첫인상은 우리에 대한 타인의 견해와 태도에 영향을 미친다. |
| | 留下好的第一印象，能提升声誉。 | 좋은 첫인상을 남기면, 평판을 향상시킬 수 있다. |

**2** 人们常说"过犹不及"，你怎么看？为什么？

사람들은 흔히 '과유불급'이라고 하는데, 당신은 어떻게 생각하는가? 왜인가?

| 나의 의견 | "过犹不及"这个成语很有道理。 | '과유불급'이라는 이 성어는 매우 일리가 있다. |
|---|---|---|
| 이유1 | 从自身行为的角度看，"过犹不及"强调了适度的重要性。 | 자신의 행동 관점에서 보면, '과유불급'은 적당함의 중요성을 강조한다. |
| 근거 | 做事做过头，情况就会转向另外一面。 | 일을 지나치게 하면 상황은 다른 쪽으로 변화한다. |
| | 学习时经常熬夜，会降低学习效果。 | 공부할 때 자주 밤을 새면 학습 효과를 떨어뜨린다. |
| | 减肥时过度限制饮食，会导致身体虚弱。 | 다이어트를 할 때 지나치게 식사를 제한하면 몸이 약해진다. |
| 이유2 | 从人际交往的角度看，"过犹不及"体现了适度的原则。 | 인간관계의 관점에서 보면, '과유불급'은 적당함의 원칙을 드러낸다. |
| 근거 | 过于干涉他人，会让对方感到不适。 | 타인을 지나치게 간섭하면 상대방을 불편하게 만들 수 있다. |
| | 过于冷漠或忽视他人，会破坏关系。 | 타인에게 너무 냉담하거나 무시하면 관계를 망칠 수 있다. |

\* [4 가치관] 답변 아이디어가 사용된 전체 모범답변은 별책부록 〈시험장까지 듣고 가는 어휘리스트&모범답변〉 p.33~34에서 확인할 수 있다.

# 실전 테스트

실제 시험 문제를 푼다는 생각으로, 약 4분 동안 준비하여 2분 30초씩 답변해 보세요.　🎧 3부분_1_5_실전 테스트

**1** 你认为你是做事有计划的人吗?

🎤

**2** 最让你尊敬的人是谁? 请简单介绍一下。

🎤

**3** 有些人认为不应该让孩子从小就接触电子产品，你怎么看？为什么？

**4** 中国有个成语叫"有备无患"，你怎么看？为什么？

모범답변·해석 p.154

# 02 | 선택을 묻는 질문

MP3 바로듣기

선택을 묻는 질문은 제시된 두 가지 선택지 중 어떤 것이 더 중요하다고 생각하는지, 또는 무엇을 더 선호하는지를 묻는다. 질문에는 주로 "A 还是 B" 또는 "你会选择…?"와 같은 표현이 사용된다. 제시되는 질문에 대한 나의 의견과 이유 및 근거를 바로 떠올릴 수 있도록, 자주 나오는 선택을 묻는 질문과 이에 대한 답변 아이디어를 익혀두자.

## 1 일상생활 및 미래계획

🎧 3부분_2_1_일상생활_미래계획

① 在教育孩子时，有人认为要对孩子严格，有人认为要对孩子宽松，你觉得哪种方式更好？

아이를 교육할 때 어떤 사람은 아이에게 엄격해야 한다고 하고, 어떤 사람은 아이에게 관대해야 한다고 하는데, 당신은 어떤 방식이 더 좋다고 생각하는가?

| 나의 의견 | 对孩子严格更好。 | 아이에게 엄격한 것이 더 좋다. |
|---|---|---|
| 이유1 | 严格的教育方式可以让孩子更自律。 | 엄격한 교육 방식은 아이들을 더 자율적이게 한다. |
| 근거 | 这能让孩子学会自己管理时间。<br>孩子能在自我管理的过程中积累经验。 | 이는 아이가 시간을 스스로 관리하는 법을 배우게 한다.<br>아이는 자기 관리의 과정에서 경험을 쌓을 수 있다. |
| 이유2 | 严格的教育方式能培养孩子不怕吃苦的精神。 | 엄격한 교육 방식은 아이들이 고난을 두려워하지 않는 정신을 기를 수 있게 한다. |
| 근거 | 面对压力时，孩子能学会调整心态。<br><br>在这个过程中，孩子会成长。<br>孩子以后能更适应竞争激烈的社会。 | 스트레스를 마주했을 때 아이는 마음을 조절하는 법을 배울 수 있다.<br>이 과정에서 아이는 성장한다.<br>아이는 나중에 경쟁이 치열한 사회에 더 잘 적응할 수 있다. |

**2** 你未来想在大城市生活还是想在小城市生活？为什么？

당신은 미래에 대도시에서 생활하고 싶은가, 아니면 소도시에서 생활하고 싶은가? 왜인가?

| 나의 의견 | 我未来会更想在大城市生活。 | 나는 미래에 대도시에서 더 생활하고 싶다. |
|---|---|---|
| 이유1 | 大城市通常有更多的就业机会。 | 대도시는 보통 더 많은 취업 기회가 있다. |
| 근거 | 大城市中第三产业占比较高。 | 대도시는 제3차 산업의 비중이 높다. |
| | 行业的聚集会吸引大量企业和机构。 | 업종의 밀집은 많은 기업과 기관을 끌어들인다. |
| | 人们有更多职业选择和更好的发展机会。 | 사람들은 더 많은 직업 선택과 발전 기회가 있다. |
| 이유2 | 大城市通常有更丰富的文化和娱乐资源。 | 대도시는 보통 더 풍부한 문화와 오락 자원이 있다. |
| 근거 | 大城市有各种文化和娱乐设施。 | 대도시에는 다양한 문화와 오락 시설이 있다. |
| | 人们可以在大城市感受不同的文化氛围。 | 사람들은 대도시에서 다양한 문화적 분위기를 느낄 수 있다. |
| 이유3 | 大城市通常有更多的便利设施。 | 대도시는 보통 더 많은 편의 시설이 있다. |
| 근거 | 大城市有更发达的交通系统。 | 대도시는 더 발달된 교통 시스템이 있다. |
| | 大城市为人们的生活提供更便利的服务。 | 대도시는 사람들의 생활에 더 많은 편리한 서비스를 제공한다. |

* [1 일상생활 및 미래계획] 답변 아이디어가 사용된 전체 모범답변은 별책부록 〈시험장까지 들고 가는 어휘리스트&모범답변〉 p.35~36에서 확인할 수 있다.

## 2 학업 및 직장생활

🎧 3부분_2_2_학업_직장생활

**1** 学习时你更喜欢小组学习还是独自学习？

공부할 때 당신은 그룹으로 공부하는 것을 더 좋아하는가, 아니면 혼자 공부하는 것을 더 좋아하는가?

| 나의 의견 | 我更喜欢独自学习。 | 나는 혼자 공부하는 것을 더 좋아한다. |
|---|---|---|
| 이유1 | 我可以更好地集中注意力。 | 나는 주의력을 더 잘 집중할 수 있다. |
| 근거 | 参与小组学习，我会和同学聊天。 | 그룹으로 공부하면 나는 다른 친구들과 수다를 떤다. |
| | 如果一个人学习，可以把注意力放在学习上。 | 만약 혼자 공부하면 주의력을 공부에 기울일 수 있다. |
| | 这有助于提高学习效率和学习深度。 | 이는 공부의 효율과 공부의 깊이를 향상시키는 데 도움이 된다. |
| 이유2 | 我可以选择学习方式和学习内容。 | 나는 공부 방식과 공부 내용을 선택할 수 있다. |
| 근거 | 参与小组学习，我不得不考虑其他人。 | 그룹으로 공부하면 다른 사람들을 고려해야 한다. |
| | 如果一个人学习，可以灵活地制定计划。 | 만약 혼자 공부하면 유연하게 계획을 세울 수 있다. |
| | 这有助于满足我的学习需求。 | 이는 나의 공부 요구를 만족시키는 데 도움이 된다. |
| 이유3 | 我可以提升自主学习能力。 | 나는 자기 주도적 공부 능력을 키울 수 있다. |
| 근거 | 参与小组学习，我可能会依赖其他人。 | 그룹으로 공부하면 나는 다른 사람들에게 의존할 가능성이 있다. |
| | 如果一个人学习，只能独立思考问题。 | 만약 혼자 공부하면 독립적으로 문제를 사고할 수밖에 없다. |
| | 这有助于提升我的自主学习能力。 | 이는 나의 자기 주도적 공부 능력을 향상시키는 데 도움이 된다. |

**2** 在职场上个人能力更重要还是团队协作更重要？
직장에서 개인 능력이 더 중요한가, 아니면 팀워크가 더 중요한가?

| 나의 의견 | 团队协作更重要。 | 팀워크가 더 중요하다. |
|---|---|---|
| 이유1 | 团队协作可以促进集体智慧的发挥。 | 팀워크는 집단 지성의 발휘를 촉진시킬 수 있다. |
| 근거 | 每个成员都有独特的观点和思维方式。 | 각 구성원은 모두 자신만의 독특한 관점과 사고 방식을 가지고 있다. |
| | 不同的想法和观点会相互碰撞。 | 서로 다른 아이디어와 관점은 충돌하게 된다. |
| | 团队成员之间可以产生更多的创意。 | 팀 구성원들 간에서 더 많은 새로운 아이디어가 생길 수 있다. |
| 이유2 | 团队协作可以增强凝聚力。 | 팀워크는 단결력을 강화할 수 있다. |
| 근거 | 每个成员会产生共同的使命感和责任感。 | 각 구성원이 같은 사명감과 책임감을 가지게 된다. |
| | 每个成员能建立互相信任和依赖的关系。 | 각 구성원이 서로 신뢰하고 의지하는 관계를 형성할 수 있다. |

＊ [2 학업 및 직장생활] 답변 아이디어가 사용된 전체 모범답변은 별책부록 〈시험장까지 들고 가는 어휘리스트&모범답변〉 p.37~38에서 확인할 수 있다.

## 3 가치관

3부분_2_3_가치관

**1** 做重要的决定时，你觉得应该相信自己的直觉，还是听取他人的意见？为什么？
중요한 결정을 할 때 당신은 자신의 직감을 믿어야 한다고 생각하는가, 아니면 다른 사람의 의견을 들어야 한다고 생각하는가? 왜인가?

| 나의 의견 | 做重要的决定时，更应该听取他人的意见。 | 중요한 결정을 할 때, 다른 사람의 의견을 더 들어야 한다. |
|---|---|---|
| 이유1 | 我们可以通过他人的意见拓展视野和思路。 | 우리는 다른 사람의 의견을 통해 시야와 사고를 확장할 수 있다. |
| 근거 | 每个人的思考方式都不相同。 | 사람마다 사고 방식이 다르다. |
| | 这种差异性能提供多样的观点和解决方案。 | 이러한 차이는 다양한 관점과 해결 방안을 제공한다. |
| | 我们可以全面认识问题，找出解决方案。 | 우리는 문제를 전면적으로 인식하여 해결 방안을 찾을 수 있다. |
| 이유2 | 我们可以从他人的意见中获得间接经验。 | 우리는 다른 사람의 의견에서 간접적인 경험을 얻을 수 있다. |
| 근거 | 我们可以从对方的经验中了解他们遇到过的困难。 | 우리는 상대방의 경험을 통해 그들이 겪었던 어려움을 알 수 있다. |
| | 我们可以在类似的情况下做出正确选择。 | 우리는 비슷한 상황에서 올바른 선택을 할 수 있다. |

**2** 有人说对社会有所贡献是更成功的人生，有人说积累大量的财富才是更成功的人生，你认同哪种观点？

어떤 사람은 사회에 기여하는 것이 더 성공한 삶이라고 하고, 어떤 사람은 많은 부를 축적하는 것이 더 성공한 삶이라고 하는데, 당신은 어떤 관점에 동의하는가?

| 나의 의견 | 对社会有所贡献是更成功的人生。 | 사회에 기여하는 것이 더 성공한 삶이다. |
|---|---|---|
| 이유1 | 个人对社会的贡献能推动社会的发展。 | 사회에 대한 개인의 기여는 사회 발전을 촉진할 수 있다. |
| 근거 | 社会的进步离不开每个人的努力和贡献。 | 사회의 발전은 개인의 노력 및 기여와 떼려야 뗄 수 없다. |
| | 对社会做出贡献的人可以传递正能量。 | 사회에 기여하는 사람은 긍정적인 에너지를 전달할 수 있다. |
| 이유2 | 对社会有所贡献能够带来满足感和成就感。 | 사회에 기여하는 것은 만족감과 성취감을 가져다 준다. |
| 근거 | 当贡献产生积极影响时，我们会有满足感。 | 사회에 기여한 것이 긍정적인 영향을 미칠 때 우리는 만족감이 생긴다. |
| | 我们会觉得人生很有意义和价值。 | 우리는 삶이 매우 의미 있고 가치 있다고 느낄 수 있다. |

\* [3 가치관] 답변 아이디어가 사용된 전체 모범답변은 별책부록 〈시험장까지 들고 가는 어휘리스트&모범답변〉 p.39~40에서 확인할 수 있다.

# 실전 테스트

실제 시험 문제를 푼다는 생각으로, 약 4분 동안 준비하여 2분 30초씩 답변해 보세요.  ⌒ 3부분_2_4_실전 테스트

**1**    你觉得孩子最容易受谁的影响？老师、家长还是朋友？

🎤

**2**    在小组面试和一对一面试中，哪种面试方式更适合你？

🎤

**3** 有人喜欢居家办公，有人喜欢在办公室工作，你觉得哪种工作方式更好？

🎤

**4** 在投资和存钱中，你会选择哪种理财方式？

🎤

모범답변·해석 p.161

# 03 │ 상황을 가정하여 묻는 질문

상황을 가정하여 묻는 질문은 하나의 상황을 가정하여 당신이 이러한 상황에 있을 경우 어떻게 할 것인지를 묻는다. 질문에 주로 "如果…, 你会…?" 또는 "如果…, 你打算…?"과 같은 가정의 표현이 사용된다. 제시되는 질문에 대한 나의 의견과 이유 및 근거를 바로 떠올릴 수 있도록, 자주 나오는 상황을 가정하여 묻는 질문과 이에 대한 답변 아이디어를 익혀두자.

## 1  일상생활 및 미래계획

🎧 3부분_3_1_일상생활_미래계획

**1** 如果你有两个星期的假期，你会怎么安排?
만약 당신에게 2주의 휴가가 있다면, 당신은 어떻게 계획할 것인가?

| | | |
|---|---|---|
| 나의 의견 | 我会花一个星期的时间去国外旅行，花三天时间去陪伴父母，然后自己一个人安静地度过剩下的四天时间。 | 나는 일주일 동안 해외여행을 가고, 3일 동안 부모님과 함께 시간을 보내며, 혼자 조용히 나머지 4일을 보낼 것이다. |
| 세부 의견1 | 我会花一个星期的时间去国外旅行。 | 나는 일주일 동안 해외여행을 갈 것이다. |
| 근거 | 旅行是很好的减压方式。 | 여행은 스트레스를 줄이는 좋은 방법이다. |
| | 旅行可以让我远离繁忙的工作和生活。 | 여행은 나로 하여금 바쁜 일상과 생활에서 벗어나게 해줄 수 있다. |
| 세부 의견2 | 我会花三天时间去陪伴父母。 | 나는 3일 동안 부모님과 함께 시간을 보낼 것이다. |
| 근거 | 我会和父母吃饭聊天，做他们喜欢做的事。 | 나는 부모님과 함께 식사를 하고 이야기를 나누며, 그들이 좋아하는 일을 할 것이다. |
| | 我平时很少去看望父母，所以感到愧疚。 | 나는 평소에 부모님을 자주 찾아뵙지 못해 죄송함을 느낀다. |
| 세부 의견3 | 我会自己一个人度过剩下的四天时间。 | 나는 혼자 조용히 나머지 4일을 보낼 것이다. |
| 근거 | 我会看书、看电影、听音乐、做美食。 | 나는 책을 보고, 영화를 보고, 음악을 들으며 맛있는 음식을 할 것이다. |
| | 我会让身体和大脑得到休息。 | 나는 몸과 머리가 휴식을 취할 수 있도록 할 것이다. |

**2** 当你租房时，你会考虑哪些因素？ 집을 임대할 때, 당신은 어떤 요소들을 고려할 것인가?

| 나의 의견 | 我会考虑地理位置、租金和安全性。 | 나는 지리적 위치, 임대료, 그리고 안전성을 고려할 것이다. |
|---|---|---|
| 세부 의견1 | 我会考虑地理位置。 | 나는 지리적 위치를 고려할 것이다. |
| 근거 | 地理位置决定了生活的便利程度。 | 지리적 위치는 생활의 편리함의 수준을 결정한다. |
| | 我家附近有地铁站，可以减少通勤时间。 | 우리 집 근처에 지하철역이 있다면 통근 시간을 줄일 수 있다. |
| | 周边设施丰富，可以提高生活质量。 | 주변 시설이 많으면 생활의 질을 높일 수 있다. |
| 세부 의견2 | 我会考虑租金。 | 나는 임대료를 고려할 것이다. |
| 근거 | 我的收入不是很高，而租金是最大的一笔开销。 | 내 수입은 그리 높지 않으며, 임대료는 가장 큰 지출이다. |
| | 租金越少，越能减轻经济负担。 | 임대료가 적을수록 경제적 부담을 덜 수 있다. |
| 세부 의견3 | 我会考虑安全性。 | 나는 안전성을 고려할 것이다. |
| 근거 | 因为我一个人生活，所以房子的安全性至关重要。 | 나는 혼자 살기 때문에 집의 안전성이 매우 중요하다. |
| | 住在安全的环境中，焦虑感会减少。 | 안전한 환경에서 살면 불안감이 줄어들 것이다. |
| | 遇到紧急情况时，我也能更好地应对。 | 긴급 상황에 처했을 때도 나는 더 잘 대처할 수 있다. |

\* [1 일상생활 및 미래계획] 답변 아이디어가 사용된 전체 모범답변은 별책부록 〈시험장까지 들고 가는 어휘리스트&모범답변〉 p.41~42에서 확인할 수 있다.

## 2 학업 및 직장생활

🎧 3부분_3_2_학업_직장생활

**1** 如果你是一名留学生，为了提高自己的语言能力，你会怎么做？
만약 당신이 유학생이라면, 자신의 언어 능력을 향상시키기 위해 무엇을 할 것인가?

| 나의 의견 | 我会多与当地的朋友交往，积极参与课堂讨论，并多看外语书籍。 | 나는 현지에 있는 친구들을 많이 사귀고, 적극적으로 수업 토론에 참여하며, 외국어 서적을 많이 읽을 것이다. |
|---|---|---|
| 세부 의견1 | 多与当地的朋友交往。 | 현지에 있는 친구들을 많이 사귄다. |
| 근거 | 在国外留学，我可以用外语沟通。 | 해외에서 유학을 하면 나는 외국어로 소통할 수 있다. |
| | 这能提高我的整体语言能力。 | 이는 나의 전반적인 언어 능력을 향상시킬 수 있다. |
| 세부 의견2 | 积极参与课堂讨论。 | 수업 토론에 적극적으로 참여한다. |
| 근거 | 讨论时，我需要用外语表达自己的观点。 | 토론을 할 때 외국어로 나의 의견을 표현해야 한다. |
| | 实际的语言运用有助于我掌握外语。 | 실제적인 언어 사용은 내가 외국어를 이해하는 데 도움이 된다. |
| 세부 의견3 | 多看外语书籍。 | 외국어 서적을 많이 읽는다. |
| 근거 | 在国外，我能更方便地购买外语书籍。 | 해외에 있으면 나는 더욱 편리하게 외국어 서적을 구매할 수 있다. |
| | 通过阅读，我可以提升自己的语言能力。 | 서적을 읽음으로써 나는 스스로의 언어 능력을 향상시킬 수 있다. |

**2** 如果你是经理，你会招聘怎样的员工？ 만약 당신이 매니저라면, 당신은 어떤 직원을 채용할 것인가?

| | | |
|---|---|---|
| 나의 의견 | 我会招聘有责任心、有上进心且有创新能力的员工。 | 나는 책임감이 있고, 진취적이며, 혁신 능력을 갖춘 직원을 채용할 것이다. |
| 세부 의견1 | 我会招聘有责任心的员工。 | 나는 책임감이 있는 직원을 채용할 것이다. |
| 근거 | 他们会全力以赴。 | 그들은 최선을 다할 것이다. |
| | 他们会积极寻求帮助或寻找解决方案。 | 그들은 적극적으로 도움을 구하거나 해결 방안을 찾을 것이다. |
| | 他们会尽最大的努力克服难关、完成任务。 | 그들은 최선을 다해 난관을 극복하고 업무를 완수할 것이다. |
| 세부 의견2 | 我会招聘有上进心的员工。 | 나는 진취적인 직원을 채용할 것이다. |
| 근거 | 他们具有工作热情和动力。 | 그들은 업무 열정과 동기를 갖고 있다. |
| | 他们通过不断学习来实现成长。 | 그들은 지속적인 학습을 통해 성장을 이룬다. |
| | 他们能满足企业的发展需要。 | 그들은 기업의 발전 요구를 만족시킬 수 있다. |
| 세부 의견3 | 我会招聘有创新能力的员工。 | 나는 혁신 능력이 있는 직원을 채용할 것이다. |
| 근거 | 他们会提出新的想法，给企业注入活力。 | 그들은 새로운 아이디어를 제시하여 기업에 활력을 불어넣는다. |
| | 他们能帮助企业在竞争中保持优势。 | 그들은 기업이 경쟁에서 우위를 유지하는 데 도움을 준다. |

\* [2 학업 및 직장생활] 답변 아이디어가 사용된 전체 모범답변은
별책부록 〈시험장까지 들고 가는 어휘리스트&모범답변〉 p.43~44에서 확인할 수 있다.

## 3 가치관

🎧 3부분_3_3_가치관

**1** 如果想成为一个成熟的人，你觉得要怎么做？
만약 성숙한 사람이 되고 싶다면, 당신은 어떻게 해야 한다고 생각하는가?

| | | |
|---|---|---|
| 나의 의견 | 我会树立正确的自我认知，增强责任感，并培养自我控制力。 | 나는 올바른 자기 인식을 확립하고, 책임감을 강화하며, 자기 통제력을 기를 것이다. |
| 세부 의견1 | 我会树立正确的自我认知。 | 나는 올바른 자기 인식을 확립할 것이다. |
| 근거 | 我会清晰地认识自己，了解自己的优点和缺点。 | 나는 자신을 정확하게 인식하고, 나의 장단점을 이해할 것이다. |
| | 我会树立独立的人生观和价值观。 | 나는 독립적인 인생관과 가치관을 세울 것이다. |
| 세부 의견2 | 我会增强责任感。 | 나는 책임감을 강화할 것이다. |
| 근거 | 我会明确什么是自己的责任。 | 나는 먼저 무엇이 나의 책임인지 명확히 할 것이다. |
| | 我会尽最大的努力去履行责任。 | 나는 최선을 다해 책임을 이행할 것이다. |
| | 我会直面问题，积极寻找解决问题的方法。 | 나는 문제에 직면하여 적극적으로 문제를 해결할 방법을 찾을 것이다. |
| 세부 의견3 | 我会培养自我控制力。 | 나는 자기 통제력을 기를 것이다. |
| 근거 | 我会学习如何控制自己的情绪。 | 나는 자신의 감정을 어떻게 조절하는지 배울 것이다. |
| | 我会保持理性，从容应对挑战和压力。 | 나는 이성을 유지하며, 침착하게 시련과 스트레스에 대응할 것이다. |

**2** 当你与他人出现矛盾时，你会怎么做？ 당신이 다른 사람과 갈등이 생겼을 때, 당신은 어떻게 할 것인가?

| 나의 의견 | 我会保持冷静，倾听对方的感受和想法，然后努力沟通并探讨解决方案。 | 나는 침착함을 유지하고, 상대방의 느낌과 생각을 경청하며, 소통하려고 노력하여 해결 방안을 찾을 것이다. |
|---|---|---|
| 세부 의견1 | 我会保持冷静。 | 나는 침착함을 유지할 것이다. |
| 근거 | 情绪化的反应会加深矛盾，破坏关系。<br>我会保持冷静，理性地思考和分析问题。 | 감정적인 반응은 갈등을 심화시키며, 관계를 파괴한다.<br>나는 침착함을 유지하며, 이성적으로 문제에 대해 고민하고 분석할 것이다. |
| 세부 의견2 | 我会倾听对方的感受和想法。 | 나는 상대방의 느낌과 생각을 경청할 것이다. |
| 근거 | 通过倾听，我可以理解对方的立场和情感。<br>对方能感受到尊重，愿意共同解决矛盾。 | 경청함으로써 나는 상대방의 입장과 감정을 이해할 수 있다.<br>상대방은 존중 받고 있음을 느껴 함께 갈등을 해결하려고 할 수 있다. |
| 세부 의견3 | 我会努力沟通并探讨解决方案。 | 나는 상대방과 소통하려고 노력하여 해결 방안을 찾을 것이다. |
| 근거 | 我会与对方积极沟通，提出我的想法。<br>我会和对方寻找双方都能接受的方案。 | 나는 상대방과 적극적으로 소통하여 내 생각을 제시할 것이다.<br>나는 상대방과 양측이 모두 받아들일 수 있는 방안을 찾을 것이다. |

\* [3 가치관] 답변 아이디어가 사용된 전체 모범답변은
별책부록 〈시험장까지 들고 가는 어휘리스트&모범답변〉 p.45~46에서 확인할 수 있다.

제3부분

해커스 HSKK 고급 5일 만에 딸 수 있다!

실제 시험 문제를 푼다는 생각으로, 약 4분 동안 준비하여 2분 30초씩 답변해 보세요.　🎧 3부분_3_4_실전 테스트

**1**　如果你压力很大，你会怎样缓解压力？

🎙️

**2**　如果你中了彩票一等奖，你会怎么使用这笔钱？

🎙️

**3** 如果你有机会重新选择专业，你会选择什么？为什么？

🎤

**4** 如果你有机会参加志愿活动，你会选择做什么？为什么？

🎤

모범답변·해석 p.167

# 제3부분 마무리 테스트

MP3 바로듣기

8분 동안 5~6번 문제의 답변을 한번에 준비하세요. 준비 시간 동안 시험지에 메모를 해도 됩니다. 준비 시간이 끝나면 5번 문제부터 2분 30초 동안 답변하세요. 🎧 3부분_마무리 테스트

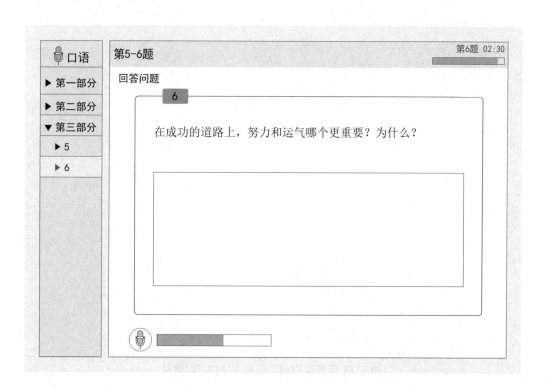

모범답변·해석 p.174

본 교재 동영상강의 · 무료 학습자료 제공

**china.Hackers.com**

# 실전모의고사

\* 실제 시험을 보는 것처럼 실전모의고사를 풀어보세요.

\* 교재에 수록된 실전모의고사1은 유튜브에서 실제 시험 환경과 동일하게 문제를 풀어 볼 수 있어요.

\* 搜狗(sogou) 프로그램을 컴퓨터에 설치한 후, 컴퓨터의 메모장을 활용하여 답변을 준비해보세요.
  (sogou 프로그램 설치방법 p.11)

# 실전모의고사

## 1

<유튜브로 보는 실전모의고사> 바로가기

# 中文水平考试

## HSK 口语(高级)

### 注　意

一、HSK 口语(高级)分三部分:

　　1. 听后复述(3题,8分钟)

　　2. 朗读(1题,2分钟)

　　3. 回答问题(2题,5分钟)

二、全部考试约25分钟(含准备时间10分钟)。

# 第一部分

第1-3题：听后复述

# 第二部分

第4题：朗读

　　在教育孩子的时候需要合理管教。管教孩子是告诉他们行为标准，即什么样的事情可以做，什么样的事情不能做。如果孩子犯了错误，家长就要对孩子进行管教。家长管教孩子时一定要有权威性，要让孩子知道自己是认真的。合理地管教孩子可以培养他们的纪律观念，也可以让他们知道自己的行为是伴随惩罚或奖赏的。另外，家长要和另一半保持一致性，在管教孩子时采取一样的行动。这样可以帮助孩子建立统一的行为标准。即使对彼此的管教方式有异议，也最好在孩子不在场的时候再进行讨论。这样做可以避免孩子对家长的教育产生混乱感，还可以树立家长的权威。在管教孩子时，不可以在身体上和心理上虐待孩子，最好的方法是对他们好的表现进行奖励。（2分钟）

# 第三部分

第5-6题：回答问题

5. 如果想保护环境，你平时会做哪些努力？（2.5分钟）

6. 对你来说，最理想的生活状态是什么样的？（2.5分钟）

모범답변·해석 p.178

실전모의고사

**2**

# 中文水平考试

## HSK 口语(高级)

### 注　意

一、HSK 口语(高级)分三部分：

　　1.听后复述(3题，8分钟)

　　2.朗读(1题，2分钟)

　　3.回答问题(2题，5分钟)

二、全部考试约25分钟(含准备时间10分钟)。

# 第一部分

第1-3题：听后复述

# 第二部分

第4题：朗读

　　咀嚼食物是我们进食时必经的过程，正确的咀嚼方式对我们的健康很重要。

　　首先，充分咀嚼食物有助于消化。咀嚼是消化过程中的第一步，通过咀嚼食物，我们将食物嚼成小块，使消化酶更容易消化食物。充分咀嚼食物可以帮助我们更好地吸收营养物质，减少消化不良和肠胃问题发生的概率。其次，充分咀嚼食物有助于控制饮食。当我们充分咀嚼食物的过程中，大脑会接收到更多的饱腹信号，从而让我们意识到自己已经吃饱了，这能避免暴饮暴食。

　　咀嚼食物时应该细嚼慢咽，不要急于吞咽。专家建议每一口食物应该咀嚼20到30次，直到食物变得柔软，容易咽下为止，这样便于食物被人体消化和吸收。另外，咀嚼食物时，应该放慢节奏，享受食物的味道和口感，使味觉和咀嚼感得到满足。（2分钟）

# 第三部分

第5-6题：回答问题

5. 你和父母之间有什么相同和不同的地方？（2.5分钟）

6. 你觉得毕业后先就业好，还是先创业好？为什么？（2.5分钟）

모범답변·해석 p.185

# 실전모의고사

## 3

# 中文水平考试

## HSK 口语(高级)

### 注　意

一、HSK 口语(高级)分三部分：

    1.听后复述(3题，8分钟)

    2.朗读(1题，2分钟)

    3.回答问题(2题，5分钟)

二、全部考试约25分钟(含准备时间10分钟)。

# 第一部分

第1-3题：听后复述

# 第二部分

第4题：朗读

　　送礼是中国文化中很重要的一部分，其中有很多学问。因此要根据不同的对象和目的，选择不同的礼物。送礼时的细节看似不起眼，但是稍不留意，就会让接受礼物的人感到自己不被尊重。

　　中国人认为送钟表有"送终"的寓意，表示生命的终结，因此送钟表被视为不吉利的象征。尤其是为长辈庆祝生日时，送钟表是大忌。夫妻或恋人之间则不适合送梨，因为"梨子"的"梨"和"离别"的"离"发音相同，因此被认为是不吉利的礼物。刀或剪刀含有"一刀两断"的意思，因此也不适合送礼。

　　除此之外，应该注意数字和包装的颜色。送礼时要送双数，因为双数普遍象征着"好事成双"，但要避开数字"4"，因为数字"4"与"死"发音相近。纯白色和纯黑色包装被视为不吉利，而红色和金色代表着喜庆和成功。（2分钟）

# 第三部分

第5-6题：回答问题

5. 电脑和手机已经十分普遍，因此有些人认为没必要练字，对此你怎么看？为什么？（2.5分钟）

6. 人们常说"学无止境"，你怎么看？（2.5分钟）

모범답변·해석 p.192

실전모의고사

**4**

# 中文水平考试

# HSK 口语(高级)

## 注　意

一、HSK 口语(高级)分三部分:

  1.听后复述(3题，8分钟)

  2.朗读(1题，2分钟)

  3.回答问题(2题，5分钟)

二、全部考试约25分钟(含准备时间10分钟)。

# 第一部分

第1-3题：听后复述

# 第二部分

第4题：朗读

　　在生活中我们常常会发现，如果一个人在外貌、智力、待人处事等方面给人留下了好印象，那么他的其他方面也会得到较好的评价。这种思维方式在心理学上被称为"光环效应"。

　　人们对事物的认知往往是从局部扩散到整体的，因此容易出现以偏概全的现象。当一个人被标注了某种正面的特质时，与他有关的一切都会被认为是正面的；而当一个人被贴上了负面的标签时，与他有关的一切也都会被看作是负面的。在人际交往中，如果只根据一个人的个别特征来对其本质或全部特征下结论，就会导致看不清对方的真实品质，从而容易形成一种片面的结论。

　　光环效应在对不熟悉的人进行评价时体现得更加明显，因此可能会对人际关系产生消极影响。我们应该告诫自己不要受到光环效应的影响，陷入光环效应的误区。（2分钟）

# 第三部分

第5-6题：回答问题

5. 你认为把文学作品改编为电影时，要忠于原著，还是要大胆创新？为什么？
（2.5分钟）

6. 有人认为"勤能补拙"，你怎么看？为什么？（2.5分钟）

모범답변·해석 p.199

실전모의고사

**5**

# 中文水平考试

# HSK 口语(高级)

## 注　意

一、HSK口语(高级)分三部分:

    1. 听后复述(3题，8分钟)

    2. 朗读(1题，2分钟)

    3. 回答问题(2题，5分钟)

二、全部考试约25分钟(含准备时间10分钟)。

# 第一部分

## 第1-3题：听后复述

# 第二部分

## 第4题：朗读

　　一位知名的主持人在一档节目中采访了一位小男孩，问他："你长大后想当什么呢？"小男孩天真地回答："我要当飞机驾驶员。"主持人随即追问："如果有一天，你的飞机在空中飞行，但是所有的引擎都熄火了，你会怎么处理？"小男孩考虑片刻后说："我会告诉飞机上的人系好安全带，然后我就戴上降落伞跳下去。"在场的观众纷纷捧腹大笑，主持人却专注地看着那个小男孩，耐心地等待着他说出自己的理由。没过多久，小男孩眼中流出两行热泪，这让主持人感到很意外。他追问道："你为什么要这样做呢？"小男孩的答案揭示了他内心最真挚的想法："我要去拿燃料，我还要回来！"（2分钟）

# 第三部分

5. 你认为你在性格上的优点是什么？请简单介绍一下。（2.5分钟）

6. 团队领导应该具备哪些能力？为什么？（2.5分钟）

모범답변·해석 p.206

본 교재 동영상강의 · 무료 학습자료 제공

**china.Hackers.com**

# 모범답변·해석

# 제1부분 듣고 나의 말로 다시 설명하기

## 스텝별 전략 익히기 p.19

MP3 바로듣기

### STEP 1 핵심 내용을 기억하며 듣기

有个小和尚每天都要打扫院子。院子里有十五棵银杏树，一到秋天会有很多树叶飘落下来，这让他头疼不已。有一天，他想到了一个好办法。早上他使劲儿摇了院子里所有的树，试着把树叶都摇下来。他以为这样明天就不用扫树叶了。到了第二天，他来到院子一看，不禁傻眼了，地上依然堆满了树叶。这时老和尚走了过来，语重心长地说：“不管你今天多么努力摇树，明天树叶还是会飘下来的。很多事情无法提前，活在当下才是最真实的人生态度。”

해석 매일 마당을 청소해야 하는 한 어린 스님이 있었다. 마당에는 은행나무 열다섯 그루가 있었는데, 가을이 되기만 하면 나뭇잎이 많이 떨어져 그를 끊임없이 머리 아프게 했다. 어느 날, 그는 좋은 방법이 생각났다. 아침에 그는 정원에 있는 모든 나무를 힘껏 흔들어, 나뭇잎을 모두 흔들어 떨어뜨리려 했다. 그는 이렇게 하면 내일 나뭇잎을 청소할 필요가 없다고 생각했다. 다음날이 되어 그가 마당에 와서 보니 눈이 휘둥그레지는 걸 참을 수 없었는데, 땅에는 여전히 나뭇잎이 쌓여 있었다. 이때 나이 많은 스님이 다가와서 “네가 오늘 아무리 열심히 나무를 흔들어도 내일 나뭇잎은 여전히 떨어질 거야. 많은 일은 앞당길 수 없고, 현재를 사는 것이 가장 진실한 삶의 태도란다.”라고 진심 어린 말로 진솔한 감정을 담아 말했다.

어휘 **和尚** héshang [명] 스님 **院子** yuànzi [명] 마당, 정원 **银杏树** yínxìngshù [명] 은행나무 **飘落** piāoluò [동] (흩날리며) 떨어지다
**使劲儿** shǐjìnr [동] 힘껏 ~하다, 힘을 쓰다 **摇** yáo [동] 흔들다 **不禁** bùjīn [부] 참지 못하고, 자기도 모르게
**傻眼** shǎyǎn [동] 눈이 휘둥그레지다 **依然** yīrán [부] 여전히 **堆** duī [동] 쌓여 있다
**语重心长** yǔzhòngxīncháng [성] 진심 어린 말로 진솔한 감정을 담아 말하다, 의미심장하다 **真实** zhēnshí [형] 진실하다

### STEP 2 기억한 핵심 내용을 토대로 나의 말로 설명하기

모범답변

Gāngcái wǒ tīngdào de shì guānyú rénshēng tàidu de wénzhāng. Xiàmian wǒ lái fùshù jùtǐ nèiróng. Yǒu ge xiǎo
**刚才我听到的是关于人生态度的文章。下面我来复述具体内容。**有个小
héshang měitiān dōu yào dǎsǎo yuànzi. Yuànzi li yǒu shí jǐ kē shù, qiūtiān huì yǒu hěn duō shùyè diào xiàlai, suǒyǐ tā
和尚每天都要打扫院子。院子里有十几棵树，秋天会有很多树叶掉下来，所以他
hěn tóuténg. Yǒu yìtiān, tā yònglì yáole suǒyǒu de shù, yǐwéi zhèyàng míngtiān jiù búyòng dǎsǎo le. Dàole dì èr
很头疼。有一天，他用力摇了所有的树，以为这样明天就不用打扫了。到了第二
tiān, tā gǎndào hěn chījīng, yīnwèi dì shang háishi yǒu hěn duō shùyè. Zhè shí lǎo héshang rènzhēn de duì tā shuō, hěn
天，他感到很吃惊，因为地上还是有很多树叶。这时老和尚认真地对他说，很
duō shìqing shì bù néng tíqián de, huózài dāngxià cái shì zuì hǎo de rénshēng tàidu. Yǐshàng shì wǒ suǒ tīngdào de
多事情是不能提前的，活在当下才是最好的人生态度。**以上是我所听到的**
guānyú rénshēng tàidu de wénzhāng.
**关于人生态度的文章。**

해석  제가 방금 들은 것은 삶의 태도와 관련된 글입니다. 이어서 제가 구체적인 내용을 설명해보겠습니다. 매일 마당을 청소해야 하는 한 어린 스님이 있었습니다. 마당에는 나무가 십여 그루 있었고, 가을에는 나뭇잎이 많이 떨어져서 그는 머리가 아팠습니다. 어느 날, 그는 모든 나무를 힘껏 흔들었는데, 이러면 내일은 청소를 하지 않아도 된다고 생각했습니다. 다음날이 되어 그는 깜짝 놀랐는데, 바닥에 나뭇잎이 여전히 많았기 때문입니다. 이때 나이 많은 스님이 그에게, 많은 일은 앞당길 수 없고 현재를 사는 것이 가장 좋은 삶의 태도라고 진지하게 말했습니다. 이상 제가 들은 삶의 태도와 관련된 글입니다.

어휘  **具体** jùtǐ 휑 구체적이다   **和尚** héshang 휑 스님   **院子** yuànzi 휑 마당, 정원   **摇** yáo 툉 흔들다

# 연습 문제   p.22

MP3 바로듣기

**1**

　　在人际关系中出现矛盾时，人首先会感受到愤怒的情绪。这种情绪会让人难以控制自己，说出许多事后想起来可能会让自己后悔的话。因此，学习管理情绪的方法是很有必要的。在愤怒的时候，可以试着做几次深呼吸，让自己平静下来。等心情平静下来后，就会发现有些事情根本没有生气的必要。

해석  인간관계에 갈등이 생겼을 때, 사람은 먼저 분노의 감정을 느낀다. 이런 감정은 자신을 통제하기 어렵게 하고, 나중에 생각하면 스스로가 후회할 만한 말을 많이 하게 만든다. 따라서 감정을 다스리는 법을 배우는 것은 매우 필요하다. 화가 났을 때, 심호흡을 여러 번 하여 자신을 진정시킬 수 있다. 마음이 진정되고 난 후, 어떤 일들은 화를 낼 필요가 전혀 없다는 것을 알게 될 것이다.

어휘  **人际关系** rénjì guānxi 휑 인간관계   **矛盾** máodùn 휑 갈등, 모순   **愤怒** fènnù 휑 분노하다, 화가 나다
**情绪** qíngxù 휑 감정, 기분   **控制** kòngzhì 툉 통제하다, 조절하다   **必要** bìyào 휑 필요하다   **深呼吸** shēn hūxī 심호흡하다
**平静** píngjìng 휑 진정하다, 평온하다   **根本** gēnběn 휀 전혀, 도무지

> **STEP 1** 핵심 내용을 기억하며 듣기

| 기억한 핵심 내용 | - 인간관계에 갈등이 생기면 먼저 분노를 느낌 |
| --- | --- |
| | - 이는 자신을 통제하기 어렵게 하고 후회할 만한 말을 하게 만듦 |
| | - 그래서 감정을 다스리는 법을 배우는 것이 중요함 |
| | - 화가 났을 때 심호흡을 해서 진정할 수 있음 |
| | - 진정하고 나면 어떤 일들은 화를 낼 필요가 없다는 것을 알게 됨 |
| 화제 | 감정을 다스리는 것 |

> **STEP 2** 기억한 핵심 내용을 토대로 나의 말로 설명하기

모범답변

| 도입부 | 🎤 | Gāngcái wǒ tīngdào de shì guānyú qíngxù guǎnlǐ de wénzhāng.<br>**刚才我听到的是关于情绪管理的文章。** |
| --- | --- | --- |
| 중간 부분 | 🎤 | Xiàmian wǒ lái fùshù jùtǐ nèiróng. Zài rénjì guānxi zhōng chūxiàn máodùn shí, rén huì xiān<br>**下面我来复述具体内容。** 在人际关系中出现矛盾时，人会先<br>gǎndào fènnù. Zhè zhǒng qíngxù huì ràng rén hěn nán kòngzhì zìjǐ, shuōchu kěnéng huì ràng zìjǐ<br>**感到愤怒。** 这种情绪会让人很难控制自己，说出可能会让自己<br>hòuhuǐ de huà. Yīncǐ, xuéxí qíngxù guǎnlǐ hěn zhòngyào. Zài fènnù shí, kěyǐ zuò shēn hūxī lái<br>**后悔的话。** 因此，学习情绪管理很重要。在愤怒时，可以做深呼吸来 |

ràng zìjǐ píngjìng xiàlai. Děng píngjìng xiàlai hòu, jiù huì fāxiàn yǒuxiē shì méi bìyào shēngqì.

让自己平静下来。等平静下来后，就会发现有些事没必要生气。

마무리 　Yǐshàng shì wǒ suǒ tīngdào de guānyú qíngxù guǎnlǐ de wénzhāng.
**以上是我所听到的关于情绪管理的文章。**

해석　제가 방금 들은 것은 감정을 다스리는 것과 관련된 글입니다. 이어서 제가 구체적인 내용을 설명해보겠습니다. 인간관계에 갈등이 생겼을 때, 사람은 먼저 분노를 느낍니다. 이런 감정은 자신을 통제하기 어렵게 하고, 스스로가 후회할 만한 말을 하게 만듭니다. 따라서 감정을 다스리는 것을 배우는 것은 중요합니다. 화가 났을 때, 심호흡을 해서 자신을 진정시킬 수 있습니다. 진정되고 난 후, 어떤 일들은 화를 낼 필요가 없다는 것을 알게 될 것입니다. 이상 제가 들은 감정을 다스리는 것과 관련된 글입니다.

어휘　**人际关系** rénjì guānxi 図 인간관계　**矛盾** máodùn 図 갈등, 모순　**愤怒** fènnù 図 분노하다, 화가 나다
　　　**情绪** qíngxù 図 감정, 기분　**控制** kòngzhì 图 통제하다, 조절하다　**深呼吸** shēn hūxī 심호흡하다
　　　**平静** píngjìng 図 진정하다, 평온하다　**必要** bìyào 図 필요하다

**2**

　　　一个年轻人患了绝症，他很绝望，觉得自己没有继续活下去的必要。一天，他发现一位失明的老人在街边演奏钢琴，老人身旁还放着一面镜子。音乐一结束，年轻人便好奇地问道："请问这镜子是您的吗？""没错，这是我的宝贝。"年轻人又问："可是这镜子对您有什么意义呢？您不是看不见吗？"老人听后笑着说："我希望有一天出现奇迹，能看到镜子里自己弹钢琴的样子，所以不管到哪儿，我都带着它。"我们也应该像那位老人一样，无论面临多么艰难的处境，都要保持希望和乐观的心态。

해석　한 젊은이가 불치병에 걸려 그는 매우 절망했으며, 자신이 계속 살아갈 필요가 없다고 느꼈다. 어느 날, 그는 눈이 먼 한 노인이 거리에서 피아노를 연주하고 있는 것을 발견했는데, 노인 옆에는 거울이 하나 놓여 있었다. 음악이 끝나자마자 젊은이는 신기한 듯 물었다. "혹시 이 거울은 당신 것입니까?" "맞아요, 이것은 제 보물이에요." 젊은이는 다시 물었다. "하지만 이 거울이 당신에게 무슨 의미가 있습니까? 당신은 안 보이지 않습니까?" 노인은 그 말을 듣고 웃으며 말했다. "저는 언젠가 기적이 일어나 거울 속 제가 피아노 치는 모습을 볼 수 있길 바라서, 어딜 가든 저는 이것을 가지고 다닙니다." 우리도 그 노인처럼 아무리 힘든 상황을 만나도 희망과 긍정적인 마음을 유지해야 한다.

어휘　**绝症** juézhèng 図 불치병　**绝望** juéwàng 图 절망하다　**必要** bìyào 図 필요하다　**失明** shīmíng 图 눈이 멀다, 실명하다
　　　**演奏** yǎnzòu 图 연주하다　**好奇** hàoqí 図 신기하다, 호기심을 갖다　**宝贝** bǎobèi 図 보물　**意义** yìyì 図 의미　**奇迹** qíjī 図 기적
　　　**处境** chǔjìng 図 상황, 처지

**STEP 1** 핵심 내용을 기억하며 듣기

| 기억한 핵심 내용 | - 한 젊은이가 병에 걸려 절망함 |
|---|---|
| | - 눈이 먼 노인이 피아노를 치는데 곁에 거울이 있음 |
| | - 거울이 그의 것이냐고 묻자 거울이 그의 보물이라고 함 |
| | - 거울이 무슨 의미가 있냐고 물음 |
| | - 노인은 언젠가 거울 속 자신의 모습을 볼 수 있길 바라서 거울을 항상 가지고 다닌다고 함 |
| | - 우리는 아무리 힘든 상황을 만나도 희망을 가지고 긍정적인 마음을 유지해야 함 |
| 화제 | 눈이 먼 한 노인 |

모범답변

| 도입부 🎤 | Gāngcái wǒ tīngdào de shì guānyú yí ge shīmíng de lǎorén de wénzhāng.<br>刚才我听到的是关于一个失明的老人的文章。 |
|---|---|

🎤 Xiàmian wǒ lái fùshù jùtǐ nèiróng. Yí ge niánqīngrén shēngbìng le, gǎndào hěn juéwàng.
下面我来复述具体内容。一个年轻人生病了，感到很绝望。

중간부분 Yìtiān, tā fāxiàn yí ge shīmíng de lǎorén zài tán gāngqín, shēnbiān hái yǒu jìngzi. Niánqīngrén wèn
一天，他发现一个失明的老人在弹钢琴，身边还有镜子。年轻人问
lǎorén jìngzi shì bu shì tā de, lǎorén shuō jìngzi shì tā de bǎobèi. Niánqīngrén yòu wèn jìngzi duì
老人镜子是不是他的，老人说镜子是他的宝贝。年轻人又问镜子对
lǎorén yǒu shénme yìyì. Lǎorén shuō tā xīwàng yǒu yìtiān néng kàndào jìngzi li zìjǐ tán gāngqín de
老人有什么意义。老人说他希望有一天能看到镜子里自己弹钢琴的
yàngzi, suǒyǐ yìzhí dàizhe jìngzi. Wǒmen wúlùn yùdào duōme jiānnán de qíngkuàng, dōu yào
样子，所以一直带着镜子。我们无论遇到多么艰难的情况，都要
bǎochí lèguān de xīntài.
保持乐观的心态。

| 마무리 🎤 | Yǐshàng shì wǒ suǒ tīngdào de guānyú yí ge shīmíng de lǎorén de wénzhāng.<br>以上是我所听到的关于一个失明的老人的文章。 |
|---|---|

해석 제가 방금 들은 것은 눈이 먼 한 노인과 관련된 글입니다. 이어서 제가 구체적인 내용을 설명해보겠습니다. 한 젊은이가 병에 걸려 절망을 느꼈습니다. 어느 날, 그는 눈이 먼 한 노인이 피아노를 치는데 그 곁에 거울이 있는 것을 발견했습니다. 젊은이는 노인에게 거울이 그의 것이냐고 묻자 노인은 거울이 그의 보물이라고 말했습니다. 젊은이는 거울이 노인에게 무슨 의미가 있냐고 다시 물었습니다. 노인은 언젠가 거울 속 자신이 피아노 치는 모습을 볼 수 있길 바라서, 거울을 항상 가지고 다닌다고 했습니다. 우리는 아무리 힘든 상황을 만나도 희망을 가지고 긍정적인 마음을 유지해야 합니다. 이상 제가 들은 눈이 먼 한 노인과 관련된 글입니다.

어휘 **失明 shīmíng** 동 눈이 멀다, 실명하다 **绝望 juéwàng** 동 절망하다 **宝贝 bǎobèi** 명 보물 **意义 yìyì** 명 의미

---

# 01 | 이야기 지문 p.24

MP3 바로듣기

## 1 교훈을 전달하는 이야기 지문

음성

한 수컷 공작새는 아름다운 긴 꼬리를 가지고 있었는데, 꼬리에는 황금색과 청록색 깃털이 햇빛 아래서 빛을 반짝이고 있었다. 모든 사람이 공작새의 아름다움에 감탄했고, 공작새 자신도 이 아름다운 긴 꼬리가 자랑스러웠다. 쉴 때마다 공작새는 꼬리가 더러워지는 것을 방지하기 위해 꼬리를 숨길 수 있는 곳을 선택하곤 했다. 어느 날 하늘에서 폭우가 쏟아지자 공작새는 미처 피하지 못해 온몸이 다 젖었다. 이때 한 사냥꾼이 살그머니 공작새에게 접근했지만, 공작새는 자신의 꼬리만 정리하기 바빠, 사냥꾼을 보지 못했다. 그렇게 공작새는 외적인 허영을 지나치게 추구하다 자신의 목숨을 잃었다.

어휘 雄孔雀 xióng kǒngquè 圀 수컷 공작새　拥有 yōngyǒu 圄 가지다, 지니다　尾巴 wěiba 圀 꼬리　翠绿色 cuìlǜsè 圀 청록색
羽毛 yǔmáo 圀 깃털　闪 shǎn 圄 반짝이다　惊叹 jīngtàn 圄 감탄하다　自豪 zìháo 圀 자랑스럽다　藏 cáng 圄 숨기다
防止 fángzhǐ 圄 방지하다　暴雨 bàoyǔ 圀 폭우　躲避 duǒbì 圄 피하다　湿 shī 圄 젖다　悄悄 qiāoqiāo 图 살그머니, 몰래
接近 jiējìn 圄 접근하다　过分 guòfèn 圀 지나치다, 과분하다　追求 zhuīqiú 圄 추구하다　虚荣 xūróng 圀 허영　失去 shīqù 圄 잃다

**모범답변**

> 제가 방금 들은 것은 한 공작새와 관련된 글입니다. 이어서 제가 구체적인 내용을 설명해보겠습니다. 한 수컷 공작새는 아름다운 꼬리를 가지고 있었는데, 꼬리의 깃털은 햇빛 아래서 빛을 반짝이고 있었습니다. 사람들은 모두 공작새의 아름다움에 감탄했고, 공작새 자신도 매우 자랑스러워 했습니다. 쉴 때마다 공작새는 꼬리가 더러워지는 것을 피하기 위해 꼬리를 숨길 수 있는 곳을 선택하곤 했습니다. 어느 날 폭우가 내리자 공작새는 미처 피하지 못해 온몸이 젖었습니다. 한 사냥꾼이 공작새에게 접근했지만, 공작새는 꼬리를 정리하기 바빠 보지 못했습니다. 그렇게 공작새는 허영을 추구하다 목숨을 잃었습니다. 이상 제가 들은 한 공작새와 관련된 글입니다.

어휘 孔雀 kǒngquè 圀 공작새　尾巴 wěiba 圀 꼬리　羽毛 yǔmáo 圀 깃털　闪 shǎn 圄 반짝이다　惊叹 jīngtàn 圄 감탄하다
自豪 zìháo 圀 자랑스럽다　藏 cáng 圄 숨기다　避免 bìmiǎn 圄 피하다　暴雨 bàoyǔ 圀 폭우　躲避 duǒbì 圄 피하다　湿 shī 圄 젖다
接近 jiējìn 圄 접근하다　追求 zhuīqiú 圄 추구하다　虚荣 xūróng 圀 허영　失去 shīqù 圄 잃다

## 2 반전·유머 이야기 지문

**음성**

> 한 부부의 가장 큰 소원은 이곳저곳을 여행하는 것이었다. 이 소원을 이루기 위해 그들은 아껴 먹고 아껴 쓰면서 마침내 비용을 모았다. 그들은 값싼 빵을 사서 배를 타고 출발했다. 그 둘은 가장 안 좋은 방에 묵으면서 배가 고프면 빵을 먹고, 목이 마르면 배에서 가장 저렴해 보이는 음료를 마셨다. 며칠 뒤 목적지에 도착했고, 그들이 계산하러 갔을 때 직원에게 그들은 음료수만 조금 마셨으니 많은 돈을 쓰지 않았을 것이라고 말했다. 직원은 깜짝 놀라며 배에서의 식사는 모두 무료이기 때문에 그들이 돈을 지불하지 않아도 된다고 알려 주었다.

어휘 夫妇 fūfù 圀 부부　愿望 yuànwàng 圀 소원　实现 shíxiàn 圄 이루다, 실현하다　省吃俭用 shěngchījiǎnyòng 圀 아껴 먹고 아껴 쓰다
积攒 jīzǎn 圄 (조금씩) 모으다, 저축하다　廉价 liánjià 圀 값싸다　轮船 lúnchuán 圀 배, 증기선　目的地 mùdìdì 圀 목적지
结账 jiézhàng 圄 계산하다, 결제하다　惊讶 jīngyà 圀 놀라다

**모범답변**

> 제가 방금 들은 것은 한 부부와 관련된 글입니다. 이어서 제가 구체적인 내용을 설명해보겠습니다. 한 부부의 소원은 여행을 가는 것이었습니다. 소원을 이루기 위해 그들은 매우 절약하여 살면서 여행 갈 돈을 모았습니다. 그들은 값싼 빵을 사서 배를 타고 출발했습니다. 그들은 가장 안 좋은 방에 묵으면서 배가 고프면 빵을 먹고 목이 마르면 배에서 저렴해 보이는 음료를 마셨습니다. 목적지에 도착한 후, 그들이 계산을 하러 갔을 때 음료수만 조금 마셨다고 했습니다. 직원은 깜짝 놀라며 돈을 낼 필요가 없고, 배에 있는 음식은 모두 무료라고 말했습니다. 이상 제가 들은 한 부부와 관련된 글입니다.

어휘 夫妇 fūfù 圀 부부　愿望 yuànwàng 圀 소원　实现 shíxiàn 圄 이루다, 실현하다　节省 jiéshěng 圄 절약하다
攒 zǎn 圄 모으다, 축적하다　目的地 mùdìdì 圀 목적지　结账 jiézhàng 圄 계산하다, 결제하다　惊讶 jīngyà 圀 놀라다

# 실전 테스트　p.27

---

**1**

　　有一个脾气很差的小男孩。有一天，父亲告诉他："每当你想发脾气时，就在木头上钉一个钉子。"第一天，男孩钉了三十七根钉子，但后来，每天钉的钉子数量减少了。之后父亲又说："每当你能控制自己的脾气时，就拔出一个钉子。"最后男孩把所有钉子都拔了出来。父亲说："虽然你拔了所有钉子，但木头上留下了一个个洞，无法补救。你生气时说的话也一样，就算你事后道歉，那个伤口也会永远存在。"

해석　성질이 고약한 한 남자아이가 있었다. 어느 날 아버지는 그에게 "네가 화를 내고 싶을 때마다 나무에 못을 하나 박아라."라고 말했다. 첫날 남자아이는 37개의 못을 박았지만 나중에는 하루에 박는 못의 수가 줄어들었다. 그 후 아버지는 "네가 스스로의 화를 다스릴 수 있을 때마다 못을 하나씩 뽑아라."라고 말했다. 결국 남자아이는 모든 못을 뽑았다. 아버지는 "비록 네가 모든 못을 뽑았지만 나무에는 구멍이 하나하나 남았고, 메울 수 없단다. 네가 화가 났을 때 하는 말도 똑같아서 설령 나중에 네가 사과하더라도, 그 상처는 영원히 남을 거란다."라고 말했다.

어휘　木头 mùtou 몡 나무, 목재　钉 dīng 동 박다　钉子 dīngzi 몡 못　根 gēn 양 개[가느다란 물건을 세는 단위]
　　　控制 kòngzhì 동 다스리다, 통제하다　拔 bá 동 뽑다, 빼다　留下 liúxia 남다　洞 dòng 몡 구멍　补救 bǔjiù 동 메우다, 보완하다
　　　伤口 shāngkǒu 몡 상처

**모범답변**

🎙️

> Gāngcái wǒ tīngdào de shì guānyú yí ge xiǎo nánhái hé tā fùqīn de wénzhāng. Xiàmian wǒ lái fùshù jùtǐ nèiróng.
> **刚才我听到的是关于一个小男孩和他父亲的文章。下面我来复述具体内容。**
> Yǒu yí ge píqi hěn chà de xiǎo nánhái. Fùqīn ràng tā xiǎng fā píqi shí zài mùtou shang dìng yí ge dīngzi. Dì yī tiān,
> **有一个脾气很差的小男孩。父亲让他想发脾气时在木头上钉一个钉子。第一天，**
> tā dìngle sānshí duō gēn, dàn hòulái dīngzi de shùliàng mànmān jiǎnshǎo le. Fùqīn yòu ràng tā zài néng kòngzhì píqi shí
> **他钉了三十多根，但后来钉子的数量慢慢减少了。父亲又让他在能控制脾气时**
> bá yí ge dīngzi. Zuìhòu xiǎo nánhái bǎ dīngzi dōu bále chūlai. Fùqīn shuō suīrán bále dīngzi, dàn mùtou shang
> **拔一个钉子。最后小男孩把钉子都拔了出来。父亲说虽然拔了钉子，但木头上**
> liúxiale hěn duō dòng, shēngqì shí shuō de huà yě yíyàng, jiùsuàn dàole qiàn, shāngkǒu yě hái zài. Yǐshàng shì wǒ suǒ
> **留下了很多洞，生气时说的话也一样，就算道了歉，伤口也还在。以上是我所**
> tīngdào de guānyú yí ge xiǎo nánhái hé tā fùqīn de wénzhāng.
> **听到的关于一个小男孩和他父亲的文章。**

해석　제가 방금 들은 것은 한 남자아이와 그의 아버지와 관련된 글입니다. 이어서 제가 구체적인 내용을 설명해보겠습니다. 성질이 고약한 한 남자아이가 있었습니다. 아버지는 그에게 화를 내고 싶을 때 나무에 못을 하나 박으라고 했습니다. 첫날 그는 30여 개의 못을 박았지만 나중에는 못의 수가 서서히 줄어들었습니다. 아버지는 다시 그에게 화를 다스릴 수 있을 때 못을 하나씩 뽑으라고 했습니다. 결국 남자아이는 못을 모두 뽑았습니다. 아버지는 비록 못을 뽑았지만 나무에는 구멍이 많이 남았고, 화가 났을 때 하는 말도 똑같아서 사과를 해도 상처는 남아 있을 것이라고 말했습니다. 이상 제가 들은 한 남자아이와 그의 아버지와 관련된 글입니다.

어휘　木头 mùtou 몡 나무, 목재　钉 dīng 동 박다　钉子 dīngzi 몡 못　根 gēn 양 개[가느다란 물건을 세는 단위]
　　　控制 kòngzhì 동 다스리다, 통제하다　拔 bá 동 뽑다, 빼다　留下 liúxia 남다　洞 dòng 몡 구멍　伤口 shāngkǒu 몡 상처

**2**
　　　一位丈夫在菜市场买了一条鱼，拿回家让妻子做，自己则在客厅里看电视剧。妻子也很喜欢看那个电视剧，于是向丈夫提议一起看完电视剧再去做鱼。丈夫说："这样太耽误时间了，你去做鱼，我看完后把情节告诉你不就好了吗？"电视剧结束后，丈夫走进了厨房，却发现妻子已经把鱼吃完了。丈夫埋怨妻子，妻子却淡定地说："鱼虽然被我吃完了，但我可以给你讲鱼的味道怎样，这不就等于你也尝过了吗？"

해석　한 남편이 시장에서 생선 한 마리를 사서 집으로 가져가 아내에게 요리해 달라고 하고, 자신은 거실에서 드라마를 보고 있었다. 아내도 그 드라마를 너무 좋아해서, 남편에게 같이 드라마를 다 보고난 후에 생선을 요리할 것을 제안했다. 남편은 "그렇게 하면 너무 시간이 지체되니 당신이 생선을 요리하고, 제가 다 보고 난 후 당신에게 줄거리를 알려 주면 되지 않겠어요?"라고 했다. 드라마가 끝나고, 남편이 부엌에 들어갔는데 아내가 이미 생선을 다 먹은 것을 발견했다. 남편은 아내를 원망했는데, 아내는 "비록 생선은 제가 다 먹었지만 생선 맛이 어떤지 당신에게 말해 줄 수 있으니, 당신도 맛본 것과 같지 않나요?"라며 태연하게 말했다.

어휘　市场 shìchǎng 몡 시장　客厅 kètīng 몡 거실　提议 tíyì 동 제안하다　耽误 dānwu 동 지체하다, 그르치다
　　　情节 qíngjié 몡 줄거리　厨房 chúfáng 몡 부엌　埋怨 mányuàn 동 원망하다　淡定 dàndìng 혱 태연하다, 침착하다
　　　等于 děngyú 동 ~과 같다　尝 cháng 동 맛보다

모범답변

🎤

Gāngcái wǒ tīngdào de shì guānyú yí duì fūqī de wénzhāng. Xiàmian wǒ lái fùshù jùtǐ nèiróng. Zhàngfu zài
**刚才我听到的是关于一对夫妻的文章。下面我来复述具体内容。丈夫在**
shìchǎng mǎile tiáo yú, huíjiā ràng qīzi zuò, zìjǐ zài kètīng kàn diànshìjù. Qīzi yě hěn xǐhuan kàn nàge diànshìjù,
**市场买了条鱼，回家让妻子做，自己在客厅看电视剧。妻子也很喜欢看那个电视剧，**
suǒyǐ xiǎng kànwán zài zuò yú. Dàn zhàngfu shuō "Nǐ qù zuò yú, wǒ kànwán gàosu nǐ nèiróng." Děng tā kànwán, zǒujin
**所以想看完再做鱼。但丈夫说："你去做鱼，我看完告诉你内容。"等他看完，走进**
chúfáng shí, què fāxiàn qīzi yǐjīng bǎ yú chīguāng le. Tā mányuànle qīzi, qīzi shuō "Wǒ kěyǐ gàosu nǐ yú
**厨房时，却发现妻子已经把鱼吃光了。他埋怨了妻子，妻子说："我可以告诉你鱼**
de wèidao, zhèyàng bú jiù děngyú nǐ yě chīguole ma?" Yǐshàng shì wǒ suǒ tīngdào de guānyú yí duì fūqī de wénzhāng.
**的味道，这样不就等于你也吃过了吗？"以上是我所听到的关于一对夫妻的文章。**

해석 제가 방금 들은 것은 한 부부와 관련된 글입니다. 이어서 제가 구체적인 내용을 설명해보겠습니다. 남편이 시장에서 생선 한 마리를 사서 집으로 돌아와 아내한테 요리해 달라고 하고, 자신은 거실에서 드라마를 보고 있었습니다. 아내도 그 드라마를 너무 좋아해서, 다 보고 난 후에 생선을 요리하고 싶었습니다. 하지만 남편은 "당신이 생선을 요리하면, 제가 다 보고 내용을 알려 줄게요."라고 했습니다. 그가 다 보고 나서 부엌으로 들어갔을 때, 아내가 이미 생선을 다 먹은 것을 발견했습니다. 그는 아내를 원망했는데, 아내는 "제가 생선의 맛을 당신에게 알려줄 수 있으니, 이렇게 하면 당신도 먹은 것과 같지 않나요?"라고 말했습니다. 이상 제가 들은 한 부부와 관련된 글입니다.

어휘 **市场** shìchǎng [명] 시장 **客厅** kètīng [명] 거실 **厨房** chúfáng [명] 부엌 **埋怨** mányuàn [동] 원망하다 **等于** děngyú [동] ~과 같다

**3**

以前有一个卖药的商人叫宋清。他做生意诚实守信，从不卖假药，所以很多人都信任他，愿意去他的店里买药，但他赚的钱一天比一天少。在他那里买药的大多是穷人，没钱支付昂贵的药费，只能打欠条。即使顾客没钱，他也依然把药卖给了他们。让人意外的是，四十年后宋清成为了远近闻名的富翁。原来，之前欠了他药费的那些人很多都做了大官，一个接着一个上门报答了他。宋清的故事告诉我们，待人要保持诚信和善良。

해석 예전에 송청이라는 약을 파는 상인이 있었다. 그는 장사를 할 때 성실하고 신용을 지켰으며, 여태껏 가짜 약을 팔지 않았기 때문에 많은 사람이 그를 믿고 그의 가게에 가서 약을 사려고 했다. 그러나 그가 버는 돈은 나날이 줄어들었다. 그에게서 약을 사는 사람들은 대부분 가난한 사람들이었고, 비싼 약값을 지불할 돈이 없어 차용증을 쓸 수밖에 없었다. 설령 손님이 돈이 없더라도, 그는 여전히 그들에게 약을 팔았다. 뜻밖에도, 40년 후에 송청은 소문난 부자가 되었다. 알고 보니, 예전에 그에게 약값을 빚진 많은 사람이 높은 관리가 되어 하나둘씩 그에게 보답하러 온 것이었다. 송청의 이야기는 우리에게 사람을 대할 때 신용을 지키고 선량해야 한다는 것을 알려준다.

어휘 **生意** shēngyi [명] 장사, 사업 **诚实** chéngshí [형] 성실하다 **守信** shǒuxìn [동] 신용을 지키다 **信任** xìnrèn [동] 믿다
**赚** zhuàn [동] (돈을) 벌다 **穷人** qióngrén [명] 가난한 사람 **支付** zhīfù [동] 지불하다 **昂贵** ángguì [형] 비싸다
**打欠条** dǎ qiàntiáo 차용증을 쓰다 **即使** jíshǐ [접] 설령 ~하더라도 **顾客** gùkè [명] 손님, 고객 **依然** yīrán [부] 여전히
**意外** yìwài [형] 뜻밖의 **成为** chéngwéi [동] ~이 되다 **远近闻名** yuǎnjìnwénmíng [성] 소문나다, 명성이 자자하다
**富翁** fùwēng [명] 부자 **原来** yuánlái [부] 알고 보니 **欠** qiàn [동] 빚지다 **大官** dàguān [명] 높은 관리 **报答** bàodá [동] 보답하다
**诚信** chéngxìn [형] 신용을 지키다

모범답변

🎤

Gāngcái wǒ tīngdào de shì guānyú yí ge shāngrén de wénzhāng. Xiàmian wǒ lái fùshù jùtǐ nèiróng. Yǐqián yǒu
**刚才我听到的是关于一个商人的文章。下面我来复述具体内容。以前有**
yí ge jiào Sòng Qīng de shāngrén. Tā chéngshí shǒuxìn, suǒyǐ rénmen dōu qù tā de diàn li mǎi yào, dàn tā zhuàn de
**一个叫宋清的商人。他诚实守信，所以人们都去他的店里买药，但他赚的**
qián yìtiān bǐ yìtiān shǎo. Mǎi yào de dàduō shì qióngrén, méi qián zhīfù yàofèi, dàn tā háishi bǎ yào màigěile tāmen.
**钱一天比一天少。买药的大多是穷人，没钱支付药费，但他还是把药卖给了他们。**

Méi xiǎngdào sìshí nián hòu tā chéngwéile yuǎnjìnwénmíng de fùwēng. Yuánlái, zhīqián qiànle yàofèi de rén hěn duō

**没想到四十年后他成为了远近闻名的富翁。原来，之前欠了药费的人很多**

dōu zuòle dàguān, yí ge jiēzhe yí ge lái bàodále tā. Zhège gùshi gàosu wǒmen, duì biérén yào bǎochí chéngxìn hé

**都做了大官，一个接着一个来报答了他。这个故事告诉我们，对别人要保持诚信和**

shànliáng. Yǐshàng shì wǒ suǒ tīngdào de guānyú yí ge shāngrén de wénzhāng.

**善良。以上是我所听到的关于一个商人的文章。**

해석 　제가 방금 들은 것은 한 상인과 관련된 글입니다. 이어서 제가 구체적인 내용을 설명해보겠습니다. 예전에 송청이라는 상인이 있었습니다. 그는 성실하고 신용을 지켰기 때문에 사람들은 그의 가게에 가서 약을 샀지만, 그가 버는 돈은 나날이 줄어들었습니다. 약을 사는 사람들은 대부분 가난한 사람들이었고, 약값을 지불할 돈이 없었지만 그는 그들에게 약을 팔았습니다. 뜻밖에도 40년 후에 그는 소문난 부자가 되었습니다. 알고 보니, 전에 약값을 빚진 많은 사람이 높은 관리가 되어 하나둘씩 그에게 보답을 한 것이었습니다. 이 이야기는 우리에게 사람을 대할 때 신용을 지키고 선량해야 한다는 것을 알려줍니다. 이상 제가 들은 한 상인과 관련된 글입니다.

어휘 　**诚实** chéngshí 웹 성실하다　**守信** shǒuxìn 통 신용을 지키다　**赚** zhuàn 통 (돈을) 벌다　**穷人** qióngrén 명 가난한 사람
　　　**支付** zhīfù 통 지불하다　**成为** chéngwéi 통 ~이 되다　**远近闻名** yuǎnjìnwénmíng 젱 소문나다, 명성이 자자하다
　　　**富翁** fùwēng 명 부자　**原来** yuánlái 뷔 알고 보니　**欠** qiàn 통 빚지다　**大官** dàguān 명 높은 관리　**报答** bàodá 통 보답하다
　　　**诚信** chéngxìn 웹 신용을 지키다

# 02 | 의견 주장 지문　p.28

MP3 바로듣기

## 1 삶·성공 관련 의견 주장 지문

**음성**

건강은 신체 건강을 가리킬 뿐만 아니라 심리 건강도 포함한다. 신체 건강과 심리 건강은 서로 영향을 미치고 서로 촉진한다. 신체상의 건강은 우리가 삶의 시련과 스트레스에 더 잘 대처하고 심리적 적응력을 향상시키는 데 도움이 된다. 심리상의 건강은 신체의 건강을 촉진하여 우리 자신의 상태를 더 잘 유지하고 향상시킬 수 있게 한다. 몸과 마음을 건강하게 유지하기 위해서는 반드시 좋은 생활 습관을 기르고 항상 긍정적인 마음으로 모든 것에 임해야 한다.

어휘 　**包括** bāokuò 통 포함하다　**心理** xīnlǐ 명 심리　**促进** cùjìn 통 촉진하다　**挑战** tiǎozhàn 명 시련, 도전
　　　**适应能力** shìyìng nénglì 명 적응력　**维护** wéihù 통 유지하다　**提升** tíshēng 통 향상시키다　**状态** zhuàngtài 명 상태
　　　**养成** yǎngchéng 통 기르다　**良好** liánghǎo 웹 좋다　**始终** shǐzhōng 뷔 항상, 언제나　**心态** xīntài 명 마음, 심리 상태

**모범답변**

제가 방금 들은 것은 몸과 마음의 건강과 관련된 글입니다. 이어서 제가 구체적인 내용을 설명해보겠습니다. 건강은 신체 건강과 심리 건강을 포함합니다. 신체 건강과 심리 건강은 서로 영향을 미치고 촉진합니다. 신체 건강은 우리가 시련에 더 잘 대처하고 심리적 적응력을 향상시키게 합니다. 심리 건강은 신체 건강을 촉진하여 우리의 상태를 유지하고 향상시킬 수 있습니다. 몸과 마음을 건강하게 유지하기 위해서는 좋은 생활 습관이 있어야 하고, 긍정적으로 모든 것에 임해야 합니다. 이상 제가 들은 몸과 마음의 건강과 관련된 글입니다.

어휘 　**包括** bāokuò 통 포함하다　**心理** xīnlǐ 명 심리　**促进** cùjìn 통 촉진하다　**挑战** tiǎozhàn 명 시련, 도전
　　　**适应能力** shìyìng nénglì 명 적응력　**维护** wéihù 통 유지하다　**提升** tíshēng 통 향상시키다　**状态** zhuàngtài 명 상태
　　　**良好** liánghǎo 웹 좋다

## 2 교육 관련 의견 주장 지문

**음성**

학업 스트레스와 전자 제품의 사용은 아이의 수면 부족의 흔한 원인이다. 아이들은 학교에서 극심한 학업 스트레스에 직면해야 할 뿐만 아니라 집에 돌아와도 많은 시간을 공부하는 데 써야 하며, 이는 아이의 수면 시간을 차지한다. 학업 스트레스 외에 전자 제품도 아이들의 수면 부족을 초래하는 원인 중 하나이다. 많은 아이는 자기 전에 전자 제품을 자주 사용하는데, 이는 수면의 질이 저하되는 것을 초래한다. 아이의 수면 시간과 수면의 질을 확보하기 위해, 부모는 그들의 학습 방법을 바꾸는 것을 돕고, 전자 제품의 사용 빈도를 줄이게 하는 것이 가장 좋다. 이렇게 해야만, 아이는 충분한 수면을 취할 수 있다.

어휘 **不足** bùzú 〔형〕부족하다  **面对** miànduì 〔동〕직면하다  **繁重** fánzhòng 〔형〕극심하다, 많고 무겁다  **占用** zhànyòng 〔동〕차지하다, 점용하다  **导致** dǎozhì 〔동〕초래하다, 야기하다  **频率** pínlǜ 〔명〕빈도

**모범답변**

제가 방금 들은 것은 아이의 수면 문제와 관련된 글입니다. 이어서 제가 구체적인 내용을 설명해보겠습니다. 학업 스트레스와 전자 제품의 사용은 아이의 수면 부족의 흔한 원인입니다. 아이들은 학교에서 학업 스트레스에 직면해야 하고 집에서도 공부를 해야 하는데, 이는 수면 시간을 차지합니다. 이 외에 전자 제품도 아이들의 수면 부족을 초래할 수 있습니다. 많은 아이는 자기 전에 전자 제품을 사용하는데, 이는 수면의 질이 저하되는 것을 초래합니다. 아이의 수면을 보장하기 위해, 부모는 그들의 학습 방법을 바꾸는 것을 돕고, 전자 제품을 적게 사용하도록 해야 합니다. 이렇게 해야만 아이가 충분한 수면을 취할 수 있습니다. 이상 제가 들은 아이의 수면 문제와 관련된 글입니다.

어휘 **不足** bùzú 〔형〕부족하다  **面对** miànduì 〔동〕직면하다  **占用** zhànyòng 〔동〕차지하다, 점용하다  **导致** dǎozhì 〔동〕초래하다, 야기하다

# 실전 테스트 p.31

**1**

　　每个人都有自己独特的个性和价值。我们不应该通过他人的评价来判断自己的价值，因为一个人的价值并不是由他人来决定的。如果总是在乎他人对自己的评价，就会容易失去自我。因此我们应该充分了解自己的优点，并培养独立思考的能力，倾听自己内心的声音。我们只有真正了解自己，才能更好地创造精彩的人生。

해석 모든 사람은 자신만의 독특한 개성과 가치가 있다. 우리는 다른 사람의 평가를 통해 자신의 가치를 판단해서는 안 되는데, 한 사람의 가치는 결코 타인으로부터 결정되지 않기 때문이다. 만약 자꾸 자신에 대한 타인의 평가에 신경을 쓰면 자아를 잃기 쉽다. 그러므로 우리는 자신의 장점을 충분히 알고 독립적으로 생각하는 능력을 기르며, 자기 내면의 소리에 귀를 기울여야 한다. 우리는 자신을 진정으로 알아야만 멋진 인생을 더 잘 만들어 나갈 수 있다.

어휘 **独特** dútè 〔형〕독특하다  **个性** gèxìng 〔명〕개성  **价值** jiàzhí 〔명〕가치  **评价** píngjià 〔명〕평가  **在乎** zàihu 〔동〕신경 쓰다  **失去** shīqù 〔동〕잃다  **充分** chōngfèn 〔부〕충분히  **培养** péiyǎng 〔동〕기르다  **独立** dúlì 〔동〕독립적으로 하다  **思考** sīkǎo 〔동〕(깊이) 생각하다  **倾听** qīngtīng 〔동〕귀를 기울여 듣다  **创造** chuàngzào 〔동〕만들다, 창조하다  **人生** rénshēng 〔명〕인생

**모범답변**

Gāngcái wǒ tīngdào de shì guānyú zěnyàng chuàngzào jīngcǎi rénshēng de wénzhāng. Xiàmian wǒ lái fùshù
**刚才我听到的是关于怎样创造精彩人生的文章。下面我来复述**
jùtǐ nèiróng. Měi ge rén dōu yǒu zìjǐ de gèxìng, bù yīnggāi tōngguò tārén lái pànduàn zìjǐ de jiàzhí, yīnwèi rén de
**具体内容。每个人都有自己的个性，不应该通过他人来判断自己的价值，因为人的**
jiàzhí bú shì tārén juédìng de. Rúguǒ zǒngshì zàihu píngjià, jiù huì shīqù zìwǒ. Yīncǐ wǒmen yào liǎojiě zìjǐ de
**价值不是他人决定的。如果总是在乎评价，就会失去自我。因此我们要了解自己的**

yōudiǎn, péiyǎng sīkǎo nénglì, tīng nèixīn de shēngyīn. Zhǐyǒu liǎojiě zìjǐ, cái néng chuàngzào jīngcǎi de rénshēng.

**优点，培养思考能力，听内心的声音。只有了解自己，才能创造精彩的人生。**

Yǐshàng shì wǒ suǒ tīngdào de guānyú zěnyàng chuàngzào jīngcǎi rénshēng de wénzhāng.

**以上是我所听到的关于怎样创造精彩人生的文章。**

해석　제가 방금 들은 것은 어떻게 멋진 인생을 만들어 나가야 하는지와 관련된 글입니다. 이어서 제가 구체적인 내용을 설명해보겠습니다. 모든 사람은 자신만의 개성이 있고, 다른 사람을 통해 자신의 가치를 판단해서는 안 되는데, 사람의 가치는 타인이 결정하는 것이 아니기 때문입니다. 만약 자꾸 평가에 신경을 쓰면 자아를 잃게 됩니다. 그러므로 우리는 자신의 장점을 알고 생각하는 능력을 기르며, 내면의 소리를 들어야 합니다. 자신을 알아야만 멋진 인생을 만들어 나갈 수 있습니다. 이상 제가 들은 어떻게 멋진 인생을 만들어 나가야 하는지와 관련된 글입니다.

어휘　**创造** chuàngzào 图만들다, 창조하다　**人生** rénshēng 圆인생　**具体** jùtǐ 圈구체적이다　**个性** gèxìng 圆개성
　　　**价值** jiàzhí 圆가치　**在乎** zàihu 图신경 쓰다　**失去** shīqù 图잃다　**培养** péiyǎng 图기르다　**思考** sīkǎo 图(깊이) 생각하다

---

**2**　很多人通过锻炼和饮食搭配来达到减肥的目的。有些人在减肥时选择不吃米饭，但这是极其错误的做法。米饭中碳水化合物含量很高，因此米饭可以给人提供丰富的营养元素，为身体补充能量。如果长期不吃米饭，人的身体会虚弱无力，精神状态也会变得很差。总之，减肥时一定要摄取一些米饭。除此之外，还可以选择红薯、土豆、玉米等富含碳水化合物的食物。

해석　많은 사람은 운동과 식단을 통해 다이어트의 목적을 달성한다. 어떤 사람들은 다이어트를 할 때 쌀밥을 먹지 않는 것을 선택하지만, 이는 몹시 잘못된 방법이다. 쌀밥은 탄수화물 함량이 높기 때문에 사람에게 풍부한 영양소를 제공하고, 신체에 에너지를 보충할 수 있다. 만약 장기간 쌀밥을 먹지 않으면 몸이 허약해지고 정신 상태가 나빠진다. 결론적으로, 다이어트를 할 때는 약간의 쌀밥을 꼭 섭취해야 한다. 이 외에도 고구마, 감자, 옥수수 등 탄수화물이 풍부한 음식을 선택하는 것도 좋다.

어휘　**饮食搭配** yǐnshí dāpèi 식단, 음식을 조절하는 것　**达到** dádào 图달성하다, 이루다　**减肥** jiǎnféi 图다이어트하다, 살을 빼다
　　　**目的** mùdì 圆목적　**极其** jíqí 凰몹시, 극히　**碳水化合物** tànshuǐ huàhéwù 圆탄수화물
　　　**营养元素** yíngyǎng yuánsù 圆영양소　**补充** bǔchōng 图보충하다　**能量** néngliàng 圆에너지　**精神** jīngshén 圆정신
　　　**状态** zhuàngtài 圆상태　**总之** zǒngzhī 圈결론적으로　**摄取** shèqǔ 图섭취하다　**红薯** hóngshǔ 圆고구마
　　　**土豆** tǔdòu 圆감자　**玉米** yùmǐ 圆옥수수

**모범답변**

Gāngcái wǒ tīngdào de shì guānyú cuòwù de jiǎnféi fāngfǎ de wénzhāng. Xiàmian wǒ lái fùshù jùtǐ nèiróng.

**刚才我听到的是关于错误的减肥方法的文章。下面我来复述具体内容。**

Hěn duō rén tōngguò duànliàn hé yǐnshí dāpèi lái jiǎnféi. Yǒuxiē rén zài jiǎnféi shí xuǎnzé bù chī mǐfàn, dàn zhè shì

**很多人通过锻炼和饮食搭配来减肥。有些人在减肥时选择不吃米饭，但这是**

cuòwù de. Mǐfàn tígōng fēngfù de yíngyǎng yuánsù, wèi shēntǐ tígōng néngliàng. Chángqī bù chī mǐfàn huì dǎozhì

**错误的。米饭提供丰富的营养元素，为身体提供能量。长期不吃米饭会导致**

shēntǐ xūruò, jīngshén zhuàngtài biàn chà. Yīncǐ, jiǎnféi shí yào chī yìxiē mǐfàn huò qítā fùhán tànshuǐ huàhéwù de

**身体虚弱，精神状态变差。因此，减肥时要吃一些米饭或其他富含碳水化合物的**

shíwù. Yǐshàng shì wǒ suǒ tīngdào de guānyú cuòwù de jiǎnféi fāngfǎ de wénzhāng.

**食物。以上是我所听到的关于错误的减肥方法的文章。**

해석　제가 방금 들은 것은 잘못된 다이어트 방법과 관련된 글입니다. 이어서 제가 구체적인 내용을 설명해보겠습니다. 많은 사람은 운동과 식단을 통해 다이어트를 합니다. 어떤 사람들은 다이어트를 할 때 쌀밥을 먹지 않는 것을 선택하지만, 이것은 잘못된 것입니다. 쌀밥은 풍부한 영양소를 제공하여 신체에 에너지를 공급합니다. 장기간 쌀밥을 먹지 않으면 몸이 허약해지고 정신 상태가 나빠집니다. 따라서 다이어트를 할 때 약간의 쌀밥 혹은 다른 탄수화물이 풍부한 음식을 섭취해야 합니다. 이상 제가 들은 잘못된 다이어트 방법과 관련된 글입니다.

어휘　**减肥** jiǎnféi 图다이어트하다, 살을 빼다　**具体** jùtǐ 圈구체적이다　**饮食搭配** yǐnshí dāpèi 식단, 음식을 조절하는 것
　　　**营养元素** yíngyǎng yuánsù 圆영양소　**能量** néngliàng 圆에너지　**精神** jīngshén 圆정신　**状态** zhuàngtài 圆상태
　　　**碳水化合物** tànshuǐ huàhéwù 圆탄수화물

**3**

如今，人们的生活节奏变得越来越快。但同时，这种快节奏的生活似乎也在无形之中增加了人们的孤独感。人们忙于工作和学习，很少有时间去关注自己的内心，忽视了与自己的内心对话，这会导致人产生孤独感。若想减少孤独感，我们可以采取一些行动来改变自己的生活状态。无论是培养新的爱好，还是主动与他人建立关系，都是很好的方法。

해석　오늘날 사람들의 생활 리듬은 갈수록 빨라지고 있다. 그러나 동시에 이런 빠른 리듬의 생활은 어느새 사람들의 외로움을 증가시키는 듯하다. 사람들은 일과 공부로 바쁘며 자신의 내면에 관심을 가질 시간이 거의 없고, 자신의 내면과 대화하는 것을 소홀히 하여 이는 외로움이 생기는 것을 야기한다. 만일 외로움을 줄이고 싶다면 우리는 몇몇 행동을 취해 자신의 생활 상태를 바꿀 수 있다. 새로운 취미를 가지거나 자발적으로 다른 사람과 관계를 맺는 것도 모두 좋은 방법이다.

어휘　如今 rújīn 몡오늘날　节奏 jiézòu 몡리듬, 템포　似乎 sìhū 틘마치 ~인 듯 하다
无形之中 wúxíngzhīzhōng 어느새, 모르는 사이에　孤独感 gūdúgǎn 몡외로움　忽视 hūshì 동소홀히 하다
导致 dǎozhì 야기하다　产生 chǎnshēng 동생기다　采取 cǎiqǔ 동(행동 또는 조치를) 취하다　行动 xíngdòng 몡행동
状态 zhuàngtài 몡상태　主动 zhǔdòng 혭자발적이다　建立 jiànlì 동맺다, 세우다

**모범답변**

🎤

Gāngcái wǒ tīngdào de shì guānyú gūdúgǎn de wénzhāng. Xiàmian wǒ lái fùshù jùtǐ nèiróng. Rújīn shēnghuó
**刚才我听到的是关于孤独感的文章。下面我来复述具体内容。如今生活**
jiézòu biàn de yuèláiyuè kuài. Tóngshí, zhè yě zēngjiāle rénmen de gūdúgǎn. Rénmen mángyú gōngzuò hé xuéxí,
**节奏变得越来越快。同时，这也增加了人们的孤独感。人们忙于工作和学习，**
hěn shǎo yǒu shíjiān guānzhù zìjǐ de nèixīn, zhè huì dǎozhì rén chǎnshēng gūdúgǎn. Rúguǒ xiǎng jiǎnshǎo gūdúgǎn,
**很少有时间关注自己的内心，这会导致人产生孤独感。如果想减少孤独感，**
wǒmen kěyǐ cǎiqǔ yìxiē xíngdòng. Péiyǎng xīn de àihào, huòzhě hé tārén jiànlì guānxi, dōu shì hěn hǎo de fāngfǎ.
**我们可以采取一些行动。培养新的爱好，或者和他人建立关系，都是很好的方法。**
Yǐshàng shì wǒ suǒ tīngdào de guānyú gūdúgǎn de wénzhāng.
**以上是我所听到的关于孤独感的文章。**

해석　제가 방금 들은 것은 외로움과 관련된 글입니다. 이어서 제가 구체적인 내용을 설명해보겠습니다. 오늘날 생활 리듬은 갈수록 빨라지고 있습니다. 동시에 이는 사람들의 외로움도 증가시켰습니다. 사람들은 일과 공부로 바쁘며 자신의 내면에 관심을 가질 시간이 많이 없고, 이는 외로움이 생기는 것을 야기합니다. 만약 외로움을 줄이고 싶다면 우리는 몇몇 행동을 취할 수 있습니다. 새로운 취미를 기르거나 다른 사람과 관계를 맺는 것은 모두 좋은 방법입니다. 이상 제가 들은 외로움과 관련된 글입니다.

어휘　孤独感 gūdúgǎn 몡외로움　如今 rújīn 몡오늘날　节奏 jiézòu 몡리듬, 템포　导致 dǎozhì 동야기하다
产生 chǎnshēng 동생기다　采取 cǎiqǔ 동(행동 또는 조치를) 취하다　行动 xíngdòng 몡행동　建立 jiànlì 동맺다, 세우다

# 03 | 설명 지문 p.32

MP3 바로듣기

## 1 자연·과학 설명 지문

### 음성

목서나무 꽃은 중국 10대 명화 중 하나이다. 목서나무 꽃은 일반적으로 가을에 피며 개화 기간은 최대 한 달에 달한다. 목서나무 꽃은 향이 진하고 오래 지속되어 '꽃 중의 왕'으로 불린다. 목서나무 꽃이 성장하려면 따뜻하고 습한 기후가 필요하며, 햇빛 강도에 대해서도 어느 정도 요구 사항이 있다. 목서나무 꽃은 관상용으로 사용할 수 있을 뿐만 아니라 목서나무 꽃 떡, 목서나무 꽃 술 등 맛있는 음식과 음료를 만드는 데에도 사용할 수 있다. 이 밖에도, 목서나무 꽃은 에센셜 오일을 추출하는 데 사용할 수도 있는데, 이런 에센셜 오일은 신경을 편안하게 하고 수면을 개선하는 효과가 있다.

어휘 **桂花** guìhuā [명] 목서나무 꽃 **通常** tōngcháng [부] 일반적으로 **开放** kāifàng [동] 피다, 개방하다 **浓郁** nóngyù [형] (향이) 진하다
**持久** chíjiǔ [형] 오래 지속되다 **誉为** yùwéi [동] ~로 불리다, ~라고 칭송 받다 **生长** shēngzhǎng [동] 성장하다 **温暖** wēnnuǎn [형] 따뜻하다
**湿润** shīrùn [형] 습하다, 촉촉하다 **日照** rìzhào [명] 햇빛이 내리쬠, 일조 **观赏** guānshǎng [동] 관상하다, 감상하다
**制作** zhìzuò [동] 만들다, 제작하다 **此外** cǐwài [접] 이 밖에 **提取** tíqǔ [동] 추출하다 **精油** jīngyóu [명] 에센셜 오일
**舒缓** shūhuǎn [동] 편안하게 하다 **神经** shénjīng [명] 신경 **改善** gǎishàn [동] 개선하다 **功效** gōngxiào [명] 효과

### 모범답변

제가 방금 들은 것은 목서나무 꽃과 관련된 글입니다. 이어서 제가 구체적인 내용을 설명해보겠습니다. 목서나무 꽃은 중국 10대 명화 중 하나로, 일반적으로 가을에 피며 개화 기간은 약 한 달입니다. 목서나무 꽃은 향이 진해 '꽃 중의 왕'으로 불립니다. 목서나무 꽃이 성장하려면 따뜻하고 습한 기후가 필요합니다. 목서나무 꽃은 관상용으로 사용할 수 있을 뿐만 아니라 맛있는 음식과 음료를 만드는 데에도 사용할 수 있습니다. 이 밖에도, 목서나무 꽃에서 추출한 에센셜 오일은 몸에 좋습니다. 이상 제가 들은 목서나무와 관련된 글입니다.

어휘 **桂花** guìhuā [명] 목서나무 꽃 **具体** jùtǐ [형] 구체적이다 **通常** tōngcháng [부] 일반적으로 **生长** shēngzhǎng [동] 성장하다
**温暖** wēnnuǎn [형] 따뜻하다 **湿润** shīrùn [형] 습하다, 촉촉하다 **观赏** guānshǎng [동] 관상하다, 감상하다
**制作** zhìzuò [동] 만들다, 제작하다 **此外** cǐwài [접] 이 밖에 **提取** tíqǔ [동] 추출하다 **精油** jīngyóu [명] 에센셜 오일

## 2 사회 이슈 설명 지문

### 음성

현대 사회에서, 청년들의 취업관과 노동관은 한 바탕 변혁을 겪고 있다. 현실적 압박에 직면하여, 많은 청년은 전통적인 직업 개념을 버리고 오히려 보다 현실적이고 유연한 취업 방식을 선택하기 시작했다. 그들 중 일부는 약속이나 한 듯 안정적이고 체면이 서는 직장을 그만두고 청소부가 되었다. 그들은 전통적인 청소부와는 달리 '전문성'과 '평판'에 주력하며, 많은 가구에 진출하여 맞춤형 고급 가사 서비스를 제공한다. 이들은 일제히 비록 이 직업이 사회적 인정은 덜 받지만 자기 가치를 실현할 수 있는 직업이라고 생각한다.

어휘 **就业** jiùyè [동] 취업하다 **劳动** láodòng [동] 노동하다 **变革** biàngé [명] 변혁, 변화 **面对** miànduì [동] 직면하다
**现实** xiànshí [형] 현실적이다 **传统** chuántǒng [형] 전통적이다 **观念** guānniàn [명] 개념, 관념 **灵活** línghuó [형] 유연하다, 융통성 있다
**方式** fāngshì [명] 방식 **不约而同** bùyuē'értóng [성] 약속이나 한 듯이 일치하다 **稳定** wěndìng [형] 안정되다
**体面** tǐmiàn [형] 체면이 서다, 떳떳하다 **保洁员** bǎojiéyuán [명] 청소부 **有别于** yǒubié yú ~와 다르다 **主打** zhǔdǎ [동] 주력하다
**口碑** kǒubēi [명] 평판 **千家万户** qiānjiāwànhù [성] 많은 가구, 많은 가정 **量身定制** liángshēn dìngzhì 맞춤 제작하다
**高端** gāoduān [형] 고급의, 첨단의 **家政** jiāzhèng [명] 가사, 가정 **一致** yízhì [부] 일제히, 함께 **认可** rènkě [동] 인정하다
**实现** shíxiàn [동] 실현하다 **价值** jiàzhí [명] 가치

제가 방금 들은 것은 청년들의 새로운 취업관과 관련된 글입니다. 이어서 제가 구체적인 내용을 설명해보겠습니다. 현재, 청년들의 취업관은 변화를 겪고 있습니다. 많은 청년은 전통적인 직업 개념을 버리고, 보다 현실적인 취업 방식을 선택합니다. 그들 중 일부는 안정적인 직장을 그만두고 청소부가 되었습니다. 그들은 전통적인 청소부와 달리 전문성과 평판을 중시하고 고급 서비스를 제공합니다. 그들은 모두 이 일을 통해 자기 가치를 실현할 수 있다고 생각합니다. 이상 제가 들은 청년들의 새로운 취업관과 관련된 글입니다.

어휘　就业 jiùyè 통 취업하다　传统 chuántǒng 형 전통적이다　观念 guānniàn 명 개념, 관념　方式 fāngshì 명 방식
　　　稳定 wěndìng 형 안정되다　保洁员 bǎojiéyuán 명 청소부　口碑 kǒubēi 명 평판　高端 gāoduān 형 고급의, 첨단의
　　　实现 shíxiàn 통 실현하다　价值 jiàzhí 명 가치

# 실전 테스트　p.35

**1**　　　网课带来了许多全新的教育体验，它以互联网为平台，为人们提供包含文字、图片、视频等多种形式的学习课程。与传统课堂相比，网课不受时间和空间的限制，人们可以根据自己的需求随时随地学习。网课的这种便捷性使人们能够更加自由地安排自己的时间，更好地平衡学习和生活。与此同时，网课还提供丰富多彩的学习资源，人们可以根据自己的兴趣学习各种课程。

해석　온라인 수업은 많은 새로운 교육 경험을 가져왔는데, 이는 인터넷을 플랫폼으로 하여 사람들에게 텍스트, 사진, 비디오 등 다양한 형태를 포함한 학습 커리큘럼을 제공한다. 전통적인 수업에 비해 온라인 수업은 시간과 공간의 제약을 받지 않으며, 사람들은 자신의 필요에 따라 언제 어디서든 학습할 수 있다. 온라인 수업의 이러한 편의성은 사람들이 자신의 시간을 더 자유롭게 계획하고, 학습과 삶의 균형을 더 잘 맞출 수 있도록 한다. 이와 동시에 온라인 수업은 풍부하고 다채로운 학습 자원도 제공하여, 사람들은 자신의 관심사에 따라 다양한 커리큘럼을 학습할 수 있다.

어휘　网课 wǎngkè 명 온라인 수업　体验 tǐyàn 통 경험하다　平台 píngtái 명 플랫폼　包含 bāohán 통 포함하다
　　　文字 wénzì 명 텍스트, 글자　视频 shìpín 명 비디오, 동영상　形式 xíngshì 명 형태　课程 kèchéng 명 커리큘럼, 교과 과정
　　　传统 chuántǒng 형 전통적이다　空间 kōngjiān 명 공간　限制 xiànzhì 명 제약, 제한　需求 xūqiú 명 필요
　　　随时随地 suíshísuídì 성 언제 어디서나　便捷性 biànjiéxìng 명 편의성　自由 zìyóu 형 자유롭다
　　　平衡 pínghéng 통 균형을 맞추다, 균형이 맞다　丰富多彩 fēngfùduōcǎi 성 풍부하고 다채롭다　资源 zīyuán 명 자원

Gāngcái wǒ tīngdào de shì guānyú wǎngkè de wénzhāng. Xiàmian wǒ lái fùshù jùtǐ nèiróng. Wǎngkè dàilaile
**刚才我听到的是关于网课的文章。下面我来复述具体内容。网课带来了**
xīn de tǐyàn, tā yǐ hùliánwǎng wéi píngtái, wèi rénmen tígōng duō zhǒng xíngshì de kèchéng. Wǎngkè bú shòu shíjiān
**新的体验，它以互联网为平台，为人们提供多种形式的课程。网课不受时间**
hé kōngjiān de xiànzhì, rénmen kěyǐ gēnjù zìjǐ de xūqiú lái xuéxí. Wǎngkè de biànjiéxìng shǐ rénmen néng zìyóu
**和空间的限制，人们可以根据自己的需求来学习。网课的便捷性使人们能自由**
ānpái shíjiān, pínghéng xuéxí hé shēnghuó. Tóngshí, wǎngkè hái tígōng fēngfù de zīyuán, rénmen kěyǐ gēnjù zìjǐ de
**安排时间，平衡学习和生活。同时，网课还提供丰富的资源，人们可以根据自己的**
xìngqù xuéxí. Yǐshàng shì wǒ suǒ tīngdào de guānyú wǎngkè de wénzhāng.
**兴趣学习。以上是我所听到的关于网课的文章。**

해석　제가 방금 들은 것은 온라인 수업과 관련된 글입니다. 이어서 제가 구체적인 내용을 설명해보겠습니다. 온라인 수업은 새로운 경험을 가져왔는데, 이는 인터넷을 플랫폼으로 하여 사람들에게 다양한 형태의 커리큘럼을 제공합니다. 온라인 수업은 시간과 공간의 제약을 받지 않으며, 사람들은 자신의 필요에 따라 학습할 수 있습니다. 온라인 수업의 편의성은 사람들이 시간을 자유롭게 계획하고, 학습과 삶의 균형을 맞출 수 있도록 합니다. 동시에 온라인 수업은 풍부한 자원을 제공하여, 사람들은 자신의 관심사에 따라 학습할 수 있습니다. 이상 제가 들은 온라인 수업과 관련된 글입니다.

어휘 网课 wǎngkè 圆 온라인 수업  体验 tǐyàn 图 경험하다  平台 píngtái 圆 플랫폼  形式 xíngshì 圆 형태
课程 kèchéng 圆 커리큘럼, 교과 과정  空间 kōngjiān 圆 공간  限制 xiànzhì 圆 제약, 제한  需求 xūqiú 圆 필요
便捷性 biànjiéxìng 圆 편의성  自由 zìyóu 圈 자유롭다  平衡 pínghéng 图 균형을 맞추다, 균형이 맞다  资源 zīyuán 圆 자원

**2**

　　如今机器狗已走进了人们的视野，并以其强大的智能和逼真的外形征服了越来越多的人。机器狗不仅具有高度的智能化，还具备强大的互动能力。许多人已经将机器狗视为自己的伙伴，机器狗陪伴他们度过孤独的时光。机器狗可以接收主人的指令，通过表情和动作表现出愉悦、紧张等情绪。此外，机器狗还会模拟狗的行为习惯，让人感到很真实。

해석 오늘날 로봇 강아지는 이미 사람들의 시야에 들어왔고, 강력한 지능과 사실적인 외형으로 점점 더 많은 사람을 매료시켰다. 로봇 강아지는 고도로 지능화되었을 뿐만 아니라 강력한 상호 작용 능력도 갖추고 있다. 많은 사람은 이미 로봇 강아지를 자신의 파트너로 생각하고 있으며, 로봇 강아지는 그들과 외로운 시간을 함께 보낸다. 로봇 강아지는 주인의 명령을 받을 수 있으며, 표정과 동작을 통해 기쁘거나, 긴장되는 등의 감정을 표현할 수 있다. 이 밖에도, 로봇 강아지는 강아지의 행동 습관을 모방하여 사람들이 실제처럼 느끼게 한다.

어휘 如今 rújīn 圆 오늘날  机器狗 jīqìgǒu 圆 로봇 강아지  视野 shìyě 圆 시야  智能 zhìnéng 圆 지능
逼真 bīzhēn 圈 사실적이다, 진짜와 같다  征服 zhēngfú 图 매료시키다, 정복하다  具备 jùbèi 图 갖추다, 구비하다
互动能力 hùdòng nénglì 圆 상호 작용 능력  伙伴 huǒbàn 圆 파트너, 동반자  陪伴 péibàn 图 함께하다, 동반하다
度过 dùguò 图 (시간을) 보내다  孤独 gūdú 圈 외롭다  时光 shíguāng 圆 시간, 세월  主人 zhǔrén 圆 주인
指令 zhǐlìng 圆 명령, 지령  表情 biǎoqíng 圆 표정  表现 biǎoxiàn 图 표현하다  愉悦 yúyuè 圈 기쁘다, 유쾌하다
情绪 qíngxù 圆 감정, 기분  模拟 mónǐ 图 모방하다  行为 xíngwéi 圆 행동  真实 zhēnshí 圈 실제같다, 진실되다

**모범답변**

🎤
　　　Gāngcái wǒ tīngdào de shì guānyú jīqìgǒu de wénzhāng. Xiàmian wǒ lái fùshù jùtǐ nèiróng. Jīqìgǒu zǒujinle
　　　刚才我听到的是关于机器狗的文章。下面我来复述具体内容。机器狗走进了
rénmen de shìyě, xīyǐnle yuèláiyuè duō de rén. Jīqìgǒu búdàn jùyǒu zhìnénghuà, érqiě hùdòng nénglì qiángdà,
人们的视野，吸引了越来越多的人。机器狗不但具有智能化，而且互动能力强大，
yīncǐ chéngwéile xǔduō rén de huǒbàn, hé tāmen dùguò gūdú de shíguāng. Jīqìgǒu néng jiēshōu zhǐlìng, tōngguò
因此成为了许多人的伙伴，和他们度过孤独的时光。机器狗能接收指令，通过
biǎoqíng hé dòngzuò biǎoxiàn gè zhǒng qíngxù. Tā hái néng mónǐ gǒu de xíngwéi, ràng rén gǎndào hěn zhēnshí. Yǐshàng
表情和动作表现各种情绪。它还能模拟狗的行为，让人感到很真实。以上
shì wǒ suǒ tīngdào de guānyú jīqìgǒu de wénzhāng.
是我所听到的关于机器狗的文章。

해석 제가 방금 들은 것은 로봇 강아지와 관련된 글입니다. 이어서 제가 구체적인 내용을 설명해보겠습니다. 로봇 강아지는 사람들의 시야에 들어와 점점 더 많은 사람을 사로잡았습니다. 로봇 강아지는 지능화되었을 뿐만 아니라 상호 작용 능력도 뛰어나, 많은 사람의 파트너가 되어 그들과 외로운 시간을 함께 보냅니다. 로봇 강아지는 명령을 받을 수 있으며, 표정과 동작을 통해 다양한 감정을 표현할 수 있습니다. 로봇 강아지는 강아지의 행동을 모방할 수도 있어 사람들이 실제처럼 느끼게 합니다. 이상 제가 들은 로봇 강아지와 관련된 글입니다.

어휘 机器狗 jīqìgǒu 圆 로봇 강아지  视野 shìyě 圆 시야  智能 zhìnéng 圆 지능  互动能力 hùdòng nénglì 圆 상호 작용 능력
伙伴 huǒbàn 圆 파트너, 동반자  度过 dùguò 图 (시간을) 보내다  孤独 gūdú 圈 외롭다  时光 shíguāng 圆 시간, 세월
指令 zhǐlìng 圆 명령, 지령  表情 biǎoqíng 圆 표정  表现 biǎoxiàn 图 표현하다  情绪 qíngxù 圆 감정, 기분
模拟 mónǐ 图 모방하다  行为 xíngwéi 圆 행동  真实 zhēnshí 圈 실제같다, 진실되다

해커스 HSKK 고급 5일 만에 딸 수 있다!

**3**

鸟类通常不会因为淋雨而感到不舒服，这主要与它们的身体特征有关。鸟类的羽毛通常紧密排列，这种羽毛结构有助于防止雨水直接接触到它们的皮肤。鸟类还会分泌一种特殊的油脂，它们会用嘴和脚将这种油脂涂抹在羽毛上，这能起到良好的防水作用。此外，由于鸟类通常体温较高，因此即使淋了雨，它们的羽毛也能迅速恢复干燥和舒适的状态。

해석　새들은 일반적으로 비를 맞아도 불편함을 느끼지 않는데, 이는 주로 그들의 신체적 특징과 관련이 있다. 새의 깃털은 일반적으로 촘촘히 배열되어 있으며, 이러한 깃털 구조는 빗물이 그들의 피부에 직접적으로 닿는 것을 방지하는 데 도움이 된다. 새들은 또한 특수한 기름을 분비하며, 그들은 부리와 발로 이 기름을 깃털에 바르는데, 이는 좋은 방수 효과를 낼 수 있다. 또한 새들은 일반적으로 체온이 비교적 높기 때문에 비를 맞더라도 그들의 깃털은 건조하고 편안한 상태로 빠르게 돌아갈 수 있다.

어휘　**通常** tōngcháng 〔부〕일반적으로　**淋雨** línyǔ 〔동〕비를 맞다, 비에 젖다　**特征** tèzhēng 〔명〕특징　**羽毛** yǔmáo 〔명〕깃털
**紧密** jǐnmì 〔형〕촘촘하다, 긴밀하다　**结构** jiégòu 〔명〕구조　**防止** fángzhǐ 〔동〕방지하다　**接触** jiēchù 〔동〕닿다, 접촉하다
**分泌** fēnmì 〔동〕분비하다　**特殊** tèshū 〔형〕특수하다　**油脂** yóuzhī 〔명〕기름, 지방　**涂抹** túmǒ 〔동〕바르다
**良好** liánghǎo 〔형〕좋다, 양호하다　**防水** fángshuǐ 〔동〕방수하다　**迅速** xùnsù 〔형〕빠르다, 신속하다
**恢复** huīfù 〔동〕원래대로 돌아가다, 회복하다　**干燥** gānzào 〔형〕건조하다　**舒适** shūshì 〔형〕편안하다　**状态** zhuàngtài 〔명〕상태

**모범답변**

Gāngcái wǒ tīngdào de shì guānyú niǎolèi bú pà línyǔ de wénzhāng. Xiàmian wǒ lái fùshù jùtǐ nèiróng.
**刚才我听到的是关于鸟类不怕淋雨的文章。下面我来复述具体内容。**

Niǎolèi línle yǔ yě bú huì gǎndào bù shūfu, zhè yǔ tāmen de shēntǐ tèzhēng yǒuguān. Tāmen de yǔmáo pái de hěn jǐn,
**鸟类淋了雨也不会感到不舒服，这与它们的身体特征有关。它们的羽毛排得很紧，**

zhèyàng yǔshuǐ bú huì zhíjiē jiēchù dào pífū. Niǎolèi hái huì fēnmì yóuzhī, tāmen bǎ zhè zhǒng yóuzhī túzài yǔmáo
**这样雨水不会直接接触到皮肤。鸟类还会分泌油脂，它们把这种油脂涂在羽毛**

shang, jiù kěyǐ qǐdào fángshuǐ de zuòyòng. Cǐwài, niǎolèi de tǐwēn jiào gāo, suǒyǐ yǔmáo línle yǔ yě néng kuàisù
**上，就可以起到防水的作用。此外，鸟类的体温较高，所以羽毛淋了雨也能快速**

biàn gān. Yǐshàng shì wǒ suǒ tīngdào de guānyú niǎolèi bú pà línyǔ de wénzhāng.
**变干。以上是我所听到的关于鸟类不怕淋雨的文章。**

해석　제가 방금 들은 것은 새들이 비를 맞는 것을 두려워하지 않는 것과 관련된 글입니다. 이어서 제가 구체적인 내용을 설명해보겠습니다. 새들은 비를 맞아도 불편함을 느끼지 않는데, 이는 그들의 신체적 특징과 관련이 있습니다. 그들의 깃털은 빗물이 촘촘히 배열되어 있으며, 이렇게 되면 빗물이 피부에 직접적으로 닿지 않습니다. 새들은 또한 기름을 분비하며, 그들이 이런 기름을 깃털에 바르면 방수 효과를 낼 수 있습니다. 또한 새들은 체온이 비교적 높기 때문에 깃털이 비를 맞아도 빨리 마를 수 있습니다. 이상 제가 들은 새들이 비를 맞는 것을 두려워하지 않는 것과 관련된 글입니다.

어휘　**淋雨** línyǔ 〔동〕비를 맞다, 비에 젖다　**特征** tèzhēng 〔명〕특징　**羽毛** yǔmáo 〔명〕깃털　**接触** jiēchù 〔동〕닿다, 접촉하다
**分泌** fēnmì 〔동〕분비하다　**油脂** yóuzhī 〔명〕기름, 지방　**涂** tú 〔동〕바르다　**防水** fángshuǐ 〔동〕방수하다

**1**

有些人手头上有多项工作任务时，往往没有一项任务是能按时完成的，这说明他的时间管理有问题。繁重且不分优先级的事务往往会让人疲惫不堪。因此做事时我们要学会做减法，在有限的时间内专注做与目标有关的事，明智地放弃一些无关紧要的琐碎事务。只要这样做，就能提高工作效率，出色地完成工作。

해석　어떤 사람들은 수중에 여러 가지 일이 있을 때 하나의 일도 제때 끝내지 못하는 경우가 있는데, 이는 그 사람의 시간 관리에 문제가 있다는 것을 나타낸다. 과중하고 우선 순위가 구분되지 않는 업무는 종종 사람을 매우 지치게 한다. 따라서 일을 할 때 우리는 줄이는 방법을 배우고 제한된 시간 내에 목표와 관련된 일을 하는 것에 전념하며, 중요하지 않은 사소한 업무를 현명하게 포기해야 한다. 이렇게만 한다면 일의 효율을 높이고 일을 훌륭하게 해낼 수 있다.

어휘　**手头** shǒutóu 몡수중　**繁重** fánzhòng 혱과중하다, 많고 무겁다　**优先** yōuxiān 동우선하다　**事务** shìwù 몡업무, 사무
**疲惫不堪** píbèibùkān 솅(견디지 못할 정도로) 지치다　**有限** yǒuxiàn 혱제한적이다　**专注** zhuānzhù 혱전념하다
**目标** mùbiāo 몡목표　**明智** míngzhì 혱현명하다　**无关紧要** wúguānjǐnyào 솅중요하지 않다
**琐碎** suǒsuì 혱사소하다, 자질구레하다　**效率** xiàolǜ 몡효율　**出色** chūsè 혱훌륭하다

**모범답변**

Gāngcái wǒ tīngdào de shì guānyú shíjiān guǎnlǐ de wénzhāng. Xiàmian wǒ lái fùshù jùtǐ nèiróng. Yǒuxiē rén
**刚才我听到的是关于时间管理的文章。下面我来复述具体内容。有些人**
shǒutóu shang yǒu hěn duō gōngzuò shí, jīngcháng bù néng ànshí wánchéng, zhè shuōmíng tā shíjiān guǎnlǐ yǒu
**手头上有很多工作时，经常不能按时完成，这说明他时间管理有**
wèntí. Guò duō qiě bù fēn xiānhòu shùnxù de shìwù huì ràng rén juéde hěn lèi. Suǒyǐ zuò shì shí yào xuéhuì zuò jiǎnfǎ,
**问题。过多且不分先后顺序的事务会让人觉得很累。所以做事时要学会做减法，**
zài yǒuxiàn de shíjiān nèi zhuānxīn zuò yǔ mùbiāo yǒuguān de shì, fàngqì yìxiē bú zhòngyào de shì. Zhèyàng zuò jiù
**在有限的时间内专心做与目标有关的事，放弃一些不重要的事。这样做就**
néng tígāo gōngzuò xiàolǜ, gèng hǎo de wánchéng gōngzuò. Yǐshàng shì wǒ suǒ tīngdào de guānyú shíjiān guǎnlǐ de
**能提高工作效率，更好地完成工作。以上是我所听到的关于时间管理的**
wénzhāng.
**文章。**

해석　제가 방금 들은 것은 시간 관리와 관련된 글입니다. 이어서 제가 구체적인 내용을 설명해보겠습니다. 어떤 사람들은 수중에 여러 가지 일이 있을 때 종종 제때 끝내지 못하는데, 이는 그 사람의 시간 관리에 문제가 있다는 것을 나타냅니다. 과도하게 많고 우선 순위가 구분되지 않는 업무는 사람을 힘들게 합니다. 그러므로 일을 할 때는 줄이는 방법을 배우고 제한된 시간 내에 목표와 관련된 일에 집중하며, 중요하지 않은 일을 포기해야 합니다. 이렇게 하면 일의 효율을 높이고 일을 더 잘 해낼 수 있습니다. 이상 제가 들은 시간 관리와 관련된 글입니다.

어휘　**具体** jùtǐ 혱구체적이다　**手头** shǒutóu 몡수중　**有限** yǒuxiàn 혱제한적이다　**专心** zhuānxīn 혱집중하다, 몰두하다
**目标** mùbiāo 몡목표　**效率** xiàolǜ 몡효율

**2**

北风和太阳为谁的力量更大而争论不休。这时，它们看到一个行人走在路上，北风就说："谁能让行人脱下衣服，就代表谁更强大。"说完，北风刮了起来，行人却用衣服紧紧裹住了自己。北风很不服气，吹得更厉害，没想到行人穿上了更厚的衣服。接下来太阳登场了，只见太阳把温暖的阳光洒向大地，行人渐渐感到暖和，脱去了身上的厚衣服。阳光变得越来越强烈，行人流下了汗水，最后只得脱了所有衣服。

해석 북풍과 태양은 누가 더 힘이 센가를 놓고 옥신각신하고 있었다. 이때, 그들은 한 행인이 길을 걷는 것을 보았고, 북풍은 "행인이 옷을 벗게 하는 자가 더 강한거야."라고 했다. 말을 마치자 북풍이 불기 시작했고, 행인은 옷으로 자신을 단단히 여몄다. 북풍은 굴복하지 않고 더 심하게 불었는데, 뜻밖에도 행인은 더 두꺼운 옷을 입었다. 이어서 태양이 등장했는데, 태양이 따뜻한 햇빛을 대지를 향해 쏟아 내자 행인은 점점 따뜻함을 느끼며 두꺼운 옷을 벗었다. 햇빛이 점점 강렬해지자 행인은 땀을 흘렸고, 결국 모든 옷을 벗을 수밖에 없었다.

어휘 **力量** lìliang [명] 힘, 역량 **争论不休** zhēnglùnbùxiū [성] 옥신각신하다 **行人** xíngrén [명] 행인 **脱** tuō [동] 벗다
**刮** guā [동] (바람이) 불다 **紧紧** jǐnjǐn [부] 단단히, 바짝 **裹住** guǒzhù 여미다, 감싸다 **服气** fúqì [동] 굴복하다, 복종하다
**吹** chuī [동] (바람이) 불다 **厚** hòu [형] 두껍다 **登场** dēngchǎng [동] 등장하다 **温暖** wēnnuǎn [형] 따뜻하다 **洒** sǎ [동] 쏟다, 뿌리다
**强烈** qiángliè [형] 강렬하다 **汗** hàn [명] 땀

**모범답변**

Gāngcái wǒ tīngdào de shì guānyú běifēng hé tàiyáng de wénzhāng. Xiàmian wǒ lái fùshù jùtǐ nèiróng. Běifēng
**刚才我听到的是关于北风和太阳的文章。下面我来复述具体内容。北风**
hé tàiyáng zài zhēnglùn shéi de lìliang gèng dà. Tāmen kàndào yí ge xíngrén, běifēng shuō shéi néng ràng xíngrén
**和太阳在争论谁的力量更大。它们看到一个行人，北风说谁能让行人**
tuōxia yīfu shéi jiù gèng qiáng. Běifēng guāle qǐlai, xíngrén guójǐnle yīfu. běifēng chuī de gèng lìhai, méi xiǎngdào
**脱下衣服谁就更强。北风刮了起来，行人裹紧了衣服。北风吹得更厉害，没想到**
xíngrén chuānshangle hòu yīfu. Zhīhòu tàiyáng chūxiànle, tā ràng xíngrén gǎndào nuǎnhuo, xíngrén tuōqule hòu yīfu.
**行人穿上了厚衣服。之后太阳出现了，它让行人感到暖和，行人脱去了厚衣服。**
Yángguāng biàn de yuèláiyuè qiángliè, xíngrén liúxiale hàn, zuìhòu tuōle suǒyǒu yīfu. Yǐshàng shì wǒ suǒ tīngdào de
**阳光变得越来越强烈，行人流下了汗，最后脱了所有衣服。以上是我所听到的**
guānyú běifēng hé tàiyáng de wénzhāng.
**关于北风和太阳的文章。**

해석 제가 방금 들은 것은 북풍과 태양과 관련된 글입니다. 이어서 제가 구체적인 내용을 설명해보겠습니다. 북풍과 태양은 누가 더 힘이 센지 논쟁하고 있었습니다. 그들은 한 행인을 보고, 북풍은 행인이 옷을 벗게 하는 사람이 더 강한 것이라고 말했습니다. 북풍이 불자 행인은 옷을 단단히 여몄습니다. 북풍이 더 심하게 불자 뜻밖에도 행인은 두꺼운 옷을 입었습니다. 그 후 해가 떴는데, 태양은 행인을 따뜻하게 했고 행인은 두꺼운 옷을 벗었습니다. 햇빛이 점점 강렬해지자 행인은 땀을 흘렸고 결국 모든 옷을 벗었습니다. 이상 제가 들은 북풍과 태양과 관련된 글입니다.

어휘 **争论** zhēnglùn [동] 논쟁하다 **力量** lìliang [명] 힘, 역량 **行人** xíngrén [명] 행인 **脱** tuō [동] 벗다 **刮** guā [동] (바람이) 불다
**裹** guǒ [동] 여미다, 감싸다 **吹** chuī [동] (바람이) 불다 **厚** hòu [형] 두껍다 **温暖** wēnnuǎn [형] 따뜻하다
**强烈** qiángliè [형] 강렬하다 **汗** hàn [명] 땀

**3**

中国神话的内容丰富多彩，包括英雄神话和民间传说。英雄神话是以英雄人物为主人公的故事。这些神话赞美了英雄们的勇敢和正义感，同时也寄托了人们对美好生活的向往和追求。而民间传说则是对民间习俗、风土人情等的描述和解释。这些传说是对历史事件的记录和传承，反映了人们对生活的理解和感悟。

해석 중국 신화의 내용은 풍부하고 다채로우며, 영웅 신화와 민간 전설을 포함한다. 영웅 신화는 영웅 인물을 주인공으로 하는 이야기이다. 이 신화들은 영웅들의 용감함과 정의감을 찬미하는 동시에, 아름다운 삶에 대한 사람들의 동경과 추구를 담고 있다. 민간 전설은 민간 풍속, 지방의 특색과 풍습 등에 대한 묘사와 해석이다. 이 전설들은 역사적 사건에 대한 기록과 전승이며, 삶에 대한 사람들의 이해와 깨달음을 반영했다.

어휘 **神话** shénhuà [명] 신화 **丰富多彩** fēngfùduōcǎi [성] 풍부하고 다채롭다 **包括** bāokuò [동] 포함하다 **英雄** yīngxióng [명] 영웅
**民间传说** mínjiān chuánshuō [명] 민간 전설 **人物** rénwù [명] 인물 **主人公** zhǔréngōng [명] 주인공 **赞美** zànměi [동] 찬미하다
**正义感** zhèngyìgǎn [명] 정의감 **寄托** jìtuō [동] (기대, 희망 등을) 담다, 걸다 **向往** xiàngwǎng [동] 동경하다, 열망하다
**追求** zhuīqiú [동] 추구하다 **习俗** xísú [명] 풍속 **风土人情** fēngtǔ rénqíng 지방의 특색과 풍습 **事件** shìjiàn [명] 사건
**记录** jìlù [명] 기록 **传承** chuánchéng [동] 전승하다 **反映** fǎnyìng [동] 반영하다 **感悟** gǎnwù [명] 깨달음

🎤

> Gāngcái wǒ tīngdào de shì guānyú Zhōngguó shénhuà de wénzhāng. Xiàmian wǒ lái fùshù jùtǐ nèiróng.
> **刚才我听到的是关于中国神话的文章。下面我来复述具体内容。**
> Zhōngguó shénhuà nèiróng fēngfù, bāokuò yīngxióng shénhuà hé mínjiān chuánshuō. Yīngxióng shénhuà yǐ
> **中国神话内容丰富，包括英雄神话和民间传说。英雄神话以**
> yīngxióng wéi zhǔréngōng, zànměile yīngxióng de yǒnggǎn hé zhèngyì, jìtuōle rénmen duì měihǎo shēnghuó de
> **英雄为主人公，赞美了英雄的勇敢和正义，寄托了人们对美好生活的**
> xiàngwǎng. Mínjiān chuánshuō miáoshùle mínjiān xísú hé fēngtǔ rénqíng, jìlù hé chuánchéngle lìshǐ, fǎnyìngle rénmen
> **向往。民间传说描述了民间习俗和风土人情，记录与传承了历史，反映了人们**
> duì shēnghuó de lǐjiě. Yǐshàng shì wǒ suǒ tīngdào de guānyú Zhōngguó shénhuà de wénzhāng.
> **对生活的理解。以上是我所听到的关于中国神话的文章。**

해석　민간 전설을 포함합니다. 영웅 신화는 영웅을 주인공으로 하여 영웅의 용감함과 정의로움을 찬미하고, 아름다운 삶에 대한 사람들의 동경을 담고 있습니다. 민간 전설은 민간 풍속과 지방의 특색과 풍습을 묘사했으며, 역사를 기록하고 전승했고 삶에 대한 사람들의 이해를 반영했습니다. 이상 제가 들은 중국 신화와 관련된 글입니다.

어휘　神话 shénhuà 명신화　包括 bāokuò 동포함하다　英雄 yīngxióng 명영웅　民间传说 mínjiān chuánshuō 명민간 전설
主人公 zhǔréngōng 명주인공　赞美 zànměi 동찬미하다　正义 zhèngyì 형정의롭다　寄托 jìtuō 동(기대, 희망 등을) 담다, 걸다
向往 xiàngwǎng 동동경하다, 열망하다　习俗 xísú 명풍속　风土人情 fēngtǔ rénqíng 지방의 특색과 풍습　记录 jìlù 동기록하다
传承 chuánchéng 동전승하다　反映 fǎnyìng 동반영하다

# 제2부분 낭독하기

## 스텝별 전략 익히기 p.42

MP3 바로듣기

끊어읽기 / 성조변화

Kuānróng bùjǐn néng ràng wǒmen de shēnghuó chōngmǎn kuàilè, érqiě néng ràng wǒmen de rénshēng gèngjiā měihǎo.

宽容不仅/能让我们的生活/充满快乐，而且/能让我们的人生/更加美好。

다음자

Wǒmen yìshēng zhōng bìdìng yào hé xǔduō rén xiāngchǔ, dōu xīwàng nénggòu yǔ tārén hémù xiāngchǔ. Zhǐyào wǒmen

我们一生中/必定要和许多人相处，都希望/能够与他人/和睦相处。只要/我们

kuānróng dàirén, zhège yuànwàng biàn néng shíxiàn. Yīnwèi kuānróng de xīntài néng shǐ wǒmen yǐ bùtóng de shìjiǎo kàndài

宽容待人，这个愿望/便能实现。因为/宽容的心态/能使我们/以不同的视角/看待

shìjiè, ràng wǒmen gèng róngyì fāxiàn tārén de yōudiǎn, cóng'ér dàirén gèngjiā pínghé.

世界，让我们更容易发现/他人的优点，从而/待人更加平和。

Dāng wǒmen xuéhuì kuānróng, wǒmen yě jiù zhǎngwòle yì zhǒng yǔ tārén héxié xiāngchǔ de yìshù. Wǒmen xūyào zài

当我们学会宽容，我们也就掌握了/一种与他人和谐相处的艺术。我们需要/在

rìcháng de shēnghuó zhōng búduàn shíjiàn, qù gǎnshòu kuānróng de yìyì. Kuānróng bú shì jiǎndān de róngrěn tārén de

日常的生活中/不断实践，去感受宽容的意义。宽容不是简单地容忍/他人的

cuòwù, ér shì cóng nèixīn shēnchù qù lǐjiě hé jiēnà tārén de bùtóng. Tā ràng wǒmen xuéhuì fàngxia zìjǐ de gùzhí hé

错误，而是/从内心深处/去理解和接纳/他人的不同。它让我们学会放下/自己的固执和

piānjiàn, yǐ gèngjiā kāifàng de xīntài qù yōngbào zhège shìjiè de duōyàngxìng. Dāng wǒmen xuǎnzé kuānróng shí, yě zài wèi

偏见，以更加开放的心态/去拥抱/这个世界的多样性。当我们选择宽容时，也在/为

zìjǐ de rénshēng pūshè yì tiáo gèngjiā kuānguǎng de dàolù, ràng zìjǐ de xīnlíng dédào gèng duō de zīyǎng hé chéngzhǎng.

自己的人生/铺设/一条更加宽广的道路，让自己的心灵得到/更多的滋养和成长。

해석 관용은 우리의 삶을 기쁨으로 가득 채울 뿐만 아니라, 우리의 인생을 더 아름답게 만든다. 우리는 일생 동안 반드시 많은 사람과 함께 지내야 하며, 모두 다른 사람과 화목하게 지내기를 바란다. 우리가 사람을 너그럽게 대하기만 하면, 이 소망은 실현될 수 있다. 관용적인 태도는 우리가 세상을 다양한 시각으로 바라보게 하며, 우리가 다른 사람의 장점을 쉽게 발견하게 함으로써 사람들을 더 온화하게 대할 수 있게 한다.

우리가 관용을 배웠다면, 우리는 또한 다른 사람들과 사이좋게 지내는 예술을 마스터한 것이다. 우리는 일상 생활에서 끊임없이 실천하여 관용의 의미를 느껴야 한다. 관용이란 타인의 잘못을 간단히 용인하는 것이 아니라, 타인의 다름을 마음속부터 깊이 이해하고 받아들이는 것이다. 그것은 우리에게 자신의 고집과 편견을 버리고 보다 열린 마음으로 이 세상의 다양성을 끌어안는 법을 배우게 한다. 우리가 관용을 선택할 때, 우리는 또한 자신의 삶을 위해 더 넓은 길을 닦고, 자신의 마음이 더 많은 양분을 공급받고 성장할 수 있게 한다.

어휘 **宽容** kuānróng [동] 관용하다, 너그럽게 받아들이다 **充满** chōngmǎn [동] 가득 차다 **相处** xiāngchǔ [동] 함께 지내다
**和睦** hémù [형] 화목하다 **愿望** yuànwàng [명] 소망 **实现** shíxiàn [동] 실현하다 **看待** kàndài [동] 대하다
**掌握** zhǎngwò [동] 마스터하다, 정복하다 **和谐** héxié [형] 사이좋다, 화목하다 **不断** búduàn [부] 끊임없이
**实践** shíjiàn [동] 실천하다 **感受** gǎnshòu [동] (영향을) 느끼다 **意义** yìyì [명] 의미 **容忍** róngrěn [동] 용인하다, 참고 견디다
**接纳** jiēnà [동] 받아들이다 **固执** gùzhí [형] 고집스럽다 **偏见** piānjiàn [명] 편견 **开放** kāifàng [동] 열다, 개방하다
**拥抱** yōngbào [동] 끌어안다, 포옹하다 **铺设** pūshè [동] 닦다, 깔다 **心灵** xīnlíng [명] 마음, 정신 **滋养** zīyǎng [명] 양분, 영양
**成长** chéngzhǎng [동] 성장하다

**1**

Dú yì běn hǎo shū yìyì zhòngdà ér shēnyuǎn. Hǎo shū kěyǐ dàilǐng wǒmen chuānyuè shíkōng, liǎojiě shìjiè gè dì de
读一本好书/意义重大而深远。好书/可以带领我们穿越时空，了解世界各地的
zìrán měijǐng, lìshǐ wénhuà děng, cóng'ér kāikuò wǒmen de shìyě, mǎnzú wǒmen de hàoqíxīn, shǐ wǒmen de shēnghuó
自然美景、历史文化等，从而/开阔我们的视野，满足我们的好奇心，使我们的生活/
biàn de gèngjiā fēngfù duōcǎi.
变得更加丰富多彩。

해석　좋은 책을 읽는 것은 의미가 크고 깊다. 좋은 책은 우리가 시간과 공간을 초월하여 세계 곳곳의 자연 경관, 역사 문화 등을 이해할 수 있도록 안내
하여, 우리의 시야를 넓히고 우리의 호기심을 만족시켜, 우리의 생활을 더욱 풍부하고 다채롭게 한다.

어휘　**意义** yìyì 몡의미　**深远** shēnyuǎn 혱깊다　**带领** dàilǐng 동안내하다, 이끌다　**穿越** chuānyuè 동초월하다, 통과하다
　　　**时空** shíkōng 몡시간과 공간　**开阔** kāikuò 동넓히다　**视野** shìyě 몡시야

**2**

Zài rénjì jiāowǎng zhōng, jíshí gōutōng yóuqí zhòngyào. Chǎnshēng wùhuì shí rúguǒ shuāngfāng dōu bǎochí
在人际交往中，及时沟通/尤其重要。产生误会时如果/双方都保持
chénmò, mányuàn duìfāng, huò gěi duìfāng tiāocìr, nà jiù zhǐ huì jiāshēn wùhuì. Zhǐyǒu jíshí gōutōng, cái néng gèng hǎo
沉默、埋怨对方，或/给对方挑刺儿，那就只会加深误会。只有/及时沟通，才能更好
de lǐjiě bǐcǐ de xiǎngfǎ, yǒuxiào huàjiě wùhuì.
地理解/彼此的想法，有效化解误会。

해석　사람들과 교제할 때, 신속한 소통은 특히 중요하다. 오해가 생겼을 때 만약 양쪽 모두가 침묵을 유지하고 상대를 원망하거나 상대의 트집을 잡는
다면, 오해만 더욱 깊어질 것이다. 신속하게 소통해야만, 서로의 생각을 더 잘 이해할 수 있고 오해를 효과적으로 풀 수 있다.

어휘　**交往** jiāowǎng 동교제하다　**沟通** gōutōng 동소통하다　**产生** chǎnshēng 동생기다, 나타나다　**双方** shuāngfāng 몡양쪽
　　　**沉默** chénmò 동침묵하다　**埋怨** mányuàn 동원망하다　**对方** duìfāng 몡상대　**挑刺儿** tiāocìr 동트집을 잡다
　　　**彼此** bǐcǐ 떼서로　**化解** huàjiě 동풀다, 풀리다

**3**

Shuìmián zhìliàng de hǎohuài zhíjiē yǐngxiǎng yí ge rén de shēntǐ jiànkāng hé jīngshén zhuàngtài. Jù tǒngjì, xǔduō
睡眠质量的好坏/直接影响/一个人的身体健康和精神状态。据统计，许多
rén bèi shīmián, shuì bu xǐng děng shuìmián wèntí suǒ kùnrǎo, shēnghuó zhìliàng shòudàole yánzhòng de yǐngxiǎng.
人被失眠、睡不醒等睡眠问题所困扰，生活质量受到了/严重的影响。
Qízhōng shīmián shì zuì chángjiàn de shuìmián wèntí. Rúguǒ jīngcháng shīmián, jiù huì chūxiàn jìyìlì biàn chà, qíngxù
其中失眠是/最常见的睡眠问题。如果/经常失眠，就会出现/记忆力变差、情绪
bù wěndìng, miǎnyìlì xiàjiàng děng wèntí.
不稳定、免疫力下降等问题。

해석　수면의 질의 좋고 나쁨은 한 사람의 신체 건강과 정신 상태에 직접적인 영향을 미친다. 통계에 따르면 많은 사람이 불면증, 잠에서 잘 깨지 못하는
등의 수면 문제로 고통받고 있으며, 삶의 질에 심각한 영향을 받고 있다. 그중 불면증은 가장 흔한 수면 문제이다. 만약 자주 잠을 이루지 못하면,
기억력 감퇴, 정서적 불안정, 면역력 저하 등의 문제가 생길 수 있다.

어휘　**睡眠** shuìmián 몡수면　**精神** jīngshén 몡정신　**状态** zhuàngtài 몡상태　**统计** tǒngjì 몡통계
　　　**失眠** shīmián 몡불면증 동잠을 이루지 못하다　**困扰** kùnrǎo 동고통받다, 괴롭히다　**情绪** qíngxù 몡정서
　　　**稳定** wěndìng 혱안정되다　**免疫力** miǎnyìlì 몡면역력

**4**

Měi ge rén měitiān dōu yǒu yí ge dàyuē sān xiǎoshí de huángjīn shíjiānduàn. Zài zhè duàn shíjiān nèi, tóunǎo
每个人/每天都有/一个大约三小时的黄金时间段。在这段时间内，头脑

zuì qīngxǐng, jīnglì zuì chōngpèi, zhùyìlì zuì jízhōng. Zhè shí gōngzuò yí ge xiǎoshí xiāngdāng yú zài qítā shíduàn gōngzuò
最清醒、精力最充沛、注意力最集中。这时/工作一个小时/相当于/在其他时段/工作

sān ge xiǎoshí. Zhè sān ge xiǎoshí bèi chēngwéi 'huángjīn sān xiǎoshí', yóu cǐ yǎnshēng chu de fǎzé wéi 'huángjīn sān
三个小时。这三个小时/被称为"黄金三小时"，由此/衍生出的法则/为"黄金三

xiǎoshí fǎzé'. Gāi fǎzé qiángdiào, rénmen yīnggāi zhǎodào zìjǐ de huángjīn sān xiǎoshí, bìng zài zhège shíjiānduàn nèi
小时法则"。该法则强调，人们应该找到/自己的黄金三小时，并/在这个时间段内/

wánchéng zuì zhòngyào de shìqing, yǐ dádào shìbàngōngbèi de xiàoguǒ. Wèile chōngfèn lìyòng zhège shíjiānduàn,
完成/最重要的事情，以达到事半功倍的效果。为了充分利用这个时间段，

yào jǐnliàng bìmiǎn zhōuwéi de gānrǎo, yuǎnlí shèjiāo méitǐ, ràng zìjǐ quánshēnxīn de tóurù dào gōngzuò zhōng.
要尽量避免/周围的干扰，远离社交媒体，让自己全身心地投入到工作中。

해석 모든 사람에게는 매일 약 3시간의 황금 시간대가 존재한다. 이 시간 동안은 머리가 가장 맑고 에너지가 가장 강하며 집중력이 가장 높다. 이때 1시간을 일하는 것은 다른 시간대에 3시간을 일하는 것과 같다. 이 3시간을 '황금 3시간'이라고 부르는데, 여기서 파생된 법칙이 '황금 3시간의 법칙'이다. 이 법칙은 사람들이 자신만의 황금 3시간을 찾고, 이 시간 안에 가장 중요한 일을 하여 적은 노력으로 큰 효과를 거둬야 함을 강조한다. 이 시간대를 충분히 활용하기 위해서는 최대한 주위의 간섭을 피하고 소셜 미디어를 멀리하며, 자신의 몸과 마음을 다해 업무에 몰두해야 한다.

어휘 黄金 huángjīn 혱황금의  清醒 qīngxǐng 혱(정신이) 맑다  精力 jīnglì 몡에너지  充沛 chōngpèi 혱강하다, 왕성하다
集中 jízhōng 통집중하다  相当于 xiāngdāng yú ~와 같다  称 chēng 통부르다  衍生 yǎnshēng 통파생되다
强调 qiángdiào 통강조하다  事半功倍 shìbàngōngbèi 셍적은 노력으로 큰 효과를 거두다  充分 chōngfèn 뵈충분히
利用 lìyòng 통활용하다  尽量 jǐnliàng 뵈최대한, 가능한 한  干扰 gānrǎo 통간섭하다, 방해하다
社交媒体 shèjiāo méitǐ 몡소셜 미디어  全身心 quánshēnxīn 뵈몸과 마음을 다해

**5**

Yǒu yìtiān, yǒu ge fùyǒu de shāngrén zài dàjiē shang kàndàole yí ge chuānzhuó pòjiù de tuīxiāoyuán.
有一天，有个富有的商人/在大街上/看到了/一个穿着破旧的推销员。

Tuīxiāoyuán kěnéng shì yīnwèi bú gòu zìxìn, zhǐshì dīzhe tóu zhànzài jiǎoluò li. Yúshì shāngrén dàbù shàngqián,
推销员可能是/因为不够自信，只是低着头/站在角落里。于是/商人大步上前，

bǎ qián sāidào tuīxiāoyuán de shǒu zhōng, nále shí zhī qiānbǐ. Tā pāile pāi tuīxiāoyuán de jiānbǎng shuō: "Suīrán/
把钱塞到推销员的手中，拿了十支铅笔。他拍了拍推销员的肩膀说："虽然/

wǒmen mài de dōngxi bù yíyàng, dàn wǒmen dōu shì shāngrén, nǐ yào zìxìn yìdiǎnr." Yì nián hòu, shāngrén zài shāngwù
我们卖的东西不一样，但/我们都是商人，你要自信一点儿。"一年后，商人/在商务

huìyì shang zàicì pèngdàole nàge tuīxiāoyuán. Chuānzhuó zhěngjié de tuīxiāoyuán duì shāngrén shuō: "Nín kěnéng
会议上/再次碰到了那个推销员。穿着整洁的推销员/对商人说："您可能

zǎoyǐ wàngle wǒ, dàn wǒ yǒngyuǎn bú huì wàngjì nín. Nín shì chóngxīn gěi wǒ zìzūn de rén, yīnwèi nín shuōguo wǒ hé
早已忘了我，但/我永远不会忘记您。您是/重新给我自尊的人，因为/您说过/我和

nín yíyàng dōu shì shāngrén."
您一样都是商人。"

해석 어느 날, 한 부유한 상인은 길에서 복장이 허름한 판매원을 보았다. 판매원은 아마도 자신감이 부족해서인지 그저 머리를 숙이고 구석에 서 있었다. 그래서 상인은 성큼성큼 앞으로 다가가서 돈을 판매원의 손에 찔러주고는 연필 열 자루를 샀다. 그는 판매원의 어깨를 두드리며 말했다. "비록 우리가 파는 물건은 다르지만, 우리는 모두 상인이니 조금 더 자신감을 가지세요." 1년 후, 상인은 비즈니스 미팅에서 다시 그 판매원을 만났다. 복장을 단정하게 차려입은 판매원은 상인에게 말했다. "당신은 저를 이미 잊었을지도 모르지만, 저는 당신을 영원히 잊지 못합니다. 당신은 제게 자존감을 다시 준 사람입니다. 왜냐하면 당신은 저에게 저와 당신이 같은 상인이라고 했기 때문이에요."

어휘　**穿着** chuānzhuó 圀복장, 옷　**破旧** pòjiù 圀허름하다, 낡다　**推销员** tuīxiāoyuán 圀판매원　**角落** jiǎoluò 圀구석
　　　**塞** sāi 圀찔러넣다, 집어넣다　**拍** pāi 圀(손바닥으로) 두드리다, 치다　**肩膀** jiānbǎng 圀어깨　**商务** shāngwù 圀비즈니스
　　　**整洁** zhěngjié 圀단정하고 깨끗하다

# 01 | 어려운 발음

MP3 바로듣기

## 실전 테스트　p.49

**1**

끊어읽기
Píngchángxīn shì yì zhǒng kuānróng, cóngróng de shēnghuó tàidu. Zài fánmáng de xiàndài shèhuì, wǒmen
平常心是/一种宽容、从容的生活态度。 在繁忙的现代社会， 我们

다음자·성조변화
jīngcháng bèi suǒsuì de xìjié hé yālì yānmò, yīncǐ xūyào shíkè tíxǐng zìjǐ yào bǎochí yì kē píngchángxīn, yǐ gèng hǎo
经常被琐碎的细节和压力淹没， 因此/需要时刻提醒自己要保持一颗平常心， 以更好

de miànduì shēnghuó. Zài rìcháng shēnghuó zhōng, wǒmen kěnéng huì miànlín gè zhǒng tiǎozhàn hé kùnnan, bǐrú
地面对生活。 在日常生活中， 我们可能会面临/各种挑战和困难， 比如/

gōngzuò yālì, rénjì chōngtū děng. Rúguǒ wǒmen zǒngshì jiāolǜ hé fánzào, jiù huì jiāng zìjǐ zhìyú yí ge bù yúkuài de
工作压力、人际冲突等。 如果/我们总是焦虑和烦躁， 就会将自己置于/一个不愉快的

zhuàngtài, gěi shēnxīn jiànkāng dàilai fùmiàn yǐngxiǎng. Xiāngfǎn, ruò néng yǐ yì kē píngchángxīn kàndài wèntí, wǒmen
状态， 给身心健康/带来负面影响。 相反， 若/能以一颗平常心/看待问题， 我们

jiù néng gèng jiā cóngróng de yìngduì, bìng zhǎodào jiějué wèntí de fāngfǎ. Lìrú, zài gōngzuò zhōng yùdào nántí shí,
就能/更加从容地应对， 并/找到/解决问题的方法。 例如， 在工作中遇到难题时，

wǒmen kěyǐ lěngjìng de fēnxī wèntí, zhìdìng héshì de jiějué fāng'àn, cóng'ér dáchéng mùbiāo.
我们可以冷静地分析问题， 制定/合适的解决方案， 从而/达成目标。

Zǒngzhī, píngchángxīn shì yì zhǒng bǎoguì de shēnghuó tàidu. Tā yǒuzhù yú wǒmen gèng hǎo de miànduì yālì.
总之， 平常心是/一种宝贵的生活态度。 它有助于我们更好地面对压力。

Tóngshí, tā yě kěyǐ ràng wǒmen gèngjiā shēnkè de tǐhuì dào shēnghuó dàilai de měihǎo hé kuàilè.
同时， 它也可以让我们更加深刻地体会到/生活带来的美好和快乐。

해석　평정심은 일종의 관용적이고 여유로운 생활 태도이다. 바쁜 현대 사회에서 우리는 종종 사소한 세부 사항과 스트레스에 파묻혀 있기 때문에, 삶
을 더 잘 마주하기 위해 항상 자신에게 평정심을 유지하도록 상기시켜야 한다. 일상 생활에서 우리는 다양한 시련과 어려움에 직면할 수 있는데,
예를 들어 업무 스트레스, 대인 갈등 등이 있다. 만약 우리가 항상 걱정하고 초조해하면, 자신을 불쾌한 상태로 두게 되어 신체와 정신 건강에 부
정적인 영향을 미친다. 반대로, 만일 평정심을 가지고 문제를 바라볼 수 있다면 우리는 더욱 여유롭게 대처하고 문제를 해결할 방법을 찾을 수 있
을 것이다. 예를 들어, 직장에서 어려운 문제에 부딪혔을 때, 우리는 냉정하게 문제를 분석하고 적절한 해결 방안을 마련함으로써 목표를 달성할
수 있다.
한마디로 평정심은 일종의 귀중한 생활 태도이다. 그것은 우리가 스트레스에 더 잘 직면하는 데 도움이 된다. 동시에, 그것은 우리가 삶이 주는 아
름다움과 즐거움을 더 깊이 깨달을 수 있게 해준다.

어휘　**平常心** píngchángxīn 圀평정심　**宽容** kuānróng 圀관용하다, 너그럽게 받아들이다　**从容** cóngróng 圀여유롭다, 침착하다
　　　**繁忙** fánmáng 圀바쁘다　**现代** xiàndài 圀현대　**琐碎** suǒsuì 圀사소하다　**细节** xìjié 圀세부 사항
　　　**淹没** yānmò 圀파묻히다, 침몰되다　**时刻** shíkè 凬항상　**保持** bǎochí 圀유지하다　**面对** miànduì 圀마주하다, 직면하다
　　　**日常** rìcháng 圀일상의　**面临** miànlín 圀직면하다, 당면하다　**挑战** tiǎozhàn 圀시련, 난제
　　　**冲突** chōngtū 圀갈등이 있다, 충돌하다　**焦虑** jiāolǜ 圀걱정하다　**烦躁** fánzào 圀초조하다　**状态** zhuàngtài 圀상태
　　　**看待** kàndài 圀바라보다　**分析** fēnxī 圀분석하다　**制定** zhìdìng 圀마련하다, 제정하다　**方案** fāng'àn 圀방안
　　　**达成** dáchéng 圀달성하다　**目标** mùbiāo 圀목표　**宝贵** bǎoguì 圀귀중한　**深刻** shēnkè 圀(인상이) 깊다
　　　**体会** tǐhuì 圀깨닫다

**2**

Yǒu ge tàitai duō nián lái búduàn bàoyuàn duìmiàn de línjū lǎnduò, tā měitiān kànzhe duìmiàn de fángzi
有个太太/多年来不断抱怨/对面的邻居懒惰，她每天看着对面的房子

zìyánzìyǔ: "Tā de yīfu yǒngyuǎn xǐ bu gānjìng, liàngzài yuànzi li de yīfu shàngmian zǒngshì yǒu bāndiǎn. Wǒ zhēnde
自言自语："她的衣服/永远洗不干净，晾在院子里的衣服上面/总是有斑点。我真的

bù néng lǐjiě, tā zěnme lián xǐ yīfu dōu xǐchéng zhège yàngzi." Zhídào yǒu yìtiān, yǒu ge péngyou lái tā jiā zuòkè,
不能理解，她怎么连洗衣服都洗成这个样子。"直到有一天，有个朋友/来她家做客，

cái fāxiànle shìqing de zhēnxiàng. Xìxīn de péngyou nálai yíkuàir mābù, bǎ chuānghu shang de zāng dōngxi cādiào
才发现了/事情的真相。细心的朋友/拿来一块儿抹布，把窗户上的脏东西擦掉

bìng shuōdào: "Kàn, zhè bú jiù gānjìngle ma?" Yuánlái bú shì duìmiàn de línjū xǐ yīfu xǐ bu gānjìng, ér shì
并说道："看，这不就干净了吗？"原来不是/对面的邻居/洗衣服洗不干净，而是/

zhège tàitai jiā de chuānghu tài zāng le.
这个太太家的窗户/太脏了。

Yǒushíhou wǒmen pīpíng biérén, shì yīnwèi wǒmen zìjǐ de shìjiǎo shòudàole xiànzhì huò wùdǎo. Jiù xiàng
有时候我们批评别人，是因为/我们自己的视角/受到了限制或误导。就像/

zhège tàitai yìzhí rènwéi línjū xǐ yīfu xǐ bu gānjìng, shíjì shang shì yīnwèi tā de chuānghu zāng le, zhè yǐngxiǎngle
这个太太/一直认为/邻居洗衣服洗不干净，实际上/是因为/她的窗户脏了，这影响了/

tā duì línjū de kànfǎ. Zhège gùshi tíxǐng wǒmen bú yào qīngyì xià jiélùn, ér shì yào duō jiǎodù sīkǎo wèntí, yǐmiǎn
她对邻居的看法。这个故事/提醒我们不要轻易下结论，而是要多角度思考问题，以免/

wùjiě tārén.
误解他人。

해석　몇 년 동안 맞은편 이웃의 게으름에 대해 끊임없이 불평하는 한 부인이 있었는데, 그녀는 매일 맞은편 집을 보며 중얼거렸다. "그녀의 옷은 언제
나 깨끗하게 빨리지 않고, 마당에 말려져 있는 옷에는 항상 얼룩이 있네. 나는 그녀가 어떻게 빨래조차 이렇게 하는지 정말 이해할 수 없어." 어느
날 한 친구가 그녀의 집에 방문하고 나서야 사건의 진상을 알게 됐다. 꼼꼼한 친구는 걸레를 가져와 창문에 있던 더러운 것들을 닦으며 말했다. "
이것 봐, 이렇게 하니 깨끗하지 않니?" 알고 보니 맞은편 이웃이 빨래를 깨끗하게 하지 않은 것이 아니라 이 부인 집의 창문이 너무 더러웠던 것이
었다.

때때로 우리가 다른 사람을 비판하는 것은 우리 자신의 시각이 제한되거나 그릇되었기 때문이다. 이 부인과 같이 줄곧 이웃이 옷을 깨끗하게 빨
지 못한다고 생각해 왔는데, 사실은 그녀의 창문이 더러웠기 때문에 이웃에 대한 그녀의 견해에 영향을 미쳤다. 이 이야기는 우리에게 쉽게 결론
을 내리지 말고, 다른 사람을 오해하지 않도록 여러 각도에서 문제를 생각해야 함을 상기시켜준다.

어휘　**太太** tàitai 몡 부인　**不断** búduàn 凮 끊임없이　**抱怨** bàoyuàn 동 불평하다　**懒惰** lǎnduò 혱 게으르다
　　　**自言自语** zìyánzìyǔ 졩 중얼거리다　**晾** liàng 동 (물건을 그늘이나 바람에) 말리다　**斑点** bāndiǎn 몡 얼룩
　　　**真相** zhēnxiàng 몡 진상　**抹布** mābù 몡 걸레　**视角** shìjiǎo 몡 시각　**限制** xiànzhì 동 제한하다
　　　**误导** wùdǎo 동 그릇되다, 그릇되게 인도하다　**轻易** qīngyì 凮 쉽게　**结论** jiélùn 몡 결론　**角度** jiǎodù 몡 각도
　　　**思考** sīkǎo 동 생각하다, 사고하다　**以免** yǐmiǎn 젭 ~하지 않도록　**误解** wùjiě 동 오해하다

## 실전 테스트  p.53

**1**

<sup>다음자</sup>  <sup>끊어읽기</sup>  <sup>성조변화</sup>

Hàoqíxīn shì/yī ge rén xiǎng yào liǎojiě hé tànjiū wèizhī lǐngyù de/yì zhǒng xīnlǐ zhuàngtài. Tā shì rénmen bùduàn
好奇心是/一个人想要了解和探究未知领域的/一种心理状态。它是/人们不断

qiánjìn de dònglì zhī yī, cùshǐ rénmen xúnzhǎo xīn de zhīshi hé jīngyàn. Hàoqíxīn shì yì zhǒng jījí xiàngshàng de pǐnzhì,
前进的动力之一，促使人们寻找/新的知识和经验。好奇心是/一种积极向上的品质，

tā bāngzhù wǒmen gèng hǎo de shìyìng huánjìng, liǎojiě wàijiè de biànhuà, yǔ zhōuwéi de rén hùdòng jiāoliú.
它帮助我们更好地适应环境，了解外界的变化，与周围的人互动交流。

Hàoqíxīn shì rénlèi yǔshēngjùlái de tèzhì. Tā shì rén xuéxí de nèizài dòngjī, néng cìjī rénlèi de qiúzhīyù,
好奇心是/人类与生俱来的特质。它是/人学习的内在动机，能刺激/人类的求知欲，

tóngshí hái néng jīfā rénlèi de chuàngzào yìshí hé chuàngzàolì, bāngzhù rénmen fāxiàn wèntí bìng zhǎochu jiějué fāng'àn.
同时/还能激发/人类的创造意识和创造力，帮助人们发现问题并找出解决方案。

Lìngwài, hàoqíxīn hái yǒuzhù yú rénmen jiànlì xīn de rénjì guānxi, zēngjìn bǐcǐ zhījiān de liǎojiě hé xìnrèn.
另外，好奇心还有助于人们建立/新的人际关系，增进/彼此之间的了解和信任。

Rán'ér, hàoqíxīn yě cúnzài yídìng de júxiànxìng. Zài yìxiē jíduān qíngkuàng xia, zhè zhǒng xīnlǐ huì dǎozhì rénmen
然而，好奇心也存在/一定的局限性。在一些极端情况下，这种心理/会导致人们

mángmù màoxiǎn, shènzhì zǒuxiàng cuòwù de dàolù. Yīncǐ, wǒmen yīnggāi zhèngquè duìdài hàoqíxīn, fāhuī qí jījí
盲目冒险，甚至/走向/错误的道路。因此，我们应该正确对待好奇心，发挥/其积极

zuòyòng, yě yào bìmiǎn hàoqíxīn dàilai de fùmiàn yǐngxiǎng.
作用，也要避免/好奇心带来的负面影响。

**해석**   호기심은 한 사람이 미지의 영역에 대해 알고 탐구하고자 하는 심리 상태이다. 그것은 사람들이 끊임없이 전진하는 원동력 중 하나이며, 사람들이 새로운 지식과 경험을 찾도록 한다. 호기심은 적극적으로 나아가려는 자질로, 그것은 우리가 환경에 더 잘 적응하고 외부 변화를 이해하며 주변 사람들과 상호 작용하고 소통하는 것을 돕는다.

호기심은 인간의 타고난 특성이다. 이는 인간이 학습을 하는 내재적 동기이며 인간의 지적 욕구를 자극할 수 있고, 동시에 인간의 창조 의식과 창의성을 불러일으켜 사람들이 문제를 발견하고 해결 방안을 찾도록 도울 수도 있다. 또한 호기심은 사람들이 새로운 인간관계를 형성하는 데도 도움을 주어 서로에 대한 이해와 신뢰를 증진시킨다.

하지만 호기심에도 어느 정도 한계가 있다. 일부 극단적인 상황에서 이러한 심리는 사람들이 맹목적으로 모험하는 것을 초래하고, 심지어 잘못된 길로 향하게 할 수도 있다. 따라서 우리는 호기심을 올바르게 받아들이고 그것의 긍정적인 효과를 발휘해야 하며, 호기심이 가져오는 부정적인 영향도 피해야 한다.

**어휘**   好奇心 hàoqíxīn 몡 호기심   探究 tànjiū 동 탐구하다   未知 wèizhī 미지의   领域 lǐngyù 몡 영역   心理 xīnlǐ 몡 심리
状态 zhuàngtài 몡 상태   不断 búduàn 분 끊임없이   动力 dònglì 몡 원동력   促使 cùshǐ 동 ~하도록 (재촉)하다
寻找 xúnzhǎo 동 찾다   品质 pǐnzhì 몡 자질   外界 wàijiè 몡 외부   人类 rénlèi 몡 인간
与生俱来 yǔshēngjùlái 타고나다, 태어날 때부터 갖고 있는 천성   内在 nèizài 혱 내재적인   动机 dòngjī 몡 동기
刺激 cìjī 동 자극하다   求知欲 qiúzhīyù 몡 지적 욕구   激发 jīfā 동 불러일으키다   创造 chuàngzào 동 창조하다
意识 yìshí 몡 의식   方案 fāng'àn 몡 방안   建立 jiànlì 동 형성하다   彼此 bǐcǐ 대 서로   信任 xìnrèn 동 신뢰하다
存在 cúnzài 있다, 존재하다   局限性 júxiànxìng 몡 한계   极端 jíduān 혱 극단적인   导致 dǎozhì 동 초래하다
盲目 mángmù 맹목적인   冒险 màoxiǎn 동 모험하다   对待 duìdài 동 받아들이다, 대응하다   发挥 fāhuī 동 발휘하다
避免 bìmiǎn 동 피하다

Yǒu wèi míngrén céng shuōguo: "Míngzhì de fàngqì shèngguo mángmù de zhízhuó." Yǒushíhou wǒmen gǎndào

有位名人/曾说过：“明智的放弃/胜过盲目的执着。”有时候我们感到/

kuàilè yuèláiyuè xīquē, shíjì shang shì yīnwèi wǒmen zhuīqiú de tài duō le. Wǒmen huì zài rénshēng zhōng yùdào

快乐越来越稀缺，实际上是因为/我们/追求的太多了。我们会在人生中/遇到/

gèzhǒnggèyàng de rén hé shì, dàn měi ge rén de jīnglì hé zīyuán dōu shì yǒuxiàn de. Tǎngruò wǒmen guòyú zhuīqiú shìshì

各种各样的人和事，但/每个人的精力和资源/都是有限的。倘若/我们过于追求/事事

chènxīnrúyì, zhǐ huì ràng zìjǐ jīngpílìjìn, píbèibùkān. Fàngxia de yuè duō, fǎn'ér yuè róngyì huòdé kuàilè,

称心如意，只会让自己筋疲力尽、疲惫不堪。放下的越多，反而/越容易获得快乐，

fùdān yuè qīng, shēnghuó yuè qīngsōng zìzài.

负担越轻，生活越轻松自在。

Yīncǐ, wǒmen xūyào xuéhuì fàngqì, xuéhuì yǒu xuǎnzé de fàngqì. Fàngqì bìng fēi shì tuìsuō, ér shì yì zhǒng

因此，我们需要学会放弃，学会有选择地放弃。放弃并非是退缩，而是一种

zhìhuì, yǒuzhù yú chǔxù gèng dà de lìliang. Fàngqì nàxiē búqièshíjì de huànxiǎng hé mángmù de yùwàng, shěqì

智慧，有助于/储蓄更大的力量。放弃/那些不切实际的幻想和/盲目的欲望，舍弃/

suǒyǒu yīnggāi shěqì de dōngxi, zhèyàng cái néng yíngdé gèng duō. Fàngqì bìng bù děngyú nuòruò, ér shì wéirénchǔshì

所有应该舍弃的东西，这样才能赢得更多。放弃并不等于懦弱，而是为人处世

de tàidu yǔ jìqiǎo. Suǒyǐ dāng wǒmen miànduì yìxiē shìqing shí, bú yào guòyú zhízhuó, ér shì yào xuéhuì fàngqì,

的态度与技巧。所以/当我们面对一些事情时，不要过于执着，而是要/学会放弃，

nǔlì xiàng chénggōng de bǐ'àn màijìn.

努力向成功的彼岸迈进。

해석 한 유명인은 "현명한 포기가 무모한 집착보다 낫다."라고 말했다. 때때로 우리는 즐거움이 점점 희소해진다고 느끼는데, 사실은 우리가 추구하는 것이 너무 많기 때문이다. 우리는 인생에서 다양한 사람과 일을 만나게 되지만 모든 사람의 에너지와 자원은 제한적이다. 만약 우리가 지나치게 모든 일이 생각대로 잘 되기를 추구한다면, 스스로를 기진맥진하고 견디지 못할 정도로 피곤하게만 할 뿐이다. 놓으면 놓을수록 오히려 즐거움이 쉽게 생기고, 부담이 적을수록 삶이 자유롭고 편해진다.

그러므로 우리는 포기하는 법을 배우고, 선택적으로 포기하는 법을 배워야 한다. 포기는 결코 물러서는 것이 아니라 일종의 지혜로, 더 큰 힘을 저축하는 데 도움이 된다. 현실에 들어맞지 않는 그런 환상과 맹목적인 욕망을 포기하고, 버려야 할 모든 것을 버려야 더 많은 것을 얻을 수 있다. 포기는 나약함과 같지 않으며, 세상을 살아가는 태도와 기술이다. 그래서 우리는 어떤 일에 직면했을 때 너무 집착하지 말아야 하며, 포기하는 법을 배우고 성공의 저편으로 나아가기 위해 노력해야 한다.

어휘 **明智** míngzhì 廖 현명하다 **盲目** mángmù 廖 무모한, 맹목적인 **执着** zhízhuó 廖 집착하다 **稀缺** xīquē 廖 희소하다
**追求** zhuīqiú 동 추구하다 **精力** jīnglì 명 에너지 **资源** zīyuán 명 자원 **倘若** tǎngruò 접 만약 ~한다면
**过于** guòyú 用 지나치게 **称心如意** chènxīnrúyì 쩡 생각대로 잘 되다, 마음에 꼭 들다 **筋疲力尽** jīnpílìjìn 쩡 기진맥진하다
**疲惫不堪** píbèibùkān 쩡 견디지 못할 정도로 피곤하다 **反而** fǎn'ér 用 오히려 **负担** fùdān 명 부담
**自在** zìzài 廖 자유롭다, 편안하다 **退缩** tuìsuō 동 물러서다, 뒷걸음질치다 **智慧** zhìhuì 명 지혜 **储蓄** chǔxù 동 저축하다
**力量** lìliang 명 힘 **不切实际** búqièshíjì 쩡 현실에 들어맞지 않다 **幻想** huànxiǎng 명 환상 **欲望** yùwàng 명 욕망
**舍弃** shěqì 동 버리다 **等于** děngyú 동 ~과 같다 **懦弱** nuòruò 廖 나약하다
**为人处世** wéirén chǔshì 세상을 살아가다, 사람들과 어울려 살아가다 **技巧** jìqiǎo 명 기술 **彼岸** bǐ'àn 명 저편, 이르고자 하는 경지
**迈进** màijìn 동 나아가다

## 실전 테스트  p.58

**1**

끊어읽기 / 다음자

Duìyú jīnqián, wǒmen xūyào shùlì zhèngquè de guānniàn. Shǒuxiān, bù yīnggāi bǎ jīnqián shìwéi héngliáng

对于金钱，我们需要树立/正确的观念。首先，不应该把金钱视为/衡量

성조변화

yí ge rén jiàzhí de wéiyī biāozhǔn. Suīrán jīnqián zài xiàndài shèhuì zhōng bànyǎnzhe zhòngyào de juésè, dàn wǒmen

一个人价值的唯一标准。虽然/金钱/在现代社会中/扮演着/重要的角色，但/我们

bù néng jiāng qí shìwéi yíqiè. Wǒmen yīnggāi zhòngshì rénjì guānxi, pǐndé, jiànkāng, xìngfú děng qítā fāngmiàn de jiàzhí,

不能将其视为一切。我们应该重视/人际关系、品德、健康、幸福等其他方面的价值，

ér bùjǐnjǐn shì zhuīzhú jīnqián. Qící, yīnggāi bǎ jīnqián shìwéi yì zhǒng gōngjù, ér fēi mùdì. Jīnqián kěyǐ mǎnzú

而不仅仅/是追逐金钱。其次，应该把金钱/视为一种工具，而非目的。金钱可以满足/

wǒmen jīběn de shēnghuó xūqiú, ràng wǒmen xiǎngshòu jiàoyù, yīliáo děng zīyuán. Yīncǐ wǒmen yīnggāi bǎ jīnqián

我们基本的生活需求，让我们享受/教育、医疗等资源。因此/我们应该把金钱

shìwéi shíxiàn gèng dà mùbiāo, zhuīqiú gèng yǒu yìyì de shēnghuó de shǒuduàn. Zuìhòu, yīnggāi shùlì zhèngquè de

视为/实现更大目标、追求更有意义的生活的手段。最后，应该树立/正确的

jīnqián guānniàn. Wǒmen yīnggāi gēnjù zìjǐ de shíjì qíngkuàng hé mùbiāo, zhìdìng hélǐ de lǐcái jìhuà, bìng bìmiǎn

金钱观念。我们应该/根据自己的实际情况和目标，制定/合理的理财计划，并/避免

guòdù de xiāofèi hé zhàiwù de lěijī. Tóngshí, wǒmen yě yīnggāi xuéhuì tóuzī hé lǐcái, ràng jīnqián wèi wǒmen chuàngzào

过度的消费和债务的累积。同时，我们也应该学会/投资和理财，让金钱为我们创造/

gèng duō de jiàzhí.

更多的价值。

해석  돈에 대해 우리는 올바른 관념을 세워야 한다. 먼저, 돈을 한 사람의 가치를 판단하는 유일한 기준으로 간주해서는 안 된다. 비록 돈은 현대 사회에서 중요한 역할을 하고 있지만, 우리는 이를 전부로 보면 안 된다. 우리는 인간관계, 인품, 건강, 행복 등 다른 측면의 가치를 중시해야 하며, 돈만 좇아서는 안 된다. 그다음으로, 돈을 목적이 아닌 도구로 생각해야 한다. 돈은 우리의 기본적인 생활 요구를 충족시키고 우리가 교육, 의료 등의 자원을 누릴 수 있게 한다. 따라서 우리는 돈을 더 큰 목표를 달성하고 더 의미 있는 삶을 추구하는 수단으로 생각해야 한다. 마지막으로, 올바른 돈 관념을 세워야 한다. 우리는 자신의 실제 상황과 목표에 따라 합리적인 재테크 계획을 수립하고, 과도한 소비와 부채의 축적을 피해야 한다. 동시에 우리는 투자와 재테크를 배워, 돈이 우리에게 더 많은 가치를 창출해줄 수 있도록 해야 한다.

어휘  **树立 shùlì** 통 세우다  **观念 guānniàn** 명 관념  **衡量 héngliáng** 통 판단하다, 재다  **价值 jiàzhí** 명 가치  **唯一 wéiyī** 형 유일한
**现代 xiàndài** 명 현대  **扮演 bànyǎn** 통 ~ 역할을 하다  **角色 juésè** 명 역할  **品德 pǐndé** 명 인품, 품성
**追逐 zhuīzhú** 통 좇다, 쫓고 쫓기다  **工具 gōngjù** 명 도구  **基本 jīběn** 형 기본적인  **享受 xiǎngshòu** 통 누리다
**资源 zīyuán** 명 자원  **实现 shíxiàn** 통 달성하다  **目标 mùbiāo** 명 목표  **追求 zhuīqiú** 통 추구하다  **意义 yìyì** 명 의미
**制定 zhìdìng** 통 수립하다, 제정하다  **合理 hélǐ** 형 합리적이다  **理财 lǐcái** 명 재테크  **避免 bìmiǎn** 통 피하다
**过度 guòdù** 형 과도하다  **消费 xiāofèi** 통 소비하다  **债务 zhàiwù** 명 부채, 채무  **累积 lěijī** 통 축적하다  **投资 tóuzī** 명 투자

모범답변·해석 제2부분

해커스 HSKK 고급 5일 만에 딸 수 있다!

Xiǎng yào chéngwéi yì míng yōuxiù de guǎnlǐzhě, bìxū yào zuòhǎo biǎoshuài. Hěn duō rén rènwéi qǐyè guǎnlǐ
**想要成为/一名优秀的管理者，必须要做好表率。很多人认为/企业管理**

bú shàn shì yīnwèi zhànlüè bú zhèngquè, zhìdù bú jiànquán, liúchéng shèjì bù kēxué. Qíshí guānjiàn zàiyú guǎnlǐzhě
**不善/是因为/战略不正确、制度不健全、流程设计不科学。其实关键在于/管理者**

néng bu néng zuòdào ràng xiàshǔ gēnsuí zìjǐ, bìng ràng tāmen gāoxiào de zhíxíng rènwu. Guǎnlǐzhě de yánxíng jǔzhǐ
**能不能做到/让下属跟随自己，并/让他们高效地执行任务。管理者的言行举止/**

huì duì xiàshǔ chǎnshēng jùdà de yǐngxiǎng. Yīncǐ, guǎnlǐzhě bìxū jiānchí yuánzé, yǐshēnzuòzé, shuōdào zuòdào.
**会对下属产生/巨大的影响。因此，管理者必须坚持原则，以身作则，说到做到。**

Zhǐyǒu zhèyàng, tā suǒ lǐngdǎo de tuánduì cái néng chéngwéi yì zhī jùyǒu zhíxínglì de tuánduì. Rúguǒ guǎnlǐ búdàng,
**只有这样，他所领导的团队/才能成为/一支具有执行力的团队。如果/管理不当，**

huì dǎozhì gōngzuò xiàolǜ dīxià, zhěnggè tuánduì níngjùlì bùzú. Yīncǐ, guǎnlǐzhě yào yángé yāoqiú zìjǐ,
**会导致/工作效率低下，整个团队凝聚力不足。因此，管理者要严格要求自己，**

zuòdào 'jǐsuǒbúyù, wùshīyúrén'. Guǎnlǐzhě yào tōngguò shíjì xíngdòng zài yuángōng zhōng jiànlì wēixìn, zhèyàng
**做到/"己所不欲，勿施于人"。管理者要/通过实际行动/在员工中/建立威信，这样**

cái néng shàngxià tóngxīn, dàdà tígāo tuánduì de zhàndòulì.
**才能上下同心，大大提高/团队的战斗力。**

해석 훌륭한 관리자가 되려면 반드시 모범을 보여야 한다. 많은 사람은 기업 관리가 잘되지 않는 것이 전략이 잘못되고 제도가 불완전하며, 프로세스 설계가 비과학적이기 때문이라고 생각한다. 사실 관건은 관리자가 부하 직원들이 자신을 따르도록 하고, 그들이 효율적으로 업무를 수행하도록 할 수 있는지에 있다. 관리자의 언행은 부하 직원에게 큰 영향을 미친다. 따라서 관리자는 반드시 원칙을 준수하고 솔선수범하며 내뱉은 말은 지켜야 한다. 이렇게 해야만 그가 이끄는 팀은 실행력 있는 팀이 될 수 있다. 만약 관리를 잘못하면 업무 효율이 떨어지고 팀 전체의 결속력이 부족해질 수 있다. 따라서 관리자는 자신에게 엄격하고, '자신이 싫은 것은 남에게도 강요하지 말라'를 해야 한다. 관리자는 실제 행동을 통해 직원들 사이에서 위신을 세워야 하며, 이렇게 해야 위아래가 한마음으로 팀의 전투력을 크게 향상할 수 있다.

어휘 **表率** biǎoshuài 몡모범, 귀감 **企业** qǐyè 몡기업 **战略** zhànlüè 몡전략 **制度** zhìdù 몡제도
**健全** jiànquán 혱완전하다, 완벽하다 **流程** liúchéng 몡프로세스 **设计** shèjì 통설계하다 **下属** xiàshǔ 몡부하 직원
**跟随** gēnsuí 통따르다 **高效** gāoxiào 혱효율적이다 **执行** zhíxíng 통수행하다, 실행하다 **言行举止** yánxíng jǔzhǐ 언행
**巨大** jùdà 혱크다, 거대하다 **原则** yuánzé 몡원칙 **以身作则** yǐshēnzuòzé 솔선수범하다 **领导** lǐngdǎo 통이끌다, 지도하다
**效率** xiàolǜ 몡효율 **整个** zhěnggè 혱전체의 **凝聚力** níngjùlì 결속력 **不足** bùzú 혱부족하다
**己所不欲，勿施于人** jǐsuǒbúyù, wùshīyúrén 자신이 싫은 것은 남에게도 강요하지 말라 **员工** yuángōng 몡직원, 종업원
**建立** jiànlì 통세우다 **威信** wēixìn 위신, 권위 **上下同心** shàngxià tóngxīn 위아래가 한마음이다
**战斗力** zhàndòulì 몡전투력

# 실전 테스트 p.61

**1**

*끊어읽기*

Rén miǎnbuliǎo huì fàncuò, dàn miànduì cuòwù, yǒu de rén huì xuǎnzé táobì huò zhǎo jièkǒu tuītuō zérèn,
人免不了会犯错，但/面对错误，有的人/会选择/逃避或找借口推脱责任，

ér yǒu de rén zé huì yǒngyú chéngrèn cuòwù, bìng jījí gǎizhèng. Qíshí yǒngyú chéngrèn cuòwù shì/yí ge rén chéngshú
而/有的人则会勇于承认错误，并积极改正。其实/勇于承认错误是/一个人成熟

*성조변화*

de biāozhì, biǎomíng yí ge rén qiānxū de zītài. Chéngrèn cuòwù bùjǐn néng ràng wǒmen chéngzhǎng, hái néng ràng
的标志，表明/一个人谦虚的姿态。承认错误不仅能让我们成长，还能让

*다음자*

wǒmen yǔ tārén jiànlì gèngjiā shēnrù de guānxi. Dāng wǒmen chéngrèn cuòwù shí, néng xiàng tārén biǎodá chu
我们/与他人建立/更加深入的关系。当我们承认错误时，能向他人表达出/

wǒmen de chéngyì. Zhè zhǒng zhēnshí de tàidu nénggòu dǎpò piānjiàn, zēngjiā hùxìn, gòujiàn liánghǎo de rénjì guānxi.
我们的诚意。这种真实的态度/能够打破偏见，增加互信，构建/良好的人际关系。

Zài rénshēng de lǚtú zhōng, wǒmen huì jīnglì xǔduō tiǎozhàn, yǒushíhou wǒmen huì míshī fāngxiàng. Rán'ér/
在人生的旅途中，我们会经历许多挑战，有时候我们会迷失方向。然而/

wǒmen zhǐyào gǎnyú chéngrèn zìjǐ de cuòwù, bìng nǔlì qù míbǔ hé gǎizhèng, jiù néng huíguī zhèngquè de dàolù.
我们只要敢于承认自己的错误，并努力去弥补和改正，就能回归/正确的道路。

Chéngrèn cuòwù bìng fēi yìwèizhe diūdiào zūnyán, ér shì yì zhǒng zhǎnxiàn yǒngqì, chéngshí hé zérèngǎn de biǎoxiàn.
承认错误并非/意味着丢掉尊严，而是/一种展现勇气、诚实和责任感的表现。

**해석** 사람은 실수하는 것을 피할 수 없지만, 실수를 마주했을 때 어떤 사람은 회피하거나 핑계를 대고 책임을 전가하는 것을 선택하고, 어떤 사람은 용감하게 잘못을 인정하고 적극적으로 바로잡으려고 한다. 사실 잘못을 용감하게 인정하는 것은 성숙한 사람의 상징이며, 한 사람의 겸손한 자세를 나타낸다. 잘못을 인정하는 것은 우리를 성장시킬 뿐만 아니라 다른 사람과 더 깊은 관계를 맺게 한다. 우리가 잘못을 인정할 때 타인에게 우리의 성의를 표현할 수 있다. 이러한 진실한 태도는 편견을 깨고 서로의 신뢰를 쌓으며 좋은 인간관계를 구축할 수 있다.

인생의 여정에서 우리는 많은 시련을 경험하게 되고, 때때로 우리는 방향을 잃게 된다. 그러나 우리가 자신의 잘못을 용감하게 인정하고, 보완하고 바로잡으려고 노력하기만 하면, 올바른 길로 되돌아갈 수 있다. 잘못을 인정한다는 것은 존엄성을 버린다는 의미가 아니라 용기, 성실함과 책임감을 드러내는 행동이다.

**어휘** 免不了 miǎnbuliǎo 통 피할 수 없다  逃避 táobì 통 회피하다, 도피하다  借口 jièkǒu 명 핑계, 구실
推脱 tuītuō 통 (책임을) 전가하다  勇于 yǒngyú 통 용감하게 ~하다  承认 chéngrèn 통 인정하다  改正 gǎizhèng 통 바로잡다
成熟 chéngshú 형 성숙하다  标志 biāozhì 명 상징  表明 biǎomíng 통 나타내다  谦虚 qiānxū 형 겸손하다
姿态 zītài 명 자세, 태도  成长 chéngzhǎng 통 성장하다  表达 biǎodá 통 표현하다  诚意 chéngyì 명 성의
真实 zhēnshí 형 진실하다  偏见 piānjiàn 명 편견  良好 liánghǎo 형 좋다, 양호하다  挑战 tiǎozhàn 명 시련, 난제
迷失 míshī 통 (방향을) 잃다  弥补 míbǔ 통 보완하다  意味着 yìwèizhe 통 의미하다  尊严 zūnyán 명 존엄성
展现 zhǎnxiàn 통 드러내다  勇气 yǒngqì 명 용기

해커스 HSKK 고급 5일 만에 딸 수 있다!

모범답변·해석

제2부분

Suízhe chéngshìhuà jìnchéng de jiākuài, lājī fēnlèi yǐ chéngwéi wǒmen shēnghuó zhōng bìbùkěshǎo de yí bùfen.
**随着城市化进程的加快，垃圾分类/已成为/我们生活中必不可少的一部分。**

Lājī fēnlèi bùjǐn yǒuzhù yú jiǎnshǎo huánjìng wūrǎn, hái néng cùjìn zīyuán de huíshōu lìyòng, duì shíxiàn kěchíxù
**垃圾分类/不仅有助于减少环境污染，还能促进/资源的回收利用，对实现可持续**

fāzhǎn jùyǒu zhòngyào de yìyì.
**发展/具有重要的意义。**

Lājī zhǔyào fēnwéi kěhuíshōu lājī, chúyú lājī, yǒuhài lājī hé qítā lājī. Jīngguò fēnlèi hé huíshōu,
**垃圾主要分为/可回收垃圾、厨余垃圾、有害垃圾和其他垃圾。经过分类和回收，**

lājī kěyǐ dédào yǒuxiào de lìyòng, zhè zài yídìng chéngdù shang huì jiǎnshǎo zīyuán de làngfèi. Jiǎrú bú duì lājī jìnxíng
**垃圾可以得到/有效的利用，这/在一定程度上/会减少/资源的浪费。假如/不对垃圾进行**

fēnlèi, suíyì diūqì lājī, huì duì huánjìng hé réntǐ jiànkāng zàochéng wēihài, yīncǐ lājī fēnlèi shífēn zhòngyào.
**分类，随意丢弃垃圾，会对环境和人体健康/造成危害，因此/垃圾分类/十分重要。**

Chú cǐ zhīwài, lājī fēnlèi hái yǒuzhù yú péiyǎng rénmen de huánbǎo yìshí, zēngqiáng rénmen de zérèngǎn.
**除此之外，垃圾分类/还有助于培养/人们的环保意识，增强/人们的责任感。**

Tōngguò lājī fēnlèi, rénmen huì qīngxī de liǎojiě dào huánbǎo de zhòngyàoxìng, jìn'ér zài rìcháng shēnghuó zhōng
**通过垃圾分类，人们会清晰地了解到/环保的重要性，进而/在日常生活中/**

gèngjiā guānzhù huánbǎo wèntí, wèi jiànshè měilì de jiāyuán gòngxiàn zìjǐ de lìliang.
**更加关注环保问题，为建设美丽的家园/贡献/自己的力量。**

**해석** 도시화 과정의 가속화에 따라, 쓰레기 분리수거는 이미 우리 삶에서 절대 빠져서는 안 되는 부분이 되었다. 쓰레기 분리수거는 환경 오염을 줄이는 데 도움이 될 뿐만 아니라 자원의 재활용을 촉진할 수도 있어, 지속 가능한 발전을 실현하는 데 중요한 의미가 있다.

쓰레기는 주로 재활용 가능 쓰레기, 음식물 쓰레기, 유해 폐기물 및 기타 쓰레기로 나뉜다. 분류와 재활용을 거쳐 쓰레기는 효과적으로 활용될 수 있으며, 이는 일정 수준에서 자원의 낭비를 줄일 수 있다. 만일 쓰레기를 분리수거하지 않고 마음대로 쓰레기를 버리면 환경과 인체 건강에 해를 끼칠 수 있으므로, 쓰레기 분리수거는 매우 중요하다.

이 외에, 쓰레기 분리수거는 사람들의 환경 보호 의식을 키우고, 사람들의 책임감을 강화하는 데 도움이 된다. 쓰레기 분리수거를 통해 사람들은 환경 보호의 중요성을 명확하게 인식할 수 있고, 더 나아가 일상생활에서 환경 보호 문제에 더욱 관심을 기울여 아름다운 삶의 터전을 가꾸는 데 자신의 힘을 보탤 수 있다.

**어휘** **进程** jìnchéng 몡과정 **垃圾分类** lājī fēnlèi 쓰레기 분리수거 **必不可少** bìbùkěshǎo 솅절대 빠져서는 안 된다, 반드시 필요하다 **促进** cùjìn 툉촉진하다 **资源** zīyuán 몡자원 **回收利用** huíshōu lìyòng 재활용하다 **实现** shíxiàn 툉실현하다 **持续** chíxù 툉지속하다 **意义** yìyì 몡의미 **厨余垃圾** chúyú lājī 음식물 쓰레기 **程度** chéngdù 몡수준 **假如** jiǎrú 젭만일 **随意** suíyì 셩마음대로 하다 **丢弃** diūqì 툉버리다 **造成** zàochéng 툉(해를) 끼치다, 야기하다 **危害** wēihài 몡해 **培养** péiyǎng 툉키우다 **意识** yìshí 몡의식 **清晰** qīngxī 셩명확하다 **进而** jìn'ér 젭더 나아가 **日常** rìcháng 셩일상의 **建设** jiànshè 툉가꾸다, 건설하다 **贡献** gòngxiàn 툉보태다, 공헌하다 **力量** lìliang 몡힘

4

Wēixiào bèi rènwéi shì zuì měi de biǎoqíng, yīnwèi tā jùyǒu zhìyù rénxīn de lìliang. Yǒushíhou yí ge wēixiào
微笑被认为是/最美的表情，因为/它具有/治愈人心的力量。有时候/一个微笑/

shèngguò qiānyánwànyǔ, dāng wǒmen zài shēnghuó zhōng zāoyù kùnjìng hé cuòzhé shí, wēixiào rútóng yīshēng gěi
胜过千言万语，当我们在生活中/遭遇困境和挫折时，微笑如同/医生给

bìngrén kāi de yào, nénggòu zhìyù wǒmen nèixīn de chuāngshāng. Wēixiào bùjǐn yǒuzhù yú lājìn rén yǔ rén zhījiān de
病人开的药，能够治愈/我们内心的创伤。微笑不仅/有助于拉近/人与人之间的

jùlí, zēngjìn bǐcǐ de gǎnqíng, hái néng fùyǔ rén zhànshèng kǒngjù de lìliang.
距离，增进/彼此的感情，还能赋予人/战胜恐惧的力量。

Yí wèi kēxuéjiā céngjīng zuòguo yí ge shíyàn: tā jiāng mǔqīn hé háizi fēnwéi liǎng zǔ, zài tāmen zhījiān huàle
一位科学家/曾经做过一个实验：他将母亲和孩子分为两组，在他们之间画了

yì tiáo 'xuányá'. Yí ge mǔqīn miàn wú biǎoqíng, ér lìng yí ge mǔqīn wēixiàozhe shìyì háizi zǒu guòlai. Jiéguǒ
一条"悬崖"。一个母亲/面无表情，而/另一个母亲/微笑着示意孩子走过来。结果

xiǎnshì, gāng kāishǐ háizimen dōu gǎndào hěn hàipà, dànshì qízhōng yí ge háizi kàndào mǔqīn de wēixiào hòu, jiù
显示，刚开始/孩子们都感到很害怕，但是/其中一个孩子/看到/母亲的微笑后，就

wàngjìle jiǎo xia de 'xuányá', yúkuài de cháo mǔqīn zǒuqu le. Ér lìng yí ge háizi kàndào mǔqīn miàn wú biǎoqíng
忘记了/脚下的"悬崖"，愉快地朝母亲走去了。而/另一个孩子/看到/母亲面无表情

de liǎn, jiù xiàng zuòcuòle shì yíyàng, chíchí bù gǎn zǒu guòqu. Zài miànduì kùnnan hé tiǎozhàn shí, wēixiào chéngwéile
的脸，就像做错了事一样，迟迟不敢走过去。在面对困难和挑战时，微笑成为了/

yì zhǒng qiángdà de 'wǔqì', gǔlì wǒmen yǒnggǎn qiánxíng.
一种强大的"武器"，鼓励我们勇敢前行。

해석　미소는 가장 아름다운 표정으로 여겨지는데, 그것은 사람의 마음을 치유하는 힘이 있기 때문이다. 때로는 한 번의 미소가 천 마디 말보다 나을 때가 있으며, 우리가 삶에서 어려움과 좌절을 겪을 때 미소는 의사가 환자에게 지어주는 약과 같아서 우리 내면의 상처를 치유할 수 있다. 미소는 사람과 사람 사이의 거리를 좁히고 서로의 감정을 돈독하게 하는 데 도움이 될 뿐만 아니라, 두려움을 이겨낼 힘을 주기도 한다.

한 과학자는 한 실험을 했는데, 그는 엄마와 아이를 두 그룹으로 나누어 그들 사이에 '벼랑'을 그었다. 한 엄마는 무표정한 모습이었고, 다른 한 엄마는 미소를 지으며 아이에게 다가오라는 손짓을 했다. 그 결과 처음에 아이들이 모두 무서워했지만, 그중 한 아이는 엄마의 미소를 본 후 발밑의 '벼랑'을 잊고 즐겁게 엄마를 향해 걸음을 옮겼다. 그러나 다른 한 아이는 엄마의 무표정한 얼굴을 보고는 마치 잘못이라도 한 듯 망설이며 다가가지 못했다. 어려움과 시련에 직면했을 때 미소는 강력한 '무기'가 되어 우리가 용감하게 나아가도록 격려한다.

어휘　微笑 wēixiào 몡미소 동미소를 짓다　表情 biǎoqíng 몡표정　治愈 zhìyù 치유하다　力量 lìliang 몡힘
千言万语 qiānyánwànyǔ 솅천 마디 말　遭遇 zāoyù 동겪다, 만나다　困境 kùnjìng 몡어려움, 곤경
挫折 cuòzhé 동좌절시키다　创伤 chuāngshāng 몡상처　彼此 bǐcǐ 떼서로　赋予 fùyǔ 동주다
战胜 zhànshèng 동이겨내다　恐惧 kǒngjù 몡두렵다　实验 shíyàn 몡실험　组 zǔ 몡그룹　悬崖 xuányá 몡벼랑
示意 shìyì 동손짓을 하다, 의사를 나타내다　朝 cháo 깨~를 향해서　迟迟 chíchí 분망설이며　面对 miànduì 동직면하다
挑战 tiǎozhàn 몡시련　武器 wǔqì 몡무기

## 스텝별 전략 익히기 p.71

MP3 바로듣기

모범답변

| | | |
|---|---|---|
| 나의 의견 | 🎤 | Wǒ rènwéi rénshēng zhōng zuì zhòngyào de shì jiànkāng.<br>我认为人生中最重要的是健康。 |
| 이유1<br>근거 | 🎤 | Shǒuxiān, jiànkāng de shēntǐ nénggòu ràng wǒmen zhèngcháng de shēnghuó. Rúguǒ méiyǒu<br>首先，健康的身体能够让我们正常地生活。如果没有<br>jiànkāng de shēntǐ, nàme wǒmen de shēnghuó jiāng huì shòudào hěn dà de yǐngxiǎng. Jiù ná wǒ de lìzi<br>健康的身体，那么我们的生活将会受到很大的影响。就拿我的例子<br>lái shuō, shàng dàxué shí wǒ shēngguo zhòngbìng. Zài shēngbìng de nà duàn shíjiān, wǒ hěn nán měitiān<br>来说，上大学时我生过重病。在生病的那段时间，我很难每天<br>qù xuéxiào shàngkè, wǒ de rìcháng shēnghuó hé xuéyè yě yīncǐ shòudàole hěn dà de yǐngxiǎng. Cóng<br>去学校上课，我的日常生活和学业也因此受到了很大的影响。从<br>nà yǐhòu, wǒ shēnkè de yìshí dàole jiànkāng de zhòngyàoxìng.<br>那以后，我深刻地意识到了健康的重要性。 |
| 이유2<br>근거 | 🎤 | Qícì, shēntǐ jiànkāng de rén gōngzuò zhuàngtài huì gèng hǎo, yě gèng yǒu chuàngzàolì. Rúguǒ<br>其次，身体健康的人工作状态会更好，也更有创造力。如果<br>wǒmen de jiànkāng jīngcháng chūxiàn wèntí, nàme wǒmen jiù hěn nán bǎochí liánghǎo de gōngzuò<br>我们的健康经常出现问题，那么我们就很难保持良好的工作<br>zhuàngtài, nányǐ jízhōng zhùyìlì qù wánchéng rènwu. Ér jiànkāng de shēntǐ néng shǐ dànnǎo bǎochí zuì<br>状态，难以集中注意力去完成任务。而健康的身体能使大脑保持最<br>jiā zhuàngtài, ràng wǒmen gèng róngyì chǎnshēng xīn de xiǎngfǎ.<br>佳状态，让我们更容易产生新的想法。 |
| 이유3<br>근거 | 🎤 | Zuìhòu, jiànkāng shì wǒmen shíxiàn mèngxiǎng hé mùbiāo de qiántí. Rúguǒ xiǎng shíxiàn<br>最后，健康是我们实现梦想和目标的前提。如果想实现<br>mèngxiǎng, jiù xūyào yǐ jiànkāng de shēntǐ zuò zhīchēng. Yí ge jiànkāng de rén néng bǎochí zúgòu de<br>梦想，就需要以健康的身体作支撑。一个健康的人能保持足够的<br>jīnglì, yīncǐ néng gèng hǎo de yìngduì gè zhǒng yālì hé tiǎozhàn, cóng'ér shíxiàn zìjǐ de mèngxiǎng.<br>精力，因此能更好地应对各种压力和挑战，从而实现自己的梦想。 |
| 마무리 | 🎤 | Zōngshàngsuǒshù, wǒ rènwéi rénshēng zhōng zuì zhòngyào de shì jiànkāng.<br>综上所述，我认为人生中最重要的是健康。 |

해석     저에게 있어 인생에서 가장 중요한 것은 건강입니다.

먼저, 건강한 몸은 우리가 정상적으로 생활할 수 있게 합니다. 만약 건강한 몸이 없다면, 우리의 삶은 큰 영향을 받을 것입니다. 제 경우를 들어보면, 대학에 다닐 때 저는 큰 병을 앓은 적이 있습니다. 병을 앓던 그 기간에 저는 매일 수업을 하러 학교에 가기 어려웠으며, 저의 일상생활과 학업도 모두 이로 인해 큰 영향을 받았습니다. 그 이후로 저는 건강의 중요성을 깊이 깨달았습니다.

그다음으로, 몸이 건강한 사람은 업무 태도가 더욱 좋으며, 또한 더욱 창의적입니다. 만약 우리의 건강에 자주 문제가 생긴다면, 우리는 좋은 업무 상태를 유지하기 어려우며 주의력을 집중하여 업무를 끝내기 힘들 것입니다. 그러나 건강한 몸은 뇌가 최상의 상태를 유지하게 만들 수 있어, 우리가 새로운 아이디어를 더욱 쉽게 떠올릴 수 있도록 합니다.

마지막으로, 건강은 우리가 꿈과 목표를 이루기 위한 전제 조건입니다. 만약 꿈을 이루고자 한다면, 건강한 몸이 지탱해줘야 합니다. 건강한 사람은 충분한 에너지를 유지할 수 있으므로, 각종 스트레스와 시련에 더 잘 대처할 수 있고, 그리하여 자신의 꿈을 이룰 수 있습니다.

앞서 언급한 내용을 종합했을 때, 저에게 있어 인생에서 가장 중요한 것은 건강입니다.

어휘     **日常** rìcháng 휑 일상의   **深刻** shēnkè 휑 깊다   **意识** yìshí 동 깨닫다   **工作状态** gōngzuò zhuàngtài 뎽 업무 태도
**创造力** chuàngzàolì 뎽 창의력   **保持** bǎochí 동 유지하다   **良好** liánghǎo 휑 좋다   **集中** jízhōng 동 집중하다
**实现** shíxiàn 동 이루다, 실현하다   **梦想** mèngxiǎng 뎽 꿈   **目标** mùbiāo 뎽 목표   **前提** qiántí 뎽 전제 조건
**支撑** zhīchēng 동 지탱하다   **精力** jīnglì 뎽 에너지   **挑战** tiǎozhàn 뎽 시련   **从而** cóng'ér 껍 그리하여, 따라서

# 연습 문제   p.72

MP3 바로듣기

**1** 选择工作时，你最看重的是什么？
직업을 선택할 때, 당신이 가장 중요하게 생각하는 것은 무엇인가?

**STEP 1** 아웃라인 메모하기

| | | |
|---|---|---|
| 나의 의견 | 직업이 나의 흥미에 부합하는지가 가장 중요하다. | **工作是否符合我的兴趣最重要。** |
| 이유1 | 흥미는 직업을 선택할 때의 중요한 근거이다. | **兴趣是选择职业时的重要依据。** |
| 근거 | 만약 내가 어떤 일에 관심이 있다면 자발적으로 공부할 것이다. | **我对某个工作感兴趣，就会主动去学习。** |
| | 직업이 나의 흥미와 맞지 않으면 나는 동기가 부족해질 것이다. | **工作不符合我的兴趣，我就会缺乏动力。** |
| 이유2 | 흥미는 직업의 안정성과 성공을 보장하는 중요한 요소이다. | **兴趣是保证职业稳定和成功的重要因素。** |
| 근거 | 자신이 흥미를 갖는 일을 하면 업무 효율이 향상될 것이다. | **做自己感兴趣的工作，工作效率会提高。** |
| | 긍정적인 상태는 내가 더욱 안정적이고 더욱 멀리 갈 수 있도록 해준다. | **积极的状态能让我走得更稳、更远。** |
| 마무리 | 직업이 나의 흥미에 부합하는지가 가장 중요하다. | **工作是否符合我的兴趣最重要。** |

**STEP 2** 아웃라인을 답변 템플릿에 넣어 대답하기

| | |
|---|---|
| 나의 의견 🎤 | Wǒ rènwéi gōngzuò shìfǒu fúhé wǒ de xìngqù zuì zhòngyào.<br>**我认为工作是否符合我的兴趣最重要。** |
| 이유1<br>근거 🎤 | Yì fāngmiàn, duì wǒ lái shuō, xìngqù shì xuǎnzé zhíyè shí de zhòngyào yījù. Rúguǒ wǒ duì<br>**一方面，对我来说，兴趣是选择职业时的重要依据。如果我对**<br>mǒu ge gōngzuò gǎn xìngqù, jiù huì zhǔdòng de qù xuéxí hé zhǎngwò xiāngguān zhīshi hé jìnéng,<br>**某个工作感兴趣，就会主动地去学习和掌握相关知识和技能，**<br>yě huì gèng hǎo de tóurù dào gōngzuò zhōng. Zài gōngzuò zhōng yùdào kùnnan hé tiǎozhàn shí,<br>**也会更好地投入到工作中。在工作中遇到困难和挑战时，** |

wǒ yě huì gèngjiā jījí de qù miànduì hé jiějué. Xiāngfǎn, rúguǒ nà fèn gōngzuò bù fúhé wǒ de
**我也会更加积极地去面对和解决。相反，如果那份工作不符合我的**

xìngqù, wǒ jiù huì quēfá xuéxí hé gōngzuò de dònglì, gǎndào wúliáo hé yànfán, yě gèng róngyì
**兴趣，我就会缺乏学习和工作的动力，感到无聊和厌烦，也更容**

fàngqì gōngzuò.
**易放弃工作。**

🎤

Lìng yì fāngmiàn, xìngqù shì bǎozhèng zhíyè wěndìng hé chénggōng de zhòngyào yīnsù.
**另一方面，兴趣是保证职业稳定和成功的重要因素。**

Rúguǒ wǒ zuò de shì zìjǐ gǎn xìngqù de gōngzuò, wǒ de gōngzuò xiàolù hé gōngzuò zhìliàng jiù huì
**如果我做的是自己感兴趣的工作，我的工作效率和工作质量就会**

| 이유2 근거 |

zìrán'érrán de tígāo, yīnwèi wǒ huì duì zìjǐ gǎn xìngqù de shìqing tóurù gèng duō de nǔlì hé
**自然而然地提高，因为我会对自己感兴趣的事情投入更多的努力和**

rèqíng. Fúhé xìngqù de gōngzuò huì gěi wǒ dàilai chéngjiùgǎn hé mǎnzúgǎn, wǒ huì yīncǐ ér
**热情。符合兴趣的工作会给我带来成就感和满足感，我会因此而**

gǎndào gèngjiā kuàilè. Zhè zhǒng jījí de zhuàngtài néng ràng wǒ zài zhíyè fāzhǎn de dàolù shang
**感到更加快乐。这种积极的状态能让我在职业发展的道路上**

zǒu de gèng wěn、gèng yuǎn.
**走得更稳、更远。**

🎤

마무리

Zǒng'éryánzhī, wǒ rènwéi gōngzuò shìfǒu fúhé wǒ de xìngqù zuì zhòngyào.
**总而言之，我认为工作是否符合我的兴趣最重要。**

해석  저는 직업이 제 흥미에 부합하는지가 가장 중요하다고 생각합니다.

한편으로, 저에게 있어 흥미는 직업을 선택할 때의 중요한 근거입니다. 만약 제가 어떤 일에 관심이 있다면 자발적으로 관련 지식과 기술을 공부하고 익힐 것이며, 일에 더 잘 몰입할 것입니다. 일에서 만나는 어려움과 난제에도 저는 더 적극적으로 직면하고 해결할 것입니다. 반대로 만약 그 직업이 저의 흥미와 맞지 않으면 저는 공부하고 일할 동기가 부족하여 지루하고 귀찮다고 여기고, 직업을 더 쉽게 포기할 것입니다.

다른 한편으로, 흥미는 직업의 안정성과 성공을 보장하는 중요한 요소입니다. 만약 제가 하는 일이 제 흥미를 갖는 일이라면 저의 업무 효율과 업무의 질은 자연스레 향상될 것입니다. 왜냐하면 저는 스스로가 흥미를 느끼는 일에 더 많은 노력과 열정을 쏟을 것이기 때문입니다. 흥미에 맞는 직업은 저에게 성취감과 만족감을 가져다주며, 저는 이로 인해 더 즐겁다고 느낄 것입니다. 이러한 긍정적인 상태는 제가 직업 발전의 과정에 있어 더욱 안정적이고 더욱 멀리 갈 수 있도록 해줍니다.

결론적으로 말하자면, 저는 직업이 제 흥미에 부합하는지가 가장 중요하다고 생각합니다.

어휘  依据 yījù 圆근거  某 mǒu 떼어떤  主动 zhǔdòng 圈자발적이다  缺乏 quēfá 圄부족하다  动力 dònglì 圆동기
稳定 wěndìng 圈안정되다  因素 yīnsù 圆요소  效率 xiàolǜ 圆효율  掌握 zhǎngwò 圄익히다, 파악하다
相关 xiāngguān 圄관련되다  技能 jìnéng 圆기술  投入 tóurù 圄몰입하다  挑战 tiǎozhàn 圆난제, 시련
面对 miànduì 圄직면하다  厌烦 yànfán 圄지루해 하다  成就感 chéngjiùgǎn 圆성취감  满足感 mǎnzúgǎn 圆만족감

---

**2**  平时你会选择在网上购物还是去实体店购物？为什么？
평소에 당신은 온라인에서 쇼핑을 하는가, 아니면 오프라인 매장에 가서 쇼핑을 하는가? 왜인가?

| 나의 의견 | 오프라인 매장에 가서 쇼핑하는 것이 더 좋다.  去实体店购物更好。 |
|---|---|
| 이유1 | 오프라인 매장에 가서 쇼핑을 하면 품질에 대해 더욱 자세히 알 수 있다.  去实体店购物，对质量有更清晰的了解。 |
| 근거 | 나는 직접 상품을 만져볼 수 있어 상품의 품질을 알 수 있다.  我可以直接触摸到商品，知道商品的质量。 |
| | 온라인에서 쇼핑을 하면 상품이 도착한 후에야 물건을 직접 볼 수 있다.  在网上购物时，商品到达后才能亲眼看到东西。 |
| 이유2 | 오프라인 매장에서 쇼핑을 하면 더 나은 쇼핑 경험을 할 수 있다.  去实体店购物让我有更好的购物体验。 |
| 근거 | 나는 매장의 서비스를 누릴 수 있다.  我能享受到店内的服务。 |
| | 직원들이 전문적인 조언을 제공할 수 있다.  店员可以提供专业的建议。 |
| 이유3 | 오프라인 매장의 상품은 품질이 더 보장된다.  实体店的商品在质量上更有保障。 |
| 근거 | 온라인에서 구매한 상품은 아주 큰 불확실성이 존재한다.  在网上买的商品存在着不确定性。 |
| 마무리 | 오프라인 매장에 가서 쇼핑하는 것이 더 좋다.  去实体店购物更好。 |

**나의 의견**

Wǒ juéde qù shítǐdiàn gòuwù gèng hǎo.
我觉得去实体店购物更好。

**이유1 근거**

Shǒuxiān, qù shítǐdiàn gòuwù, wǒ huì duì shāngpǐn de zhìliàng hé tèdiǎn yǒu gèng qīngxī
首先，去实体店购物，我会对商品的质量和特点有更清晰
de liǎojiě. Jùtǐ lái shuō, yīnwèi wǒ zài shítǐdiàn kěyǐ zhíjiē chùmō dào shāngpǐn, suǒyǐ néng
的了解。具体来说，因为我在实体店可以直接触摸到商品，所以能
zhīdào shāngpǐn de zhìliàng rúhé. Érqiě zài mǎi yīfu huò xiézi shí, wǒ néng mǎshàng shìchuān,
知道商品的质量如何。而且在买衣服或鞋子时，我能马上试穿，
shìchuān hòu dàxiǎo bù héshì de huà, jiù kěyǐ zhíjiē huàn bié de chǐcùn. Ér zài wǎngshàng gòuwù
试穿后大小不合适的话，就可以直接换别的尺寸。而在网上购物
shí, wǒ yìbān bù néng shìchuān, érqiě děng shāngpǐn dàodá hòu cáinéng qīnyǎn kàndào wǒ mǎi
时，我一般不能试穿，而且等商品到达后才能亲眼看到我买
de dōngxi.
的东西。

**이유2 근거**

Qícì, qù shítǐdiàn gòuwù kěyǐ ràng wǒ yǒu gèng hǎo de gòuwù tǐyàn. Jùtǐ lái shuō, zài
其次，去实体店购物可以让我有更好的购物体验。具体来说，在
gòuwù de guòchéng zhōng, wǒ bùjǐn kěyǐ mǎidào xīnyí de shāngpǐn, hái néng xiǎngshòu dào
购物的过程中，我不仅可以买到心仪的商品，还能享受到
diàn nèi tígōng de fúwù. Ér shítǐdiàn de diànyuán tōngcháng kěyǐ tígōng zhuānyè de jiànyì,
店内提供的服务。而实体店的店员通常可以提供专业的建议，
zài wǒ gòuwù de shíhou, tāmen de jiànyì néng wèi wǒ dàilai hěn dà de bāngzhù. Zhèyàng yì lái,
在我购物的时候，他们的建议能为我带来很大的帮助。这样一来，
wǒ néng mǎidào shìhé zìjǐ de shāngpǐn.
我能买到适合自己的商品。

| 이유3<br>근거 |  Zuìhòu, shítǐdiàn de shāngpǐn zài zhìliàng shang gèng yǒu bǎozhàng. Jùtǐ lái shuō,<br>**最后，实体店的商品在质量上更有保障。具体来说，**<br>zài wǎngshàng mǎi de shāngpǐn cúnzàizhe hěn dà de bú quèdìngxìng, suǒyǐ wǒ huì róngyì gòumǎi<br>**在网上买的商品存在着很大的不确定性，所以我会容易购买**<br>dào zhìliàng bù hǎo de shāngpǐn.<br>**到质量不好的商品。** |
| 마무리 | Zǒng'éryánzhī, wǒ juéde qù shítǐdiàn gòuwù gèng hǎo.<br>**总而言之，我觉得去实体店购物更好。** |

해석　저는 오프라인 매장에 가서 쇼핑하는 것이 더 좋다고 생각합니다.

먼저, 오프라인 매장에 가서 쇼핑을 하면 저는 상품의 품질과 특성에 대해 더욱 자세히 알 수 있습니다. 구체적으로 말하자면, 오프라인 매장에서는 직접 상품을 만져볼 수 있기 때문에 상품의 품질이 어떤지 알 수 있습니다. 또한 옷이나 신발을 살 때 바로 입어볼 수 있고, 입어본 후 사이즈가 맞지 않으면 바로 다른 사이즈로 교환할 수 있습니다. 그러나 온라인에서 쇼핑을 하면 저는 입어볼 수 없으며, 상품이 도착한 후에야 제가 산 물건을 직접 볼 수 있습니다.

그다음으로, 오프라인 매장에서 쇼핑을 하면 더 나은 쇼핑 경험을 할 수 있습니다. 구체적으로 말하자면, 쇼핑하는 동안 저는 마음에 드는 상품을 살 수 있을 뿐만 아니라, 매장에서 제공되는 서비스도 누릴 수 있습니다. 또한 오프라인 매장의 직원들은 보통 전문적인 조언을 제공할 수 있으므로, 제가 쇼핑을 할 때 그들의 조언은 저에게 큰 도움이 될 것입니다. 이렇게 하면 저는 자신에게 적합한 상품을 살 수 있습니다.

마지막으로, 오프라인 매장의 상품은 품질이 더 보장됩니다. 구체적으로 말하자면, 온라인에서 구매한 상품은 아주 큰 불확실성이 존재해서 저는 품질이 좋지 않은 상품을 사기 쉽습니다.

결론적으로 말하자면, 저는 오프라인 매장에 가서 쇼핑하는 것이 더 좋다고 생각합니다.

어휘　**实体店 shítǐdiàn** 圏 오프라인 매장　**清晰 qīngxī** 圏 자세하다, 뚜렷하다　**触摸 chùmō** 图 만지다　**商品 shāngpǐn** 圏 상품
　　　**到达 dàodá** 图 도착하다　**体验 tǐyàn** 图 경험하다　**享受 xiǎngshòu** 图 누리다　**保障 bǎozhàng** 圏 보장
　　　**存在 cúnzài** 图 존재하다　**确定 quèdìng** 图 확실하다　**具体 jùtǐ** 圏 구체적이다　**尺寸 chǐcùn** 圏 사이즈, 치수
　　　**心仪 xīnyí** 图 마음에 들다　**通常 tōngcháng** 凰 보통

# 01 | 의견을 묻는 질문

MP3 바로듣기

## 실전 테스트　p.80

**1**

你认为你是做事有计划的人吗？
당신은 일을 할 때 계획이 있는 사람이라고 생각하는가？

### 아웃라인

| 나의 의견 | **我是做事有计划的人。** 나는 일을 할 때 계획이 있는 사람이다. |
| --- | --- |
| 이유1<br>근거 | **为了工作时更加顺利，我会提前制定计划。** 업무를 할 때 더욱 순조롭도록 하기 위해 나는 미리 계획을 세운다.<br>**我可以按照计划完成工作，提高效率。** 나는 계획에 따라 업무를 끝내 업무 효율을 높일 수 있다.<br>**遇到紧急情况时，我可以从容地应对。** 긴급한 상황을 맞닥뜨렸을 때 나는 침착하게 대응할 수 있다.<br>**制定计划可以协调工作和生活的关系。** 계획을 세우는 것은 업무와 삶의 관계를 조정할 수 있다. |
| 이유2<br>근거 | **提前制定计划，能更好地掌控生活。** 미리 계획을 세우면 삶을 더 잘 통제할 수 있다.<br>**前一天规划好第二天要做的事情，这样可以轻松出门。** 전날에 다음 날 할 일을 계획해두면 마음 편히 나갈 수 있다. |

| | 旅行前制定计划，我会更好地利用时间。 여행을 가기 전에 계획을 세우면 나는 시간을 더 잘 활용할 수 있다. |
|---|---|
| 마무리 | 我是做事有计划的人。 나는 일을 할 때 계획이 있는 사람이다. |

## 모범답변

| 나의 의견 🎤 | Wǒ rènwéi wǒ shì zuò shì yǒu jìhuà de rén.<br>我认为我是做事有计划的人。 |
|---|---|
| 이유1<br>근거 🎤 | Yì fāngmiàn, zài gōngzuò zhōng, wèile gōngzuò shí gèngjiā shùnlì, wǒ huì tíqián zhìdìng<br>一方面，在工作中，为了工作时更加顺利，我会提前制定<br>jìhuà. Bǐrú, tíqián ānpái gōngzuò shíjiān, wǒ jiù kěyǐ ànzhào jìhuà lái wánchéng gè xiàng<br>计划。比如，提前安排工作时间，我就可以按照计划来完成各项<br>gōngzuò, zhè néng shǐ wǒ zhuānzhù yú dāngxià gāi zuò de shì, cóng'ér tígāo zhěngtǐ gōngzuò<br>工作，这能使我专注于当下该做的事，从而提高整体工作<br>xiàolǜ hé gōngzuò zhìliàng. Dāng gōngzuò rènwu línshí biàndòng huò yùdào jǐnjí qíngkuàng shí,<br>效率和工作质量。当工作任务临时变动或遇到紧急情况时，<br>wǒ yě kěyǐ cóngróng de yìngduì. Cǐwài, zhìdìng jìhuà kěyǐ bāngzhù wǒ gèng hǎo de xiétiáo<br>我也可以从容地应对。此外，制定计划可以帮助我更好地协调<br>gōngzuò hé shēnghuó zhījiān de guānxi, shíxiàn gōngzuò yǔ shēnghuó de pínghéng.<br>工作和生活之间的关系，实现工作与生活的平衡。 |
| 이유2<br>근거 🎤 | Lìng yì fāngmiàn, zài shēnghuó zhōng, wǒ yě huì tíqián zhìdìng jìhuà, yīnwèi zhèyàng zuò<br>另一方面，在生活中，我也会提前制定计划，因为这样做<br>wǒ néng gèng hǎo de zhǎngkòng zìjǐ de shēnghuó. Bǐrú, wǒ huì zài qián yìtiān wǎnshang<br>我能更好地掌控自己的生活。比如，我会在前一天晚上<br>guīhuà hǎo dì èr tiān yào zuò de shìqing, bìng tíqián zhǔnbèi hǎo yào chuān de yīfu hé yào dài de<br>规划好第二天要做的事情，并提前准备好要穿的衣服和要带的<br>wùpǐn. Zhèyàng wǒ kěyǐ qīngsōng chūmén, bú huì shǒumángjiǎoluàn, huòzhě wàng dài dōngxi.<br>物品。这样我可以轻松出门，不会手忙脚乱，或者忘带东西。<br>Zài bǐrú, lǚxíng qián zhìdìng jìhuà de huà, wǒ huì gèng hǎo de lìyòng yǒuxiàn de shíjiān, hélǐ<br>再比如，旅行前制定计划的话，我会更好地利用有限的时间，合理<br>kòngzhì yùsuàn, cóngróng de xiǎngshòu lǚxíng dàilai de lèqù.<br>控制预算，从容地享受旅行带来的乐趣。 |
| 마무리 🎤 | Zōngshàngsuǒshù, wǒ rènwéi wǒ shì zuò shì yǒu jìhuà de rén.<br>综上所述，我认为我是做事有计划的人。 |

해석　저는 일을 할 때 계획이 있는 사람이라고 생각합니다.

한편으로, 업무를 할 때 업무가 더욱 순조롭도록 하기 위해 저는 미리 계획을 세웁니다. 예를 들어, 미리 업무 시간을 계획하면 저는 계획에 따라 각 업무를 끝낼 수 있으며, 이는 제가 현재 해야 하는 일에 집중함으로써 전체적인 업무 효율과 업무의 질을 높일 수 있게 합니다. 업무에 잠시 변동이 있거나 긴급한 상황을 맞닥뜨렸을 때도 저는 침착하게 대응할 수 있습니다. 이 밖에, 계획을 세우는 것은 제가 업무와 삶 사이의 관계를 더욱 잘 조정할 수 있도록 하여, 업무와 삶의 균형을 이룰 수 있게 합니다.

다른 한편으로, 삶에서도 저는 미리 계획을 세우는데, 이렇게 하면 제가 저의 삶을 더 잘 통제할 수 있기 때문입니다. 예를 들어, 저는 전날 밤에 다음 날 할 일을 계획하고, 입을 옷과 챙겨야 할 물건을 미리 준비해둡니다. 이렇게 하면 저는 마음 편히 나갈 수 있으며, 바빠서 허둥지둥하거나 물건을 빠뜨리지 않습니다. 또 예를 들어, 여행을 가기 전에 계획을 세우면 저는 제한된 시간을 더 잘 활용하고 예산을 합리적으로 조절하여 여행이 가져다주는 재미를 여유롭게 즐길 수 있습니다.

앞서 언급한 내용을 종합했을 때, 저는 일을 할 때 계획이 있는 사람이라고 생각합니다.

어휘  制定 zhìdìng 圄세우다  效率 xiàolǜ 圆효율  紧急 jǐnjí 圈긴급하다  从容 cóngróng 圈침착하다, 여유롭다
应对 yìngduì 圄대응하다  协调 xiétiáo 圄조정하다  掌控 zhǎngkòng 圄통제하다  规划 guīhuà 圄계획하다, 기획하다
利用 lìyòng 圄활용하다  专注 zhuānzhù 圄집중하다  从而 cóng'ér 圈~함으로써  整体 zhěngtǐ 圆전반
临时 línshí 圈잠시의  变动 biàndòng 圄변동하다  实现 shíxiàn 圄이루다, 실현하다  平衡 pínghéng 圈균형이 맞다
手忙脚乱 shǒumángjiǎoluàn 圆바빠서 허둥지둥하다  合理 hélǐ 圈합리적이다  控制 kòngzhì 圄조절하다
预算 yùsuàn 圆예산  享受 xiǎngshòu 圄즐기다  乐趣 lèqù 圆재미

**2**

最让你尊敬的人是谁？请简单介绍一下。
당신이 가장 존경하는 사람은 누구인가? 간단하게 소개하시오.

**아웃라인**

| 나의 의견 | 我的爷爷是最让我尊敬的人。 나의 할아버지가 내가 가장 존경하는 사람이다. |
|---|---|
| 이유1 | 爷爷是靠努力克服困难、改变命运的人。 할아버지는 노력에 기대어 어려움을 극복하고, 운명을 바꾼 분이다. |
| 근거 | 在艰苦的环境下，他没有放弃学业。 고달픈 환경 속에서 그는 학업을 포기하지 않았다. |
|  | 他通过自学考上了大学，获得了奖学金。 그는 독학으로 대학에 합격하였으며, 국가 장학금을 받았다. |
|  | 毕业后他留校当了大学教授，培养了人才。 졸업 후에 그는 학교에 남아 대학 교수가 되었으며, 인재를 양성했다. |
| 이유2 | 爷爷是性格温和且热心的人。 할아버지는 성격이 온화하고 마음이 따뜻한 분이다. |
| 근거 | 当学生遇到困难时，他给予他们帮助。 학생들이 어려움을 겪을 때 그는 그들에게 도움을 주었다. |
|  | 他受到尊敬，经常有同事和学生拜访他。 그는 존경 받았으며, 동료와 학생들이 자주 그를 찾아온다. |
| 마무리 | 我的爷爷是最让我尊敬的人。 나의 할아버지가 내가 가장 존경하는 사람이다. |

**모범답변**

| 나의 의견 | Wǒ rènwéi wǒ de yéye shì zuì ràng wǒ zūnjìng de rén.<br>我认为我的爷爷是最让我尊敬的人。 |
|---|---|
| 이유1<br>근거 | Shǒuxiān, wǒ de yéye shì kào zìjǐ de nǔlì kèfú kùnnan, gǎibiàn mìngyùn de rén. Jùtǐ lái<br>**首先**，我的爷爷是靠自己的努力克服困难、改变命运的人。**具体**<br>shuō, yéye de rénshēng bìng bú shì yìfānfēngshùn de, tā chūshēng zài nóngmín jiātíng, cóngxiǎo<br>**来说**，爷爷的人生并不是一帆风顺的，他出生在农民家庭，从小<br>jiājìng pínhán, suǒyǐ zhǐnéng dúdào chūzhōng. Zài zhèyàng jiānkǔ de huánjìng xia, tā shǐzhōng<br>家境贫寒，所以只能读到初中。在这样艰苦的环境下，他始终<br>méiyǒu fàngqì xuéyè, ér shì tōngguò zixué kǎoshangle dàxué, hái huòdéle guójiā jiǎngxuéjīn.<br>没有放弃学业，而是通过自学考上了大学，还获得了国家奖学金。<br>Bìyè hòu tā liúxiào dāngle dàxué jiàoshòu. Sìshí nián lái tā jīngjīngyèyè, mòmò de fùchū,<br>毕业后他留校当了大学教授。四十年来他兢兢业业，默默地付出，<br>péiyǎngle yì pī yòu yì pī yōuxiù de réncái.<br>培养了一批又一批优秀的人才。 |

| 이유2<br>근거 | 🎤 | Qícì, wǒ de yéye shì xìnggé wēnhé qiě rèxīn de rén. Jùtǐ lái shuō, tā suīrán zài<br>**其次，我的爷爷是性格温和且热心的人。具体来说，他虽然在**<br>gōngzuò zhōng yánjǐn rènzhēn, dàn zài sīdǐ xia shì yí ge shànjiěrényì de rén. Dāng<br>**工作中严谨认真，但在私底下是一个善解人意的人。当**<br>xuéshēngmen zài xuéxí hé shēnghuó zhōng yùdào kùnnan shí, tā zǒngshì jìn zìjǐ zuì dà de nǔlì<br>**学生们在学习和生活中遇到困难时，他总是尽自己最大的努力**<br>jǐyǔ tāmen bāngzhù. Tā yíxiàng shòudào zhōuwéirén de zūnjìng, suǒyǐ jíshǐ tā yǐjīng tuìxiū<br>**给予他们帮助。他一向受到周围人的尊敬，所以即使他已经退休**<br>hǎo jǐ nián le, yě jīngcháng huì yǒu yǐqián de tóngshì hé xuésheng bàifǎng tā, yìqǐ tǎolùn xuéshù<br>**好几年了，也经常会有以前的同事和学生拜访他，一起讨论学术**<br>wèntí, huòzhě shuō yìxiē xīnlǐhuà. Tāmen dōu shuō zài yéye shēnshang xuédàole hěn duō<br>**问题，或者说一些心里话。他们都说在爷爷身上学到了很多**<br>wéirén chǔshì de dàolǐ.<br>**为人处世的道理。** |
| 마무리 | 🎤 | Zǒng'éryánzhī, wǒ rènwéi wǒ de yéye shì zuì ràng wǒ zūnjìng de rén.<br>**总而言之，我认为我的爷爷是最让我尊敬的人。** |

해석  제 할아버지가 제가 가장 존경하는 사람이라고 생각합니다.

먼저, 제 할아버지는 자신의 노력에 기대어 어려움을 극복하고, 운명을 바꾼 분입니다. 구체적으로 말하자면, 할아버지의 인생은 순조롭지만은 않았는데, 그는 농가에서 태어나 어렸을 때부터 가정 형편이 어려워 중학교까지만 다니셨습니다. 이렇게 고달픈 환경 속에서 그는 늘 학업을 포기하지 않았고 독학으로 대학에 합격하였으며, 국가 장학금을 받기도 했습니다. 졸업 후에 그는 학교에 남아 대학 교수가 되었습니다. 40년 동안 그는 근면성실했으며 묵묵히 노력하여 많은 우수한 인재를 양성했습니다.

그다음으로, 저의 할아버지는 성격이 온화하고 마음이 따뜻한 분입니다. 구체적으로 말하자면, 그는 비록 일에 있어 엄격하고 진지하지만, 사적으로는 사람들의 속마음을 잘 이해하는 분입니다. 학생들이 공부나 생활에서 어려움을 겪을 때 그는 늘 최선을 다해 그들에게 도움을 주었습니다. 그는 항상 주변 사람들로부터 존경 받았으며, 그리하여 은퇴한 지 몇 년이나 지났음에도 예전 동료와 학생들이 자주 그를 찾아와, 함께 학술 문제를 논의하거나 마음 속의 말을 나누곤 합니다. 그들은 모두 할아버지께 사람들과 어울려 살아가는 도리를 배웠다고 했습니다.

결론적으로 말하자면, 제 할아버지가 제가 가장 존경하는 사람이라고 생각합니다.

어휘  尊敬 zūnjìng 圄존경하다  靠 kào 圄기대다  克服 kèfú 圄극복하다  命运 mìngyùn 圐운명
艰苦 jiānkǔ 圀고달프다, 고생스럽다  培养 péiyǎng 圄양성하다  人才 réncái 圐인재  温和 wēnhé 圀온화하다
热心 rèxīn 마음이 따뜻하다  给予 jǐyǔ 圄주다  拜访 bàifǎng 圄찾아 뵙다  具体 jùtǐ 圀구체적이다
一帆风顺 yìfānfēngshùn 圀일이 순조롭게 진행되다  农民家庭 nóngmín jiātíng 圐농가, 농민의 가정  家境 jiājìng 가정 형편
贫寒 pínhán 圀(형편이) 어렵다, 가난하다  始终 shǐzhōng 圀늘, 한결같이  兢兢业业 jīngjīngyèyè 圀근면성실하다
默默 mòmò 圀묵묵히  严谨 yánjǐn 엄격하다  善解人意 shànjiěrényì 圀사람의 속마음을 잘 이해하다  一向 yíxiàng 圀항상
退休 tuìxiū 圄은퇴하다  学术 xuéshù 圐학술  为人处世 wéirén chǔshì 사람들과 함께 살아가다  道理 dàolǐ 圐도리, 이치

---

**3**  有些人认为不应该让孩子从小就接触电子产品，你怎么看？为什么？
어떤 사람들은 아이들이 어렸을 때부터 전자 제품을 접하게 해서는 안 된다고 생각하는데, 당신은 어떻게 생각하는가? 왜인가?

**아웃라인**

| 나의 의견 | **不应该让孩子从小就接触电子产品。**  아이들이 어렸을 때부터 전자 제품을 접하게 해서는 안 된다. |
|---|---|
| 이유1<br>근거 | **从小就接触电子产品会影响视力。**  어렸을 때부터 전자 제품을 접하면 시력에 영향을 줄 수 있다. |
|  | **用眼时间增加，眼部容易疲劳。**  눈을 사용하는 시간이 늘어나고, 눈이 쉽게 피로해질 수 있다. |
|  | **儿童时期是眼睛发育的关键阶段。**  어린 시절은 눈이 발달하는 중요한 단계이다. |

| | | | |
|---|---|---|---|
| 이유2 | 从小就接触电子产品会影响学习能力。 | 어렸을 때부터 전자 제품을 접하면 학습 능력에 영향을 줄 수 있다. | |
| 근거 | 被动接收信息，会失去独立思考能力。 | 수동적으로 정보를 받아들이면 독립적으로 사고하는 능력을 잃을 수 있다. | |
| | 记忆力、理解能力和创造力也会下降。 | 기억력, 이해력과 창의력도 저하될 수 있다. | |
| 이유3 | 从小就接触电子产品会妨碍孩子与人交流。 | 어렸을 때부터 전자 제품을 접하면 아이와 사람들과의 소통을 방해할 수 있다. | |
| 근거 | 过于依赖电子产品，就很难建立人际关系。 | 전자 제품에 지나치게 의존하면, 인간관계를 형성하기 어렵다. | |
| 마무리 | 不应该让孩子从小就接触电子产品。 | 아이들이 어렸을 때부터 전자 제품을 접하게 해서는 안 된다. | |

**모범답변**

| | | |
|---|---|---|
| 나의 의견 | 🎤 | Wǒ rènwéi bù yīnggāi ràng háizi cóngxiǎo jiù jiēchù diànzǐ chǎnpǐn.<br>我认为不应该让孩子从小就接触电子产品。 |
| 이유1<br>근거 | 🎤 | Dì yī, cóngxiǎo jiù jiēchù diànzǐ chǎnpǐn kěnéng huì yǐngxiǎng háizi de shìlì. Rúguǒ háizi<br>第一，从小就接触电子产品可能会影响孩子的视力。如果孩子<br>cóngxiǎo jiù shǐyòng diànzǐ chǎnpǐn, yòng yǎn shíjiān jiù suí zhī zēngjiā, yǎnbù róngyì píláo,<br>从小就使用电子产品，用眼时间就随之增加，眼部容易疲劳，<br>zhè huì dǎozhì shìlì xiàjiàng. Ér értóng shíqī zhèng shì yǎnjing fāyù de guānjiàn jiēduàn,<br>这会导致视力下降。而儿童时期正是眼睛发育的关键阶段，<br>wèile bǎohù háizi de yǎnjing, yīnggāi bìmiǎn ràng tāmen jiēchù diànzǐ chǎnpǐn.<br>为了保护孩子的眼睛，应该避免让他们接触电子产品。 |
| 이유2<br>근거 | 🎤 | Dì èr, cóngxiǎo jiù jiēchù diànzǐ chǎnpǐn kěnéng huì yǐngxiǎng háizi de xuéxí nénglì.<br>第二，从小就接触电子产品可能会影响孩子的学习能力。<br>Rúguǒ háizi zài shǐyòng diànzǐ chǎnpǐn shí bèidòng de jiēshōu dàliàng xìnxī, ér bú qù zhǔdòng de<br>如果孩子在使用电子产品时被动地接收大量信息，而不去主动地<br>sīkǎo wèntí, nàme tāmen jiù huì róngyì shīqù dúlì sīkǎo de nénglì, tóngshí, háizi de<br>思考问题，那么他们就会容易失去独立思考的能力，同时，孩子的<br>jìyìlì, lǐjiě nénglì hé chuàngzàolì yě huì xiàjiàng.<br>记忆力、理解能力和创造力也会下降。 |
| 이유3<br>근거 | 🎤 | Dì sān, cóngxiǎo jiù jiēchù diànzǐ chǎnpǐn kěnéng huì fáng'ài háizi yǔ zhōuwéirén de<br>第三，从小就接触电子产品可能会妨碍孩子与周围人的<br>hùdòng hé jiāoliú. Rúguǒ háizi guòyú yīlài diànzǐ chǎnpǐn, jùjué yǔ wàimian de shìjiè jiēchù,<br>互动和交流。如果孩子过于依赖电子产品，拒绝与外面的世界接触，<br>nàme jiù hěn nán hé zhōuwéirén jiànlì jiànkāng de rénjì guānxi, zhè huì duì háizi de chéngzhǎng<br>那么就很难和周围人建立健康的人际关系，这会对孩子的成长带来<br>dàilai bù hǎo de yǐngxiǎng.<br>不好的影响。 |
| 마무리 | 🎤 | Zōngshàngsuǒshù, wǒ rènwéi bù yīnggāi ràng háizi cóngxiǎo jiù jiēchù diànzǐ chǎnpǐn.<br>综上所述，我认为不应该让孩子从小就接触电子产品。 |

해석   저는 아이들이 어렸을 때부터 전자 제품을 접하게 해서는 안 된다고 생각합니다.

첫째, 어렸을 때부터 전자 제품을 접하면 아이들의 시력에 영향을 줄 수 있습니다. 만약 아이가 어렸을 때부터 전자 제품을 사용하면 눈을 사용하는 시간이 이에 따라 늘어나고, 눈이 쉽게 피로해질 수 있어 이는 시력 저하를 초래할 수 있습니다. 어린 시절은 눈이 발달하는 중요한 단계이기 때문에, 아이의 눈을 보호하기 위해 그들이 전자 제품을 접하는 것을 피해야 합니다.

둘째, 어렸을 때부터 전자 제품을 접하면 아이들의 학습 능력에 영향을 줄 수 있습니다. 만약 아이가 전자 제품을 사용할 때, 수동적으로 많은 정보를 받아들이며 능동적으로 문제에 대해 사고하지 않으면 그들은 독립적으로 사고하는 능력을 쉽게 잃을 수 있고, 동시에 아이의 기억력, 이해력과 창의력도 저하될 수 있습니다.

셋째, 어렸을 때부터 전자 제품을 접하면 아이와 주변 사람들과의 상호 작용과 소통을 방해할 수 있습니다. 만약 아이가 전자 제품에 지나치게 의존하여 외부 세계와의 접촉을 거부하면, 주변 사람들과 건강한 인간관계를 형성하기 어려우며, 이는 아이의 성장에 좋지 않은 영향을 줍니다.

앞서 언급한 내용을 종합했을 때, 저는 아이들이 어렸을 때부터 전자 제품을 접하게 해서는 안 된다고 생각합니다.

어휘   **接触** jiēchù 동 접하다, 접촉하다   **电子产品** diànzǐ chǎnpǐn 명 전자 제품   **视力** shìlì 명 시력   **疲劳** píláo 형 피로하다
**发育** fāyù 동 발달하다, 발육하다   **阶段** jiēduàn 명 단계   **被动** bèidòng 형 수동적이다   **独立** dúlì 형 독립적으로 하다
**思考** sīkǎo 동 사고하다   **记忆力** jìyìlì 명 기억력   **创造力** chuàngzàolì 명 창의력   **妨碍** fáng'ài 동 방해하다
**过于** guòyú 부 지나치게   **依赖** yīlài 동 의존하다   **建立** jiànlì 동 형성하다   **避免** bìmiǎn 동 피하다
**主动** zhǔdòng 형 능동적이다

**4**

中国有个成语叫"有备无患"，你怎么看？为什么？
중국에는 '유비무환'이라는 성어가 있는데, 당신은 어떻게 생각하는가? 왜인가?

**아웃라인**

| | | |
|---|---|---|
| 나의 의견 | "有备无患"这个成语很有道理。 | '유비무환'이라는 이 성어는 매우 일리 있다. |
| 이유1 | 从个人角度来看，"有备无患"是一种重要的态度。 | 개인의 측면에서 보면 '유비무환'은 중요한 태도이다. |
| 근거 | 面试前做好准备，有利于增强自信心。 | 면접 전 준비를 잘 하면 자신감을 향상시키는 데 도움이 된다. |
| | 工作中做多手准备，可以应对突发情况。 | 업무에서 다양한 준비를 해두면 돌발 상황에 대응할 수 있다. |
| 이유2 | 从企业角度来看，"有备无患"是一种重要的经营理念。 | 기업의 측면에서 보면 '유비무환'은 중요한 경영 이념이다. |
| 근거 | 企业要想长久发展，必须做好准备工作。 | 기업이 장기적으로 발전하려면 반드시 준비 작업을 잘 해두어야 한다. |
| | 这样能适应随时变化的市场。 | 이렇게 해야 수시로 변화하는 시장에 대응할 수 있다. |
| 이유3 | 从国家角度来看，"有备无患"是一种重要的战略思想。 | 국가의 측면에서 보면 '유비무환'은 중요한 전략적 사고이다. |
| 근거 | 做到"有备无患"，才能保持经济发展。 | '유비무환'을 해내야만 경제 발전을 유지할 수 있다. |
| 마무리 | "有备无患"这个成语很有道理。 | '유비무환'이라는 이 성어는 매우 일리 있다. |

**모범답변**

| | |
|---|---|
| 나의 의견 | Wǒ rènwéi 'yǒubèiwúhuàn' zhège chéngyǔ hěn yǒu dàolǐ. 'yǒubèiwúhuàn' de yìsi shì<br>**我认为"有备无患"这个成语很有道理。"有备无患"的意思是**<br>shìxiān zuòhǎo chōngfèn de zhǔnbèi, jiù kěyǐ bìmiǎn bú bìyào de sǔnshī hé fēngxiǎn.<br>**事先做好充分的准备，就可以避免不必要的损失和风险。** |
| 이유1<br>근거 | Dì yī, cóng gèrén jiǎodù lái kàn, 'yǒubèiwúhuàn' shì yì zhǒng zhòngyào de tàidu.<br>**第一，从个人角度来看，"有备无患"是一种重要的态度。**<br>Bǐrú, miànshì qián zuòhǎo chōngfèn de zhǔnbèi, jiù kěyǐ gèng hǎo de liǎojiě yào yìngpìn de<br>**比如，面试前做好充分的准备，就可以更好地了解要应聘的**<br>qǐyè hé zìjǐ de nénglì, zhè yǒulì yú zēngqiáng zìxìnxīn, tígāo miànshì tōngguòlǜ. Zài bǐrú,<br>**企业和自己的能力，这有利于增强自信心，提高面试通过率。再比如，** |

모범답변·해석 제3부분

해커스 HSKK 고급 5일 만에 딸 수 있다!

| | | |
|---|---|---|
| | | zài gōngzuò zhōng zuò duō shǒu zhǔnbèi, jiù kěyǐ gèng hǎo de yìngduì gè zhǒng tūfā qíngkuàng.<br>在工作中做多手准备，就可以更好地应对各种突发情况。 |
| 이유2<br>근거 | 🎤 | Dì èr, cóng qǐyè jiǎodù lái kàn, 'yǒubèiwúhuàn' shì yì zhǒng zhòngyào de jīngyíng<br>第二，从企业角度来看，"有备无患"是一种重要的经营<br>lǐniàn. Bǐrú, yí ge qǐyè yào xiǎng chángjiǔ fāzhǎn, nàme jiù bìxū yào shíkè zuòhǎo gè xiàng<br>理念。比如，一个企业要想长久发展，那么就必须要时刻做好各项<br>zhǔnbèi gōngzuò, zhèyàng cái néng shìyìng suíshí biànhuà de shìchǎng, huòzhě zài wēijī dàolái<br>准备工作，这样才能适应随时变化的市场，或者在危机到来<br>shí xùnsù cǎiqǔ xíngdòng.<br>时迅速采取行动。 |
| 이유3<br>근거 | 🎤 | Dì sān, cóng guójiā jiǎodù lái kàn, 'yǒubèiwúhuàn' shì yì zhǒng zhòngyào de zhànlüè<br>第三，从国家角度来看，"有备无患"是一种重要的战略<br>sīxiǎng. Bǐrú, yí ge guójiā zhǐyǒu zuòdào 'yǒubèiwúhuàn', cái néng bǎochí wěndìng de jīngjì<br>思想。比如，一个国家只有做到"有备无患"，才能保持稳定的经济<br>fāzhǎn, bǎozhèng guójiā ānquán, wéihù rénmen de lìyì.<br>发展，保证国家安全，维护人们的利益。 |
| 마무리 | 🎤 | Zǒng'éryánzhī, wǒ rènwéi 'yǒubèiwúhuàn' zhège chéngyǔ hěn yǒu dàolǐ.<br>总而言之，我认为"有备无患"这个成语很有道理。 |

해석　저는 '유비무환'이라는 이 성어가 매우 일리 있다고 생각합니다. '유비무환'의 의미는 사전에 충분한 준비를 하면 불필요한 손실과 위험을 피할 수 있다는 것입니다.

첫째, 개인의 측면에서 보면 '유비무환'은 중요한 태도입니다. 예를 들어, 면접 전 충분한 준비를 하면 지원하고자 하는 기업과 자신의 능력에 대해 더욱 잘 알 수 있으며, 이는 자신감을 향상시키고 면접 합격률을 높이는 데 도움이 됩니다. 또 예를 들어, 업무에서 다양한 준비를 해두면 각종 돌발 상황에 더욱 잘 대응할 수 있습니다.

둘째, 기업의 측면에서 보면 '유비무환'은 중요한 경영 이념입니다. 예를 들어, 한 기업이 장기적으로 발전하려면 반드시 항상 각 업무에 대한 준비 작업을 잘 해두어야 하며, 이렇게 해야 수시로 변화하는 시장에 대응하거나 위기가 닥쳤을 때 신속하게 행동을 취할 수 있습니다.

셋째, 국가의 측면에서 보면 '유비무환'은 중요한 전략적 사고입니다. 예를 들어, 한 나라가 '유비무환'을 해내야만 안정적인 경제 발전을 유지하고 국가 안전을 보장하며, 사람들의 이익을 지킬 수 있습니다.

결론적으로 말하자면, 저는 '유비무환'이라는 이 성어가 매우 일리 있다고 생각합니다.

어휘　**成语** chéngyǔ 몡성어　**有备无患** yǒubèiwúhuàn 솅유비무환　**道理** dàolǐ 몡일리, 이치　**角度** jiǎodù 몡측면, 관점
**多手** duōshǒu 다양한, 여러 가지　**应对** yìngduì 툉대응하다　**突发** tūfā 툉돌발하다, 갑자기 발생하다　**企业** qǐyè 몡기업
**经营** jīngyíng 툉경영하다　**理念** lǐniàn 몡이념　**随时** suíshí 뷔수시로　**战略** zhànlüè 몡전략　**思想** sīxiǎng 몡사고, 사상
**保持** bǎochí 툉유지하다　**事先** shìxiān 몡사전　**充分** chōngfèn 혱충분하다　**避免** bìmiǎn 툉피하다
**损失** sǔnshī 툉손실되다　**风险** fēngxiǎn 몡위험　**应聘** yìngpìn 툉지원하다　**时刻** shíkè 뷔언제나, 시시각각
**危机** wēijī 몡위기　**迅速** xùnsù 혱신속하다　**采取** cǎiqǔ 툉취하다　**行动** xíngdòng 몡행동　**稳定** wěndìng 혱안정되다
**维护** wéihù 툉지키다, 유지하고 보호하다　**利益** lìyì 몡이익

## 실전 테스트   p.86

**1**

你觉得孩子最容易受谁的影响？老师、家长还是朋友？

당신은 아이가 누구의 영향을 가장 쉽게 받는다고 생각하는가? 선생님인가, 학부모인가 혹은 친구인가?

### 아웃라인

| | |
|---|---|
| 나의 의견 | 孩子最容易受朋友的影响。   아이는 친구의 영향을 가장 쉽게 받는다. |
| 이유1 | 孩子会模仿和学习朋友的行为。   아이는 친구의 행동을 모방하고 배운다. |
| 근거 | 孩子充满好奇心，愿意尝试新事物。   아이는 호기심이 가득하고 새로운 것을 시도하기를 원한다. |
| | 朋友之间的互动会激发孩子的好奇心，促使模仿他人。 |
| | 친구 간의 상호 작용은 아이들의 호기심을 자극하여, 다른 사람을 모방하도록 한다. |
| 이유2 | 孩子希望自己被朋友接纳和认同。   아이는 자신이 친구에게 받아들여지고 인정받길 바란다. |
| 근거 | 通过与朋友建立关系，孩子能有归属感。   친구와 관계를 맺음으로써 아이는 소속감을 느낄 수 있다. |
| | 孩子会调整行为和态度，与朋友保持一致。   아이들은 자신의 행동과 태도를 조절하여 친구들과 일치시킨다. |
| 이유3 | 孩子希望从朋友那里获得情感支持。   아이는 친구로부터 정서적 지지를 받길 바란다. |
| 근거 | 朋友之间会分享情感体验和需求。   친구들 사이에는 감정적 경험과 욕구를 공유한다. |
| | 遇到挫折时，朋友可以给予情感上的支持。   좌절에 직면했을 때 친구는 정서적 지지를 줄 수 있다. |
| 마무리 | 孩子最容易受朋友的影响。   아이는 친구의 영향을 가장 쉽게 받는다. |

### 모범답변

| | |
|---|---|
| 나의 의견 🎤 | Wǒ juéde háizi zuì róngyì shòu péngyou de yǐngxiǎng.<br>**我觉得孩子最容易受朋友的影响。** |
| 이유1<br>근거 🎤 | Dì yī, háizi huì mófǎng hé xuéxí péngyou de xíngwéi. Jùtǐ lái shuō, háizi duì zhōuwéi<br>**第一，孩子会模仿和学习朋友的行为。具体来说，孩子对周围**<br>shìjiè chōngmǎn hàoqíxīn, tāmen yuànyì chángshì xīn de shìwù. Péngyou zhījiān de hùdòng hé<br>**世界充满好奇心，他们愿意尝试新的事物。朋友之间的互动和**<br>fēnxiǎng kěnéng huì jīfā háizi de hàoqíxīn, cùshǐ tāmen mófǎng tārén, chángshì xīn de xíngwéi hé<br>**分享可能会激发孩子的好奇心，促使他们模仿他人，尝试新的行为和**<br>huódòng.<br>**活动。** |
| 이유2<br>근거 🎤 | Dì èr, háizi xīwàng zìjǐ bèi péngyou jiēnà hé rèntóng. Jùtǐ lái shuō, tōngguò yǔ péngyou<br>**第二，孩子希望自己被朋友接纳和认同。具体来说，通过与朋友**<br>jiànlì jǐnmì de guānxi, háizi néng yǒu ānquángǎn hé guīshǔgǎn, juéde zìjǐ shì qúntǐ de<br>**建立紧密的关系，孩子能有安全感和归属感，觉得自己是群体的** |

yíbùfen. Zhèzhǒng guīshǔgǎn shì rén de jīběn xīnlǐ xūqiú. Wèile huòdé guīshǔgǎn, háizi
一部分。这种归属感是人的基本心理需求。为了获得归属感，孩子
kěnéng huì tiáozhěng zìjǐ de xíngwéi hé tàidu, yǔ péngyou bǎochí yízhì. Zhèyàng zuò háizi kěyǐ
可能会调整自己的行为和态度，与朋友保持一致。这样做孩子可以
róngrù qúntǐ, dédào péngyou de rènkě.
融入群体，得到朋友的认可。

🎤

이유3
근거

Dì sān, háizi xīwàng cóng péngyou nàli huòdé qínggǎn zhīchí. Jùtǐ lái shuō, péngyou zhījiān
第三，孩子希望从朋友那里获得情感支持。**具体来说**，朋友之间
chángcháng huì fēnxiǎng bǐcǐ de qínggǎn tǐyàn hé qínggǎn xūqiú. Dāng háizi yùdào cuòzhé, kùnnan
常常会分享彼此的情感体验和情感需求。当孩子遇到挫折、困难
huò qínggǎn wèntí shí, péngyou de lǐjiě kěyǐ jǐyǔ tāmen qínggǎn shang de zhīchí. Zhèzhǒng
或情感问题时，朋友的理解可以给予他们情感上的支持。这种
qínggǎn zhīchí kěyǐ bāngzhù háizi huǎnjiě yālì, tóngshí yě shǐ tāmen gèng róngyì shòudào
情感支持可以帮助孩子缓解压力，同时也使他们更容易受到
péngyou de yǐngxiǎng.
朋友的影响。

🎤

마무리

Zǒng'éryánzhī, wǒ juéde háizi zuì róngyì shòu péngyou de yǐngxiǎng.
总而言之，我觉得孩子最容易受朋友的影响。

해석   저는 아이가 친구의 영향을 가장 쉽게 받는다고 생각합니다.

첫째, 아이는 친구의 행동을 모방하고 배웁니다. 구체적으로 말하자면, 아이는 주변 세계에 호기심이 가득하고 새로운 것을 시도하기를 원합니다. 친구 간의 상호 작용과 공유는 아이들의 호기심을 자극하여, 그들이 다른 사람을 모방하고 새로운 행동과 활동을 시도하도록 합니다.

둘째, 아이는 자신이 친구에게 받아들여지고 인정받길 바랍니다. 구체적으로 말하자면, 친구와 긴밀한 관계를 맺음으로써 아이는 안전감과 소속감이 생기고, 자신이 단체의 한 부분이라고 느낍니다. 이러한 소속감은 사람의 기본적인 심리적 욕구입니다. 소속감을 얻기 위해 아이들은 자신의 행동과 태도를 조절하여 친구들과 일치시킬 수 있습니다. 이렇게 하면 아이들은 단체에 녹아들고 친구들의 인정을 얻을 수 있습니다.

셋째, 아이는 친구로부터 정서적 지지를 받길 바랍니다. 구체적으로 말하자면, 친구들 사이에는 종종 서로의 감정적 경험과 감정적 욕구를 공유합니다. 아이가 좌절, 어려움 또는 감정적인 문제에 직면했을 때 친구의 이해는 그들에게 정서적 지지를 줄 수 있습니다. 이러한 정서적 지지는 아이들이 스트레스를 해소하는 데 도움이 되며, 동시에 그들이 친구들의 영향을 더 쉽게 받을 수 있게 합니다.

결론적으로 말하자면, 저는 아이가 친구의 영향을 가장 쉽게 받는다고 생각합니다.

어휘   **模仿** mófǎng 통 모방하다   **充满** chōngmǎn 통 가득하다   **好奇心** hàoqíxīn 명 호기심
**尝试** chángshì 통 시도해보다, 경험해보다   **互动** hùdòng 통 상호 작용하다   **激发** jīfā 통 자극하다   **促使** cùshǐ 통 ~하도록 하다
**接纳** jiēnà 통 받아들이다   **建立** jiànlì 통 맺다, 세우다   **归属感** guīshǔgǎn 명 소속감   **调整** tiáozhěng 통 조절하다
**行为** xíngwéi 명 행동   **一致** yízhì 형 일치하다   **体验** tǐyàn 통 경험하다   **需求** xūqiú 명 욕구, 수요   **挫折** cuòzhé 통 좌절시키다
**给予** jǐyǔ 통 주다   **群体** qúntǐ 명 집단   **融入** róngrù 통 녹아들다, 융합되다   **认可** rènkě 통 인정하다   **彼此** bǐcǐ 대 서로, 상호
**缓解** huǎnjiě 통 해소하다

**2**

在小组面试和一对一面试中，哪种面试方式更适合你？
그룹 면접과 일대일 면접 중, 어떤 면접 방식이 당신에게 더 적합한가?

| 나의 의견 | 一对一面试更适合我. 일대일 면접이 나에게 더 적합하다. |
|---|---|
| 이유1 | 一对一面试可以让我展现能力和优势. 일대일 면접은 내가 능력과 장점을 보여줄 수 있게 한다. |
| 근거 | 我可以了解面试官的需求，更好地表达想法. 나는 면접관의 요구 사항을 알 수 있고 생각을 더 잘 표현할 수 있다. |
| | 在小组面试中，面试官没有足够的时间了解我. 그룹 면접에서 면접관은 나를 이해할 충분한 시간이 없다. |
| 이유2 | 一对一面试给我的压力相对少一些. 일대일 면접은 나에게 상대적으로 스트레스를 덜 준다. |
| 근거 | 我不需要直接面对来自竞争者的压力. 나는 경쟁자로부터 오는 압박에 직접적으로 직면할 필요가 없다. |
| | 小组面试需要直接竞争，这会增加压力. 그룹 면접에서는 직접적으로 경쟁해야 하는데, 이는 스트레스를 증가시킨다. |
| 마무리 | 一对一面试更适合我. 일대일 면접이 나에게 더 적합하다. |

**모범답변**

| 나의 의견 🎤 | Wǒ juéde yī duì yī miànshì gèng shìhé wǒ.<br>我觉得一对一面试更适合我。 |
|---|---|
| 이유2<br>근거 🎤 | Shǒuxiān, yī duì yī miànshì kěyǐ ràng wǒ gèng hǎo de zhǎnxiàn zìjǐ de nénglì hé yōushì.<br>首先，一对一面试可以让我更好地展现自己的能力和优势。<br>Jùtǐ lái shuō, jìnxíng yī duì yī miànshì shí, yìngpìngzhě yǔ miànshìguān de jiāoliú xiāng duì lái<br>具体来说，进行一对一面试时，应聘者与面试官的交流相对来<br>shuō huì gèng wéi zhíjiē, yīncǐ wǒ kěyǐ gèng xiángxì de liǎojiě miànshìguān de xūqiú hé yìtú,<br>说会更为直接，因此我可以更详细地了解面试官的需求和意图，<br>gèng hǎo de biǎodá zìjǐ de xiǎngfǎ hé guāndiǎn, cóng'ér chōngfèn de zhǎnshì zìjǐ de nénglì hé<br>更好地表达自己的想法和观点，从而充分地展示自己的能力和<br>yōushì. Dànshì zài xiǎozǔ miànshì zhōng, miànshìguān méiyǒu zúgòu de shíjiān liǎojiě wǒ de<br>优势。但是在小组面试中，面试官没有足够的时间了解我的<br>gèrén tèdiǎn, yě bú huì zài yǒuxiàn de shíjiān nèi zhǐ guānzhù wǒ yí ge yìngpìngzhě.<br>个人特点，也不会在有限的时间内只关注我一个应聘者。 |
| 이유2<br>근거 🎤 | Qícì, yī duì yī miànshì gěi wǒ de yālì xiāngduì shǎo yìxiē. Jùtǐ lái shuō, yī duì yī<br>其次，一对一面试给我的压力相对少一些。具体来说，一对一<br>miànshì néng tígōng gèng shūshì, gèng yǒuhǎo de miànshì tǐyàn. Wǒ bù xūyào zhíjiē miànduì láizì<br>面试能提供更舒适、更友好的面试体验。我不需要直接面对来自<br>jìngzhēngzhě de yālì, zhǐyào bǎ zhēnshí de zìjǐ zhǎnshì chūlái jiù kěyǐ le. Dànshì zài xiǎozǔ miànshì<br>竞争者的压力，只要把真实的自己展示出来就可以了。但是在小组面试<br>zhōng, wǒ wǎngwǎng xūyào hé qítā yìngpìngzhě zhíjiē jìngzhēng, zhè kěnéng huì zēngjiā yālì,<br>中，我往往需要和其他应聘者直接竞争，这可能会增加压力，<br>yǐngxiǎng wǒ de miànshì biǎoxiàn, shǐ wǒ hěn nán zài zhòngduō jìngzhēngzhě zhōng tuōyǐng'érchū.<br>影响我的面试表现，使我很难在众多竞争者中脱颖而出。 |
| 마무리 🎤 | Zōngshàngsuǒshù, wǒ juéde yī duì yī miànshì gèng shìhé wǒ.<br>综上所述，我觉得一对一面试更适合我。 |

해석　저는 일대일 면접이 저에게 더 적합하다고 생각합니다.

먼저, 일대일 면접은 제가 저의 능력과 장점을 더 잘 보여줄 수 있게 합니다. 구체적으로 말하자면, 일대일 면접을 볼 때 지원자와 면접관과의 커뮤니케이션이 상대적으로 더 직접적이기 때문에, 저는 면접관의 요구 사항과 의도를 더 자세히 알 수 있고 자신의 생각과 관점을 더 잘 표현할 수 있어 자신의 능력과 장점을 충분히 드러낼 수 있습니다. 그러나 그룹 면접에서 면접관은 제 개인적 특성을 이해할 충분한 시간이 없고, 제한된 시간 동안 저 한 명의 지원자만 주시할 수도 없습니다.

그다음으로, 일대일 면접은 저에게 상대적으로 스트레스를 덜 줍니다. 구체적으로 말하자면, 일대일 면접은 보다 편안하고 보다 우호적인 면접 경험을 제공합니다. 저는 경쟁자로부터 오는 압박에 직접적으로 직면할 필요 없이 진실된 자신을 보여주기만 하면 됩니다. 하지만 그룹 면접에서 저는 종종 다른 지원자들과 직접적으로 경쟁해야 하며, 이는 스트레스를 증가시키고 제 면접 능력에 영향을 미쳐 많은 경쟁자들 사이에서 두각을 나타내기가 어려울 수 있습니다.

앞서 언급한 내용을 종합했을 때, 저는 일대일 면접이 저에게 더 적합하다고 생각합니다.

어휘　**展现** zhǎnxiàn 图보여주다, 드러내다　**优势** yōushì 몡장점　**需求** xūqiú 몡요구 사항　**表达** biǎodá 图표현하다
　　　**相对** xiāngduì 톙상대적이다　**面对** miànduì 图직면하다　**意图** yìtú 몡의도　**观点** guāndiǎn 몡관점
　　　**展示** zhǎnshì 图드러내다　**个人** gèrén 몡개인　**应聘者** yìngpìnzhě 몡지원자, 응시자　**舒适** shūshì 톙편안하다
　　　**体验** tǐyàn 图경험하다　**真实** zhēnshí 톙진실되다　**表现** biǎoxiàn 몡능력, 활약　**脱颖而出** tuōyǐng'érchū 솅두각을 나타내다

---

**3**　有人喜欢居家办公，有人喜欢在办公室工作，你觉得哪种工作方式更好？
어떤 사람들은 재택근무를 좋아하고, 어떤 사람은 사무실에서 일하는 것을 좋아한다. 당신은 어떤 업무 방식이 더 좋다고 생각하는가?

**아웃라인**

| 나의 의견 | 在办公室工作更好。 사무실에서 일하는 것이 더 좋다. |
|---|---|
| 이유1 | 办公室的工作氛围好，我能专注于工作。 사무실의 업무 분위기가 좋아 나는 업무에 집중할 수 있다. |
| 근거 | 居家办公的话，我会受到很多干扰。 재택근무를 하면 나는 많은 방해를 받게 된다. |
| | 这些干扰会打乱工作节奏，影响工作质量。 이러한 방해는 업무 리듬을 방해하여 업무의 질에 영향을 미칠 수 있다. |
| 이유2 | 在办公室工作有利于团队协作和工作进展。 사무실에서 일하는 것은 팀의 협력과 업무 진행에 도움이 된다. |
| 근거 | 在办公室，我可以更有效地沟通。 사무실에서 나는 더 효과적으로 소통할 수 있다. |
| | 居家办公可能会导致误解，协作难度增加。 재택근무를 하면 오해를 야기하고 협력의 어려움이 커질 수 있다. |
| 이유3 | 在办公室，我可以自由地使用办公设备。 사무실에서 나는 자유롭게 사무 시설을 사용할 수 있다. |
| 근거 | 家里没有办公室设备，工作很不方便。 집에 사무실의 설비가 없다면 일을 하기에 불편하다. |
| | 办公室工作起来更轻松，能节省时间精力。 사무실은 일을 하기 더욱 편하고 시간과 에너지를 아낄 수 있다. |
| 마무리 | 在办公室工作更好。 사무실에서 일하는 것이 더 좋다. |

**모범답변**

| 나의 의견 | 🎤 Wǒ juéde zài bàngōngshì gōngzuò gèng hǎo.<br>**我觉得在办公室工作更好。** |
|---|---|
| 이유1<br>근거 | 🎤 Shǒuxiān, bàngōngshì de gōngzuò fēnwéi bǐjiào hǎo, suǒyǐ wǒ néng gèng zhuānzhù yú<br>**首先，办公室的工作氛围比较好，所以我能更专注于**<br>gōngzuò. Rúguǒ jūjiā bàngōng de huà, wǒ huì shòudào hěn duō gǎnrǎo, bǐrú diànshì, jiārén,<br>**工作。如果居家办公的话，我会受到很多干扰，比如电视、家人、**<br>chǒngwù děngděng. Zhèxiē gǎnrǎo kěnéng huì dǎluàn wǒ de gōngzuò jiézòu, cóng'ér yǐngxiǎng<br>**宠物等等。这些干扰可能会打乱我的工作节奏，从而影响**<br>gōngzuò zhìliàng.<br>**工作质量。** |

Qícì, zài bàngōngshì gōngzuò yǒulì yú tuánduì xiézuò hé gōngzuò jìnzhǎn. Rúguǒ
其次，在办公室工作有利于团队协作和工作进展。如果
zài bàngōngshì gōngzuò, wǒ kěyǐ gèng yǒuxiào de yǔ shàngsī hé tóngshì gōutōng, jiějué wèntí,
在办公室工作，我可以更有效地与上司和同事沟通、解决问题、
gòngxiǎng zīyuán. Dàn jūjiā bàngōng gèngjiā yīlài yú diànzǐ yóujiàn, diànhuà děng gōutōng fāngshì,
共享资源。但居家办公更加依赖于电子邮件、电话等沟通方式，
zhèxiē fāngshì suīrán kànsì fāngbiàn, dàn kěnéng huì dǎozhì wùjiě, xiézuò de nándù yě huì zēngjiā.
这些方式虽然看似方便，但可能会导致误解，协作的难度也会增加。

Zuìhòu, zài bàngōngshì gōngzuò shí, wǒ kěyǐ zìyóu de shǐyòng bàngōng shèbèi. Rúguǒ
最后，在办公室工作时，我可以自由地使用办公设备。如果
jiā li méiyǒu bàngōngshì de yòngpǐn hé shèbèi, nàme gōngzuò qǐlai jiù huì hěn bù fāngbiàn.
家里没有办公室的用品和设备，那么工作起来就会很不方便。
Ér bàngōngshì yìbān dōu huì pèibèi dǎyìnjī, fùyìnjī děng bàngōng shèbèi, yǒule zhèxiē shèbèi,
而办公室一般都会配备打印机、复印机等办公设备，有了这些设备，
wǒmen gōngzuò qǐlai huì gèngjiā qīngsōng, hái néng jiéshěng bǎoguì de shíjiān hé jīnglì.
我们工作起来会更加轻松，还能节省宝贵的时间和精力。

Zōngshàngsuǒshù, wǒ juéde zài bàngōngshì gōngzuò gèng hǎo.
综上所述，我觉得在办公室工作更好。

해석　저는 사무실에서 일하는 것이 더 좋다고 생각합니다.

먼저, 사무실의 업무 분위기가 좋기 때문에 저는 업무에 더 집중할 수 있습니다. 만약 재택근무를 하면 저는 많은 방해를 받게 되는데, 그 예로는 텔레비전, 가족, 반려동물 등이 있습니다. 이러한 방해는 저의 업무 리듬을 방해하여 업무의 질에 영향을 미칠 수 있습니다.

그다음으로, 사무실에서 일하는 것은 팀의 협력과 업무 진행에 도움이 됩니다. 만약 사무실에서 일한다면 저는 상사 및 동료들과 더 효과적으로 소통하고 문제를 해결하며 자원을 공유할 수 있습니다. 그러나 재택근무를 하면 이메일, 전화 등의 소통 방식에 더욱 의존하게 되며, 이러한 방식은 편리해 보일 수 있지만 오해를 야기할 수 있으며 협력의 어려움도 커질 수 있습니다.

마지막으로, 사무실에서 일할 때 저는 자유롭게 사무 시설을 사용할 수 있습니다. 만약 집에 사무실의 용품과 설비가 없다면 일을 하기에 불편할 것입니다. 그러나 사무실에는 일반적으로 프린터, 복사기 등 사무기기가 구비되어 있으며, 이러한 설비가 있다면 우리는 일을 하기 더욱 편하고 소중한 시간과 에너지를 아낄 수도 있을 것입니다.

앞서 언급한 내용을 종합했을 때, 저는 사무실에서 일하는 것이 더 좋다고 생각합니다.

어휘　居家办公 jūjiā bàngōng 재택근무를 하다　方式 fāngshì 圐 방식　氛围 fēnwéi 圐 분위기　专注 zhuānzhù 圐 집중하다
干扰 gānrǎo 圐 방해하다　节奏 jiézòu 圐 리듬　效率 xiàolǜ 圐 효율　团队 tuánduì 圐 팀　协作 xiézuò 圐 협력하다
进展 jìnzhǎn 圐 진행하다　沟通 gōutōng 圐 소통하다　导致 dǎozhì 圐 야기하다　误解 wùjiě 圐 오해
设备 shèbèi 圐 시설, 설비　宠物 chǒngwù 圐 반려동물　资源 zīyuán 圐 자원　依赖 yīlài 圐 의존하다, 의지하다
配备 pèibèi 圐 구비하다, 배치하다

---

**4**　在投资和存钱中，你会选择哪种理财方式？
투자와 저축 중에서 당신은 어떤 재테크 방식을 선택할 것인가?

### 아웃라인

| 나의 의견 | 存钱的理财方式更好。　저축이라는 재테크 방식이 더 좋다. |
| --- | --- |
| 이유1 | 存款能使我应对生活中的突发事件。　저금은 내가 삶의 돌발 상황에 대응할 수 있게 한다. |
| 근거 | 生活充满不确定性，随时都有意外事件。　삶은 불확실성으로 가득하며, 언제든지 의외의 사건이 있다. |

| | 有足够的存款，我可以面对和解决困难。 | 충분한 저금이 있다면 나는 어려움에 대처하고 해결할 수 있다. |
|---|---|---|
| 이유2 | 存款有助于实现自己的梦想和目标。 | 저금은 꿈과 목표를 이루는 데 도움이 된다. |
| 근거 | 足够的存款能为实现梦想和目标奠定基础。 | 충분한 저금은 꿈과 목표를 이루기 위해 기반이 되어 준다. |
| 이유3 | 我属于风险承受能力较低的人。 | 나는 리스크를 감수하는 능력이 비교적 낮은 사람이다. |
| 근거 | 我更愿意选存钱这种风险较低的理财方式。 | 나는 저축이라는 이러한 리스크가 비교적 낮은 재테크 방식을 선택하길 더 원한다. |
| | 存钱能确保资金的安全性。 | 저축은 자금의 안전성을 보장할 수 있다. |
| 마무리 | 存钱的理财方式更好。 | 저축이라는 재테크 방식이 더 좋다. |

**모범답변**

| | |
|---|---|
| 나의 의견 | Wǒ juéde cúnqián de lǐcái fāngshì gèng hǎo.<br>我觉得存钱的理财方式更好。 |
| 이유2<br>근거 | Shǒuxiān, yǒu zúgòu de cúnkuǎn néng shǐ wǒ gèng hǎo de yìngduì shēnghuó zhōng de tūfā<br>首先，有足够的存款能使我更好地应对生活中的突发<br>shìjiàn. Jùtǐ lái shuō, wǒmen de shēnghuó chōngmǎn bú quèdìngxìng, suíshí dōu yǒu kěnéng<br>事件。具体来说，我们的生活充满不确定性，随时都有可能<br>yùdào shīyè, shēngbìng huò qítā yìwài shìjiàn. Zhè shí rúguǒ wǒ yǒu zúgòu de cúnkuǎn, jiù huì yǒu<br>遇到失业、生病或其他意外事件。这时如果我有足够的存款，就会有<br>ānquángǎn, kěyǐ gèng hǎo de miànduì hé jiějué nàxiē kùnnan.<br>安全感，可以更好地面对和解决那些困难。 |
| 이유2<br>근거 | Qícì, yǒu zúgòu de cúnkuǎn hái yǒuzhù yú shíxiàn zìjǐ de mèngxiǎng hé mùbiāo. Jùtǐ lái<br>其次，有足够的存款还有助于实现自己的梦想和目标。具体来<br>shuō, wǒ yǒu hěn duō xiǎng shíxiàn de mèngxiǎng hé mùbiāo, bǐrú chuàngyè, gòufáng, lǚxíng děng.<br>说，我有很多想实现的梦想和目标，比如创业、购房、旅行等。<br>Zúgòu de cúnkuǎn néng wèi shíxiàn mèngxiǎng hé mùbiāo diàndìng jīchǔ, ràng wǒ gèng zìxìn de<br>足够的存款能为实现梦想和目标奠定基础，让我更自信地<br>miànduì wèilái de tiǎozhàn. Ér méiyǒu zúgòu de cúnkuǎn, zé hěn nán shíxiàn zhèxiē shì.<br>面对未来的挑战。而没有足够的存款，则很难实现这些事。 |
| 이유3<br>근거 | Zuìhòu, wǒ shǔyú fēngxiǎn chéngshòu nénglì jiào dī de rén. Jùtǐ lái shuō, suīrán wǒ bù<br>最后，我属于风险承受能力较低的人。具体来说，虽然我不<br>fǒurèn tóuzī de bìyàoxìng hé zhòngyàoxìng, dàn wǒ hàipà chéngdān tóuzī fēngxiǎn. Suǒyǐ xiāngbǐ yú<br>否认投资的必要性和重要性，但我害怕承担投资风险。所以相比于<br>fēngxiǎn jiào gāo de tóuzī, wǒ gèng yuànyì xuǎnzé cúnqián zhè zhǒng fēngxiǎn jiào dī de lǐcái<br>风险较高的投资，我更愿意选择存钱这种风险较低的理财<br>fāngshì. Zhè shì yīnwèi cúnqián néng quèbǎo zījīn de ānquánxìng, jiǎnshǎo bú quèdìngxìng dàilai<br>方式。这是因为存钱能确保资金的安全性，减少不确定性带来<br>de kùnrǎo.<br>的困扰。 |

| | |
|---|---|
| 마무리 🎤 | Zōngshàngsuǒshù, wǒ juéde cúnqián de lǐcái fāngshì gèng hǎo.<br>**综上所述，我觉得存钱的理财方式更好。** |

해석　저는 저축이라는 재테크 방식이 더 좋다고 생각합니다.

먼저, 충분한 저금이 있다면 저는 삶의 돌발 상황에 더 잘 대응할 수 있습니다. 구체적으로 말하자면, 우리의 삶은 불확실성으로 가득하며, 언제든지 실업, 병 또는 기타 의외의 사건에 직면할 수 있습니다. 이럴 때 만약 저에게 충분한 저금이 있다면 안전감을 가질 수 있고, 그러한 어려움에 더 잘 대처하고 해결할 수 있습니다.

그다음으로, 충분한 저금은 꿈과 목표를 이루는 데 도움이 됩니다. 구체적으로 말하자면, 저는 이루고 싶은 꿈과 목표가 많은데, 창업, 주택 구입, 여행 등이 그 예입니다. 충분한 저금은 꿈과 목표를 이루기 위해 기반이 되어 주며, 제가 미래의 도전에 더 자신감 있게 대처할 수 있게 해줍니다. 그러나 충분한 저금이 없다면 이러한 일들을 이루기 힘듭니다.

마지막으로, 저는 리스크를 감수하는 능력이 비교적 낮은 사람입니다. 구체적으로 말하자면, 저는 투자의 필요성과 중요성을 부인하지는 않으나, 투자 리스크를 감당하는 것이 두렵습니다. 따라서 리스크가 비교적 높은 투자보다, 저는 저축이라는 이러한 리스크가 비교적 낮은 재테크 방식을 선택하길 더 원합니다. 이는 저축이 자금의 안전성을 보장하고, 불확실성으로 인한 고민을 줄여줄 수 있기 때문입니다.

앞서 언급한 내용을 종합했을 때, 저는 저축이라는 재테크 방식이 더 좋다고 생각합니다.

어휘　**投资** tóuzī 몡 투자　**理财** lǐcái 동 재테크하다　**方式** fāngshì 몡 방식　**存款** cúnkuǎn 몡 저금
**突发** tūfā 동 돌발하다, 갑자기 발생하다　**事件** shìjiàn 몡 상황, 사건　**充满** chōngmǎn 동 가득하다　**随时** suíshí 분 언제든
**意外** yìwài 몡 의외의　**面对** miànduì 동 직면하다　**实现** shíxiàn 동 이루다　**梦想** mèngxiǎng 몡 꿈　**目标** mùbiāo 몡 목표
**奠定基础** diàndìng jīchǔ 기반을 다지다　**风险** fēngxiǎn 몡 리스크, 위험　**承受** chéngshòu 동 감수하다, 감당하다
**确保** quèbǎo 동 (확실히) 보장하다　**资金** zījīn 몡 자금　**具体** jùtǐ 형 구체적이다　**失业** shīyè 동 실직하다
**创业** chuàngyè 동 창업하다　**未来** wèilái 몡 미래　**挑战** tiǎozhàn 몡 도전　**否认** fǒurèn 동 부인하다
**承担** chéngdān 동 감당하다, 맡다

---

# 03 ｜ 상황을 가정하여 묻는 질문

MP3 바로듣기

## 실전 테스트　p.92

**1**
如果你压力很大，你会怎样缓解压力？
만약 당신이 스트레스가 심하다면, 당신은 어떻게 스트레스를 해소할 것인가?

### 아웃라인

| | | |
|---|---|---|
| 나의 의견 | 我会用以下三个方法缓解压力。 | 나는 아래의 세 가지 방법으로 스트레스를 해소할 것이다. |
| 세부 의견1 | 压力大的时候，我会去户外骑自行车。 | 스트레스가 심할 때 나는 야외에서 자전거를 탄다. |
| 근거 | 户外骑车能让我的心里感到很平静。 | 야외에서 자전거를 타는 것은 내 마음을 평온하게 만든다. |
| | 骑车时我不会去想那些困扰我的问题。 | 자전거를 탈 때면 나는 나를 괴롭히는 문제들에 대해 생각하지 않는다. |
| | 通过骑车，我可以锻炼身体，缓解压力。 | 자전거를 타는 것을 통해 나는 신체를 단련할 수 있고 스트레스를 해소할 수 있다. |
| 세부 의견2 | 我会看一些能让自己大笑的综艺节目。 | 나는 나를 웃게 할 수 있는 예능 프로그램을 본다. |
| 근거 | 开怀大笑对减压很有帮助。 | 마음 놓고 크게 웃는 것은 스트레스를 감소하는 데 도움이 된다. |
| | 有趣的综艺节目能让心情得到放松。 | 재미있는 예능 프로그램은 기분을 편안하게 해준다. |
| 세부 의견3 | 对我来说，冥想也是很好的减压方式。 | 나에게 있어 명상을 하는 것도 좋은 스트레스 감소 방법이다. |
| 근거 | 我可以远离外界的干扰，心情会很平静。 | 나는 외부의 방해에서 벗어날 수 있어 마음이 평온해진다. |
| | 冥想时感觉负面情绪减轻了，压力也小了。 | 명상을 하면 부정적인 감정이 줄어들고 스트레스도 줄어드는 것을 느낀다. |
| 마무리 | 我会用以上三个方法缓解压力。 | 나는 위의 세 가지 방법으로 스트레스를 해소할 것이다. |

모범답변

| | | |
|---|---|---|
| 나의 의견 | 🎤 | Rúguǒ wǒ yālì hěn dà, wǒ huì yòng yǐxià sān ge fāngfǎ huǎnjiě yālì.<br>**如果我压力很大，我会用以下三个方法缓解压力。** |
| 세부 의견1<br>근거 | 🎤 | Shǒuxiān, yālì dà de shíhou, wǒ huì qù hùwài qí zìxíngchē. Jùtǐ lái shuō, zài hùwài<br>**首先，压力大的时候，我会去户外骑自行车。具体来说，在户外**<br>qí chē néng ràng wǒ de xīnli gǎndào hěn píngjìng. Qí chē shí wǒ zhǐ zhuānzhù yú dāngxià,<br>**骑车能让我的心里感到很平静。骑车时我只专注于当下，**<br>hūxī xīnxiān de kōngqì, xīnshǎng zhōuwéi de fēngjǐng, bú huì qù xiǎng nàxiē kùnrǎo wǒ de wèntí.<br>**呼吸新鲜的空气，欣赏周围的风景，不会去想那些困扰我的问题。**<br>Tōngguò qí chē, wǒ bùjǐn kěyǐ duànliàn shēntǐ, hái kěyǐ fàngsōng dànǎo, huǎnjiě xīnlǐ yālì.<br>**通过骑车，我不仅可以锻炼身体，还可以放松大脑，缓解心理压力。** |
| 세부 의견2<br>근거 | 🎤 | Qícì, wǒ yǒu kòng shí huì kàn yìxiē néng ràng zìjǐ dàxiào de zōngyì jiémù. Jùtǐ lái shuō,<br>**其次，我有空时会看一些能让自己大笑的综艺节目。具体来说，**<br>wǒ juéde kāihuáidàxiào duì jiǎn yā hěn yǒu bāngzhù, tā shì yì zhǒng hěn hǎo de fāxiè fāngshì.<br>**我觉得开怀大笑对减压很有帮助，它是一种很好的发泄方式。**<br>Ér yǒuqù de zōngyì jiémù néng ràng wǒ xiàochu shēng lai, cóng'ér ràng xīnqíng dédào fàngsōng.<br>**而有趣的综艺节目能让我笑出声来，从而让心情得到放松。** |
| 세부 의견3<br>근거 | 🎤 | Zuìhòu, duì wǒ lái shuō, míngxiǎng yě shì hěn hǎo de jiǎnyā fāngshì. Jùtǐ lái shuō, wǒ huì<br>**最后，对我来说，冥想也是很好的减压方式。具体来说，我会**<br>fàngxia shǒujī, zhǎo yí ge ānjìng de dìfang liànxí míngxiǎng, jìnrù chèdǐ fàngsōng de zhuàngtài.<br>**放下手机，找一个安静的地方练习冥想，进入彻底放松的状态。**<br>Zài míngxiǎng shí, wǒ kěyǐ yuǎnlí wàijiè de gānrǎo, suǒyǐ xīnqíng huì biàn de hěn píngjìng.<br>**在冥想时，我可以远离外界的干扰，所以心情会变得很平静。**<br>Měi cì míngxiǎng de shíhou, wǒ dōu néng gǎnjué dào zìjǐ de fùmiàn qíngxù jiǎnqīng le,<br>**每次冥想的时候，我都能感觉到自己的负面情绪减轻了，**<br>yālì yě xiǎole hěn duō.<br>**压力也小了很多。** |
| 마무리 | 🎤 | Zǒng'éryánzhī, rúguǒ wǒ yālì hěn dà, wǒ huì yòng yǐshàng sān ge fāngfǎ huǎnjiě yālì.<br>**总而言之，如果我压力很大，我会用以上三个方法缓解压力。** |

해석　만약 제가 스트레스가 심하다면, 저는 아래의 세 가지 방법으로 스트레스를 해소할 것입니다.

먼저, 스트레스가 심할 때 저는 야외에서 자전거를 탑니다. 구체적으로 말하자면, 야외에서 자전거를 타는 것은 제 마음을 평온하게 만듭니다. 자전거를 탈 때면 저는 현재에만 집중하고 신선한 공기를 마시며 주변 경치를 감상하고, 저를 괴롭히는 문제들에 대해서는 생각하지 않습니다. 자전거를 타는 것을 통해 저는 신체를 단련할 수 있을 뿐만 아니라, 머리를 식히고 심리적 스트레스도 해소할 수 있습니다.

그다음으로, 저는 시간이 날 때 저를 웃게 할 수 있는 예능 프로그램을 봅니다. 구체적으로 말하자면, 저는 마음 놓고 크게 웃는 것이 스트레스를 감소하는 데 도움이 된다고 생각하는데, 이것은 일종의 유쾌한 해소 방법입니다. 재미있는 예능 프로그램은 제가 소리 내어 웃게 함으로써 기분을 편안하게 해줍니다.

마지막으로, 저에게 있어 명상을 하는 것도 좋은 스트레스 감소 방법입니다. 구체적으로 말하자면, 저는 가끔 핸드폰을 내려놓고 조용한 곳을 찾아 명상을 연습하여, 완전히 편안한 상태에 들어갑니다. 명상을 하는 동안에 저는 외부의 방해에서 벗어날 수 있어 마음이 평온해집니다. 명상을 할 때마다 저는 스스로의 부정적인 감정이 줄어들고 스트레스도 줄어드는 것을 느낄 수 있습니다.

결론적으로 말하자면, 만약 제가 스트레스가 심하다면, 저는 위의 세 가지 방법으로 스트레스를 해소할 것입니다.

**어휘** **缓解** huǎnjiě 통 해소하다 **平静** píngjìng 형 평온하다 **困扰** kùnrǎo 통 괴롭히다 **综艺节目** zōngyì jiémù 명 예능 프로그램
**开怀大笑** kāihuáidàxiào 성 마음 놓고 크게 웃다 **冥想** míngxiǎng 통 명상하다 **负面** fùmiàn 형 부정적이다
**情绪** qíngxù 명 감정 **具体** jùtǐ 형 구체적이다 **专注** zhuānzhù 형 집중하다 **呼吸** hūxī 통 (공기를) 마시다, 숨을 쉬다
**欣赏** xīnshǎng 통 감상하다 **风景** fēngjǐng 명 경치 **心理** xīnlǐ 명 심리 **发泄** fāxiè 통 (불만이나 감정을) 해소하다
**方式** fāngshì 명 방식 **从而** cóng'ér 접 ~함으로써 **彻底** chèdǐ 형 완전한, 철저한 **状态** zhuàngtài 명 상태

---

**2** 如果你中了彩票一等奖，你会怎么使用这笔钱？
만약 당신이 복권 1등에 당첨되면, 당신은 이 돈을 어떻게 사용할 것인가?

**아웃라인**

| | |
|---|---|
| 나의 의견 | 我会用这笔钱来改善生活品质、进行投资，并捐赠给慈善机构。<br>나는 이 돈으로 삶의 질을 개선하고, 투자를 하고, 자선 단체에 기부할 것이다. |
| 세부 의견1<br>근거 | 我会改善我和家人的生活品质。　나는 나와 내 가족의 삶의 질을 개선할 것이다.<br>我可以为家人提供更好的居住环境。　나는 가족들에게 더 나은 주거 환경을 제공할 수 있다. |
| 세부 의견2<br>근거 | 我会拿一部分钱进行投资。　나는 일부분의 돈을 가지고 투자를 할 것이다.<br>我会咨询专业理财师，创造更多的财富。　나는 전문적인 자산 관리사와 상담하여 더 많은 부를 창출할 것이다.<br>只是一味地享受财富，会有用尽的一天。　그저 부를 누리기만 하다 보면 결국에는 바닥날 날이 있다. |
| 세부 의견3<br>근거 | 我会把一些钱捐赠给慈善机构。　나는 약간의 돈을 자선 단체에 기부할 것이다.<br>我会把一部分钱捐赠给需要帮助的人。　나는 돈의 일부를 도움이 필요한 사람들에게 기부할 것이다.<br>我相信传递善意，就能为社会带来变化。　나는 선의를 전달하면 사회에 긍정적인 변화를 가져올 수 있다고 믿는다. |
| 마무리 | 我会用这笔钱来改善生活品质、进行投资，并捐赠给慈善机构。<br>나는 이 돈으로 삶의 질을 개선하고, 투자를 하고, 자선 단체에 기부할 것이다. |

**모범답변**

| | |
|---|---|
| 나의 의견 | Rúguǒ wǒ zhòngle cǎipiào yī děng jiǎng, wǒ huì yòng zhè bǐ qián lái gǎishàn shēnghuó pǐnzhì,<br>**如果我中了彩票一等奖，我会用这笔钱来改善生活品质、**<br>jìnxíng tóuzī, bìng juānzèng gěi císhàn jīgòu.<br>**进行投资，并捐赠给慈善机构。** |
| 세부 의견1<br>근거 | Shǒuxiān, wǒ huì gǎishàn wǒ hé jiārén de shēnghuó pǐnzhì. Bǐrú, wǒ kěyǐ wèi jiārénmen<br>**首先，我会改善我和家人的生活品质。比如，我可以为家人们**<br>tígōng yí ge gèng hǎo de jūzhù huánjìng, wǒmen kěyǐ bāndào jiāotōng gèng biànjié, shèshī gèng<br>**提供一个更好的居住环境，我们可以搬到交通更便捷、设施更**<br>wánshàn, zhù qǐlai gèng shūshì de dìfang.<br>**完善、住起来更舒适的地方。** |
| 세부 의견2<br>근거 | Qícì, wǒ huì ná yíbùfen qián jìnxíng tóuzī. Bǐrú, wǒ huì qù zīxún zhuānyè<br>**其次，我会拿一部分钱进行投资。比如，我会去咨询专业**<br>lǐcáishī, zhìdìng yí ge hélǐ de tóuzī jìhuà, gèng hǎo de guǎnlǐ wǒ de zījīn, chuàngzào gèng duō<br>**理财师，制定一个合理的投资计划，更好地管理我的资金，创造更多** |

|  |  | de cáifù. Wǒ rènwéi cáifù shì yǒuxiàn de, rúguǒ zhǐshì yíwèi de xiǎngshòu cáifù, nàme zhōngjiū |
|---|---|---|

的财富。我认为财富是有限的，如果只是一味地享受财富，那么终究

huì yǒu yòngjìn de yìtiān, yīncǐ jìxù chuàngzào cáifù hěn zhòngyào.

会有用尽的一天，因此继续创造财富很重要。

**세부 의견3**
**근거** 🎤

Zuìhòu, wǒ huì bǎ yìxiē qián juānzèng gěi císhàn jīgòu. Bǐrú, wǒ huì tōngguò císhàn

最后，我会把一些钱捐赠给慈善机构。比如，我会通过慈善

jīgòu, bǎ yíbùfen qián juānzèng gěi nàxiē xūyào bāngzhù de rén, wèi tāmen de shēnghuó tígōng

机构，把一部分钱捐赠给那些需要帮助的人，为他们的生活提供

yìxiē wùzhì shang de zhīchí. Wǒ xiāngxìn zhǐyào chuándì chu zìjǐ de shànyì, jiù yídìng néng wèi

一些物质上的支持。我相信只要传递出自己的善意，就一定能为

shèhuì dàilai jījí de biànhuà.

社会带来积极的变化。

**마무리** 🎤

Zǒng'éryánzhī, rúguǒ wǒ zhòngle cǎipiào yī děng jiǎng, wǒ huì yòng zhè bǐ qián lái gǎishàn

总而言之，如果我中了彩票一等奖，我会用这笔钱来改善

shēnghuó pǐnzhì, jìnxíng tóuzī, bìng juānzèng gěi císhàn jīgòu.

生活品质、进行投资，并捐赠给慈善机构。

해석  만약 제가 복권 1등에 당첨되면, 저는 이 돈으로 삶의 질을 개선하고, 투자를 하고, 자선 단체에 기부할 것입니다.

먼저, 저는 저와 제 가족의 삶의 질을 개선할 것입니다. 예를 들어, 저는 가족들에게 더 나은 주거 환경을 제공할 수 있고, 저희는 교통이 더 편리하고 시설이 더 완전하며 살기 더 쾌적한 곳으로 이사할 수 있습니다.

그다음으로, 저는 일부분의 돈을 가지고 투자를 할 것입니다. 예를 들어, 저는 전문적인 자산 관리사와 상담하여 합리적인 투자 계획을 세우고 제 자금을 더 잘 관리하며 더 많은 부를 창출할 것입니다. 저는 부가 유한하다고 생각하는데, 만약 그저 부를 누리기만 하다 보면 결국에는 바닥날 날이 있기 때문에 계속해서 부를 창출하는 것이 중요하다고 생각합니다.

마지막으로, 저는 약간의 돈을 자선 단체에 기부할 것입니다. 예를 들어, 저는 자선 단체를 통해 돈의 일부를 도움이 필요한 사람들에게 기부하여 그들의 삶에 물질적인 지원을 제공할 것입니다. 저는 자신의 선의를 전달하기만 하면 사회에 반드시 긍정적인 변화를 가져올 수 있다고 믿습니다.

결론적으로 말하자면, 만약 제가 복권 1등에 당첨되면, 저는 이 돈으로 삶의 질을 개선하고, 투자를 하고, 자선 단체에 기부할 것입니다.

어휘  **彩票** cǎipiào 몡복권  **改善** gǎishàn 동개선하다  **品质** pǐnzhì 몡질, 품질  **投资** tóuzī 몡투자  **捐赠** juānzèng 동기부하다
**慈善机构** císhàn jīgòu 몡자선 단체  **居住** jūzhù 동주거하다  **咨询** zīxún 동상담하다, 자문하다
**理财师** lǐcáishī 몡자산 관리사  **创造** chuàngzào 동창출하다, 창조하다  **财富** cáifù 몡부, 재산  **享受** xiǎngshòu 동누리다
**传递** chuándì 동전달하다  **便捷** biànjié 혱편리하다  **设施** shèshī 몡시설  **完善** wánshàn 혱완전하다
**舒适** shūshì 혱쾌적하다  **制定** zhìdìng 동세우다  **合理** hélǐ 혱합리적이다  **资金** zījīn 몡자금
**终究** zhōngjiū 분결국, 어쨌든  **物质** wùzhì 몡물질

---

**3**

如果你有机会重新选择专业，你会选择什么？为什么？
만약 당신이 전공을 다시 선택할 수 있는 기회가 생긴다면, 당신은 무엇을 선택할 것인가? 왜인가?

**아웃라인**

| 나의 의견 | 我会选择医学类专业。这个专业就业前景很好，还能让我给他人带来帮助。 |
|---|---|
|  | 나는 의학 계열 전공을 선택할 것이다. 이 전공은 취업 전망이 매우 좋고, 다른 사람들에게 도움도 줄 수 있다. |
| 세부 의견1 | 医学类专业就业前景很好。 의학 계열 전공의 취업 전망은 매우 좋다. |
| 근거 | 医疗行业在不断发展，因此需要许多人才。 의료 업계는 끊임없이 발전하고 있으므로 많은 인재가 필요하다. |

| | | |
|---|---|---|
| 세부 의견2 | 医学类专业能让我给他人带来帮助。 의학 계열 전공은 다른 사람들에게 도움을 줄 수 있다. | |
| 근거 | 我成为了医生，就可以给人带来帮助。 내가 의사가 되면 많은 사람에게 도움을 줄 수 있다. | |
| | 只要我学有所成，就能为他人做更有意义的事。 내가 학업에 성과만 있다면 다른 사람들을 위해 더 의미 있는 일을 할 수 있다. | |
| 마무리 | 我会选择医学类专业。这个专业就业前景很好，还能让我给他人带来帮助。 | |
| | 나는 의학 계열 전공을 선택할 것이다. 이 전공은 취업 전망이 매우 좋고, 다른 사람들에게 도움도 줄 수 있다. | |

**모범답변**

| | |
|---|---|
| 나의 의견 | Rúguǒ wǒ yǒu jīhuì chóngxīn xuǎnzé zhuānyè, wǒ huì xuǎnzé yīxuélèi zhuānyè. Zhège<br>**如果我有机会重新选择专业，我会选择医学类专业。这个**<br>zhuānyè jiùyè qiánjǐng hěn hǎo, hái néng ràng wǒ gěi tārén dàilai bāngzhù.<br>**专业就业前景很好，还能让我给他人带来帮助。** |
| 세부 의견1<br>근거 | Yì fāngmiàn, yīxuélèi zhuānyè jiùyè qiánjǐng hěn hǎo. Rúguǒ wǒ xuéle zhè lèi zhuānyè,<br>**一方面，医学类专业就业前景很好。如果我学了这类专业，**<br>wǒ jiāng néng jìnrù yí ge chōngmǎn tiǎozhàn hé jīyù de lǐngyù. Yīliáo hángyè yìzhí zài búduàn<br>**我将能进入一个充满挑战和机遇的领域。医疗行业一直在不断**<br>fāzhǎn, yīncǐ xūyào xǔduō réncái jìnrù zhège lǐngyù. Wúlùn shì chéngwéi yīyuàn de yì míng<br>**发展，因此需要许多人才进入这个领域。无论是成为医院的一名**<br>yīwù gōngzuòzhě, háishi chéngwéi yīliáo hángyè yánjiūyuán, dōu shì hěn hǎo de jiùyè xuǎnzé.<br>**医务工作者，还是成为医疗行业研究员，都是很好的就业选择。** |
| 세부 의견2<br>근거 | Lìng yì fāngmiàn, yīxuélèi zhuānyè néng ràng wǒ gěi tārén dàilai bāngzhù. Rúguǒ wǒ xuéle<br>**另一方面，医学类专业能让我给他人带来帮助。如果我学了**<br>zhè lèi zhuānyè, bìng chénggōng chéngwéile yì míng yīshēng, nà wǒ jiù kěyǐ gěi xǔduō rén dàilai<br>**这类专业，并成功成为了一名医生，那我就可以给许多人带来**<br>bāngzhù. Wǒ kěyǐ zhíjiē huò jiànjiē de bāngzhù huànzhě huǎnjiě bìngtòng, huīfù jiànkāng,<br>**帮助。我可以直接或间接地帮助患者缓解病痛、恢复健康，**<br>shènzhì wǎnjiù tāmen de shēngmìng. Suīrán wǒ zhīdào yīxuélèi zhuānyè xuéxí nándù hěn dà,<br>**甚至挽救他们的生命。虽然我知道医学类专业学习难度很大，**<br>zài xuéxí zhōng yídìng huì yùdào hěn duō kùnnan hé tiǎozhàn, dàn zhǐyào wǒ xuéyǒusuǒchéng,<br>**在学习中一定会遇到很多困难和挑战，但只要我学有所成，**<br>jiù néng wèi tārén zuò gèng yǒu yìyì de shì.<br>**就能为他人做更有意义的事。** |
| 마무리 | Zōngshàngsuǒshù, rúguǒ wǒ yǒu jīhuì chóngxīn xuǎnzé zhuānyè, wǒ huì xuǎnzé yīxuélèi<br>**综上所述，如果我有机会重新选择专业，我会选择医学类**<br>zhuānyè. Zhège zhuānyè jiùyè qiánjǐng hěn hǎo, hái néng ràng wǒ gěi tārén dàilai bāngzhù.<br>**专业。这个专业就业前景很好，还能让我给他人带来帮助。** |

해석 만약 저에게 전공을 다시 선택할 기회가 생긴다면, 저는 의학 계열 전공을 선택할 것입니다. 이 전공은 취업 전망이 매우 좋고, 다른 사람들에게 도움도 줄 수 있습니다.

한편으로, 의학 계열 전공의 취업 전망은 매우 좋습니다. 만약 제가 이 계열의 전공을 공부했다면 도전과 기회가 가득한 분야에 진출할 수 있을 것입니다. 의료 업계는 끊임없이 발전하고 있으므로 이 분야에 진출할 많은 인재가 필요합니다. 병원의 의료 종사자가 되든 의료 산업 연구원이 되든, 모두 좋은 취업의 선택입니다.

다른 한편으로, 의학 계열 전공은 다른 사람들에게 도움을 줄 수 있습니다. 만약 제가 이 계열의 전공을 공부하고 의사가 되는 데 성공한다면 저는 많은 사람에게 도움을 줄 수 있을 것입니다. 저는 환자의 질병 완화, 건강 회복, 심지어 그들의 생명을 구하는 데 직접적 혹은 간접적으로 도움을 줄 수 있습니다. 비록 저는 의학 계열 전공의 공부 난도가 높고 공부 중에 많은 어려움과 도전에 직면할 것이라는 것을 알고 있지만, 제가 학업에 성과만 있다면 다른 사람들을 위해 더 의미 있는 일을 할 수 있습니다.

앞서 언급한 내용을 종합했을 때, 만약 저에게 전공을 다시 선택할 기회가 생긴다면, 저는 의학 계열 전공을 선택할 것입니다. 이 전공은 취업 전망이 매우 좋고, 다른 사람들에게 도움도 줄 수 있습니다.

어휘 **就业** jiùyè [동] 취업하다 **前景** qiánjǐng [명] 전망 **医疗行业** yīliáo hángyè 의료 업계 **不断** búduàn [부] 끊임없이
**人才** réncái [명] 인재 **意义** yìyì [명] 의미 **充满** chōngmǎn [동] 가득하다, 충만하다 **挑战** tiǎozhàn [명] 도전
**机遇** jīyù [명] (좋은) 기회 **领域** lǐngyù [명] 분야 **间接** jiànjiē [형] 간접적인 **患者** huànzhě [명] 환자 **缓解** huǎnjiě [동] 완화시키다
**恢复** huīfù [동] 회복하다 **挽救** wǎnjiù [동] (위험에서) 구해 내다

## 4

如果你有机会参加志愿活动，你会选择做什么？为什么？

만약 당신이 봉사 활동에 참가할 기회가 생긴다면, 당신은 어떤 활동을 할 것인가? 왜인가?

### 아웃라인

| | |
|---|---|
| 나의 의견 | **我会选择帮助独居老人，救助流浪动物。** 나는 독거 노인을 돕고 유기 동물을 구조하는 것을 선택할 것이다. |
| 세부 의견1 | **我会选择帮助独居老人。** 나는 독거 노인을 돕는 것을 선택할 것이다. |
| 근거 | **独居老人很需要社会的关怀。** 많은 독거 노인은 사회적 배려가 매우 필요하다. |
| | **我会去拜访他们，并陪他们聊天。** 나는 그들을 방문하고 그들과 이야기를 나눌 것이다. |
| | **我会对弱势群体更了解，内心也能得到成长。** 나는 취약 계층에 대해 더 잘 알게 되고 마음도 크게 성장할 수 있을 것이다. |
| 세부 의견2 | **我会选择救助流浪动物。** 나는 유기 동물을 구조하는 것을 선택할 것이다. |
| 근거 | **救助工作很有意义，小生命可以得到保护。** 구조 작업은 매우 의미 있으며 작은 생명들이 보호 받을 수 있다. |
| | **这类活动可提高人们对流浪动物的关注度。** 이러한 활동은 유기 동물에 대한 사람들의 관심을 향상시킬 수 있다. |
| 마무리 | **我会选择帮助独居老人，救助流浪动物。** 나는 독거 노인을 돕고 유기 동물을 구조하는 것을 선택할 것이다. |

### 모범답변

**나의 의견**

Rúguǒ wǒ yǒu jīhuì cānjiā zhìyuàn huódòng, wǒ huì xuǎnzé bāngzhù dújū lǎorén, jiùzhù liúlàng dòngwù.

**如果我有机会参加志愿活动，我会选择帮助独居老人，救助流浪动物。**

**세부 의견1 근거**

Shǒuxiān, wǒ huì xuǎnzé bāngzhù dújū lǎorén. Jùtǐ lái shuō, shèhuì shang yǒu xǔduō dújū lǎorén, tāmen kěnéng miànlínzhe shēntǐ shang huò shēnghuó shang de búbiàn, yīncǐ hěn xūyào shèhuì de guānhuái. Wǒ huì qù bàifǎng tāmen, gěi tāmen gòumǎi shēnghuó yòngpǐn, dǎsǎo fángjiān, bìng péi tāmen liáotiān, wèi tāmen dàilai huānxiào hé wēnnuǎn. Wǒ xiāngxìn zài bāngzhù

**首先，我会选择帮助独居老人。具体来说，**社会上有许多独居老人，他们可能面临着身体上或生活上的不便，因此很需要社会的关怀。我会去拜访他们，给他们购买生活用品，打扫房间，并陪他们聊天，为他们带来欢笑和温暖。我相信在帮助

| | |
|---|---|
| | tāmen de guòchéng zhōng, wǒ huì duì shèhuì zhōng de ruòshì qúntǐ yǒu gèng shēn de liǎojiě,<br>他们的过程中，我会对社会中的弱势群体有更深的了解，<br>nèixīn yě néng dédào hěn dà de chéngzhǎng.<br>内心也能得到很大的成长。 |
| 세부 의견2<br>근거 | 🎤 Qícì, wǒ huì xuǎnzé jiùzhù liúlàng dòngwù. Jùtǐ lái shuō, wǒ huì xiézhù dòngwù bǎohù<br>其次，我会选择救助流浪动物。具体来说，我会协助动物保护<br>zǔzhī, cānyù liúlàng dòngwù de jiùzhù gōngzuò, wèi liúlàng dòngwù tígōng ānquán de zhùsuǒ hé<br>组织，参与流浪动物的救助工作，为流浪动物提供安全的住所和<br>bìxū de yǐnshí. Wǒ rènwéi cānyù zhèyàng de jiùzhù gōngzuò shì hěn yǒu yìyì de, yīnwèi tōngguò<br>必需的饮食。我认为参与这样的救助工作是很有意义的，因为通过<br>dàjiā de nǔlì, nàxiē yuánběn wújiākěguī de xiǎo shēngmìng kěyǐ dédào gèng hǎo de bǎohù.<br>大家的努力，那些原本无家可归的小生命可以得到更好的保护。<br>Cǐwài, zhè lèi huódòng kěyǐ tígāo rénmen duì liúlàng dòngwù de guānzhùdù hé bǎohù yìshí.<br>此外，这类活动可以提高人们对流浪动物的关注度和保护意识。 |
| 마무리 | 🎤 Zǒng'éryánzhī, rúguǒ wǒ yǒu jīhuì cānjiā zhìyuàn huódòng, wǒ huì xuǎnzé bāngzhù dújū<br>总而言之，如果我有机会参加志愿活动，我会选择帮助独居<br>lǎorén, jiùzhù liúlàng dòngwù.<br>老人，救助流浪动物。 |

해석 만약 제가 봉사활동을 할 기회가 생긴다면, 저는 독거 노인을 돕고 유기 동물을 구조하는 것을 선택할 것입니다.

먼저, 저는 독거 노인을 돕는 것을 선택할 것입니다. 구체적으로 말하자면, 사회에는 많은 독거 노인이 있고, 그들은 신체적 또는 생활상의 불편함을 겪고 있을 수 있으므로 사회적 배려가 매우 필요합니다. 저는 그들을 방문하여 생활용품을 구입하고 방을 청소하고 이야기를 나누며, 그들에게 웃음과 따뜻함을 선사할 것입니다. 그들을 도와주는 과정 속에서 저는 사회 속 취약 계층에 대해 더 잘 알게 되고 마음도 크게 성장할 수 있을 것이라 믿습니다.

그다음으로, 저는 유기 동물을 구조하는 것을 선택할 것입니다. 구체적으로 말하자면, 저는 동물 보호 단체를 도와 유기 동물 구조 작업에 참여하여, 유기 동물에게 안전한 숙소와 필요한 음식을 제공할 것입니다. 저는 이러한 구조 작업에 참여하는 것이 매우 의미 있다고 생각하는데, 왜냐하면 모두의 노력으로 원래 돌아갈 집이 없었던 작은 생명들이 더 잘 보호 받을 수 있기 때문입니다. 이 밖에, 이러한 활동은 유기 동물에 대한 사람들의 관심과 보호 의식을 향상시킬 수 있습니다.

결론적으로 말하자면, 만약 제가 봉사활동을 할 기회가 생긴다면, 저는 독거 노인을 돕고 유기 동물을 구조하는 것을 선택할 것입니다.

어휘 **独居老人** dújū lǎorén 독거 노인 **救助** jiùzhù [동] 구조하다 **流浪动物** liúlàng dòngwù 유기 동물 **关怀** guānhuái [동] 배려하다 **拜访** bàifǎng [동] 방문하다 **弱势群体** ruòshì qúntǐ 취약 계층 **成长** chéngzhǎng [동] 성장하다 **意义** yìyì [명] 의미 **面临** miànlín [동] 겪다, 직면하다 **温暖** wēnnuǎn [형] 따뜻하다 **协助** xiézhù [동] 돕다, 협조하다 **组织** zǔzhī [명] 단체, 조직 **参与** cānyù [동] 참여하다 **饮食** yǐnshí [명] 음식 **无家可归** wújiākěguī [성] 돌아갈 집이 없다 **意识** yìshí [명] 의식

**5**　你认为最值得去的名胜古迹是哪里？为什么？

당신은 가장 가볼 만한 명승고적이 어디라고 생각하는가? 왜인가?

**아웃라인**

| 나의 의견 | 最值得去的名胜古迹是故宫。　가장 가볼 만한 명승고적은 고궁이다. |
| --- | --- |
| 이유1 | 故宫不仅规模庞大，而且很有中国特色。　고궁은 규모가 거대할 뿐만 아니라 중국적 특색을 가지고 있다. |
| 근거 | 故宫是现存规模最大的古代宫殿建筑群。　고궁은 현존하는 규모가 가장 큰 고대 궁궐 건축 단지이다. |
| | 建筑物和园林景观具有中国特色。　건축물과 정원 풍경은 중국적 특색을 지니고 있다. |
| 이유2 | 故宫有着悠久的历史文化。　고궁은 오랜 역사와 문화를 가지고 있다. |
| 근거 | 故宫承载着明朝和清朝五百多年的历史。　고궁은 명나라와 청나라 500여 년의 역사를 지니고 있다. |
| | 在游览过程中，我了解了中国的历史文化。　여행하는 과정에서 나는 중국의 역사와 문화를 이해했다. |
| 이유3 | 故宫保存着大量的珍贵文物。　고궁에는 많은 귀중한 문화재가 보존되어 있다. |
| 근거 | 我在故宫欣赏到了各种文物藏品。　나는 고궁에서 다양한 수장품을 감상할 수 있었다. |
| | 那些文物是古人智慧和创造力的象征。　그 문화재들은 옛사람들의 지혜와 창의력의 상징이다. |
| 마무리 | 最值得去的名胜古迹是故宫。　가장 가볼 만한 명승고적은 고궁이다. |

**모범답변**

| 나의 의견 | Wǒ rènwéi zuì zhídé qù de míngshèngǔjì shì Gùgōng.<br>我认为最值得去的名胜古迹是故宫。 |
| --- | --- |
| 이유1<br>근거 | Dì yī, Gùgōng bùjǐn guīmó pángdà, érqiě hěn yǒu Zhōngguó tèsè. Jùtǐ lái shuō, gùgōng<br>**第一**，故宫不仅规模庞大，而且很有中国特色。**具体来说**，故宫<br>shì shìjiè shang xiàncún guīmó zuì dà de gǔdài gōngdiàn jiànzhùqún, tā de jiànzhùwù hé yuánlín<br>是世界上现存规模最大的古代宫殿建筑群，它的建筑物和园林<br>jǐngguān jùyǒu xiānmíng de Zhōngguó tèsè. Gùgōng pángdà de guīmó, qiǎomiào de bùjú, jīngzhì de<br>景观具有鲜明的中国特色。故宫庞大的规模、巧妙的布局、精致的<br>huìhuà hé diāosù dōu gěi wǒ liúxiale shēnkè de yìnxiàng.<br>绘画和雕塑都给我留下了深刻的印象。 |
| 이유2<br>근거 | Dì èr, Gùgōng yǒuzhe yōujiǔ de lìshǐ wénhuà. Jùtǐ lái shuō, Gùgōng shì Zhōngguó gǔdài<br>**第二**，故宫有着悠久的历史文化。**具体来说**，故宫是中国古代<br>huángdì gōngzuò hé shēnghuó de dìfang, chéngzàizhe Míngcháo hé Qīngcháo wǔ bǎi duō nián de<br>皇帝工作和生活的地方，承载着明朝和清朝五百多年的<br>lìshǐ. Zài yóulǎn Gùgōng de guòchéng zhōng, wǒ gǎnshòu dàole gǔdài huángdì shēhuá de<br>历史。在游览故宫的过程中，我感受到了古代皇帝奢华的<br>shēnghuó, yě gèng hǎo de liǎojiě dàole Zhōngguó de lìshǐ wénhuà.<br>生活，也更好地了解到了中国的历史文化。 |

第三，故宫保存着大量的珍贵文物。具体来说，故宫有

Dì sān, Gùgōng bǎocúnzhe dàliàng de zhēnguì wénwù. Jùtǐ lái shuō, Gùgōng yǒu

各种各样的文物。我在故宫欣赏到了古代家具、陶瓷、书画等各种

gèzhǒnggèyàng de wénwù. Wǒ zài Gùgōng xīnshǎng dàole gǔdài jiājù, táocí, shūhuà děng gè zhǒng

文物藏品，那些文物让人惊叹不已。它们不仅是一件件艺术品，更是

wénwù cángpǐn, nàxiē wénwù ràng rén jīngtànbùyǐ. Tāmen bùjǐn shì yí jiàn jiàn yìshùpǐn, gèng shì

中国古人智慧和创造力的象征。

Zhōngguó gǔrén zhìhuì hé chuàngzàolì de xiàngzhēng.

**이유3 근거**

**마무리**

总而言之，我认为最值得去的名胜古迹是故宫。

Zǒng'éryánzhī, wǒ rènwéi zuì zhídé qù de míngshèng gǔjì shì Gùgōng.

**해석**  저는 가장 가볼 만한 명승고적은 고궁이라고 생각합니다.

첫째, 고궁은 규모가 거대할 뿐만 아니라 중국적 특색을 가지고 있습니다. 구체적으로 말하자면, 고궁은 세계에 현존하는 규모가 가장 큰 고대 궁궐 건축 단지로, 고궁의 건축물과 정원 풍경은 뚜렷한 중국적 특색을 지니고 있습니다. 고궁의 거대한 규모, 뛰어난 배치, 정교한 회화와 조각품 모두 저에게 깊은 인상을 남겼습니다.

둘째, 고궁은 오랜 역사와 문화를 가지고 있습니다. 구체적으로 말하자면, 고궁은 중국 고대 황제들이 업무하고 생활하던 곳으로, 명나라와 청나라 500여 년의 역사를 지니고 있습니다. 고궁을 여행하는 과정에서 저는 고대 황제들의 화려한 생활을 느꼈으며, 중국의 역사와 문화를 더 잘 이해할 수 있었습니다.

셋째, 고궁에는 많은 귀중한 문화재가 보존되어 있습니다. 구체적으로 말하자면, 고궁에는 다양한 문화재가 있습니다. 저는 고궁에서 고대 가구, 도자기, 서화 등 다양한 수장품을 감상할 수 있었는데, 그 문화재들은 사람들을 매우 놀라게 합니다. 그것들은 예술품일 뿐만 아니라 중국 옛사람들의 지혜와 창의력의 상징입니다.

결론적으로 말하자면, 저는 가장 가볼 만한 명승고적은 고궁이라고 생각합니다.

**어휘**  名胜古迹 míngshèng gǔjì 몡 명승고적  规模 guīmó 몡 규모  庞大 pángdà 혱 거대하다  特色 tèsè 몡 특색
宫殿 gōngdiàn 몡 궁궐, 궁전  建筑群 jiànzhùqún 건축 단지  园林 yuánlín 몡 정원  悠久 yōujiǔ 혱 오래되다
承载 chéngzài 동 지니다, (무게를) 지탱하다  游览 yóulǎn 동 여행하다, 유람하다  保存 bǎocún 동 보존하다
珍贵 zhēnguì 혱 귀중하다  文物 wénwù 몡 문화재  欣赏 xīnshǎng 동 감상하다  藏品 cángpǐn 몡 수장품
智慧 zhìhuì 몡 지혜  创造力 chuàngzàolì 몡 창의력  象征 xiàngzhēng 몡 상징  具体 jùtǐ 혱 구체적이다
鲜明 xiānmíng 혱 뚜렷하다  巧妙 qiǎomiào 뛰어나다, 교묘하다  布局 bùjú 몡 배치, 구도  精致 jīngzhì 정교하다
雕塑 diāosù 몡 조각품  深刻 shēnkè (인상이) 깊다  皇帝 huángdì 몡 황제  奢华 shēhuá 혱 (사치스럽고) 화려하다
陶瓷 táocí 몡 도자기  惊叹不已 jīngtànbùyǐ 셩 매우 놀라다, 경탄을 금치 못하다

**6**  在成功的道路上，努力和运气哪个更重要？为什么？
성공의 과정에서, 노력과 운 중 어느 것이 더 중요한가? 왜인가?

**아웃라인**

| | | |
|---|---|---|
| 나의 의견 | **努力更重要。**  노력이 더 중요하다. | |
| 이유1 | **努力可以由自己控制，运气则很难掌控。**  노력은 스스로가 제어할 수 있지만 운은 통제하기 어렵다. | |
| 근거 | **通过努力，我们可以提升能力，积累经验。**  노력을 통해 우리는 능력을 향상시키고, 경험을 쌓을 수 있다. | |
| | **付出多少努力，就能得到多少成果。**  얼마만큼의 노력을 기울였는지에 따라 그만큼의 성과를 얻을 수 있다. | |
| 이유2 | **当我们全身心投入到某件事时，才能成功。**  우리가 몸과 마음을 다해 어떤 일에 전념했을 때 비로소 성공할 수 있다. | |
| 근거 | **靠努力成功的人，一定在背后付出了汗水。**  노력에 기대어 성공한 사람은 반드시 뒤에서 땀을 흘렸다. | |
| | **全凭运气成功的人，不一定会珍惜机会。**  운에만 기대어 성공한 사람은 기회를 소중히 여기지 않을 수 있다. | |
| 마무리 | **努力更重要。**  노력이 더 중요하다. | |

| | |
|---|---|
| 나의 의견 | Wǒ juéde nǔlì gèng zhòngyào.<br>我觉得努力更重要。 |
| 이유1<br>근거 | Shǒuxiān, nǔlì shì kěyǐ yóu wǒmen zìjǐ kòngzhì de, ér yùnqi zé hěn nán zhǎngkòng.<br>首先，努力是可以由我们自己控制的，而运气则很难掌控。<br>Bǐrú, tōngguò nǔlì, wǒmen kěyǐ zhújiàn tíshēng zìjǐ gè fāngmiàn de nénglì, yě néng jīlěi gèng<br>比如，通过努力，我们可以逐渐提升自己各方面的能力，也能积累更<br>duō jīngyàn. Ér zhèxiē nénglì hé jīngyàn huì chéngwéi wǒmen bǎoguì de cáifù, zài wǒmen yùdào<br>多经验。而这些能力和经验会成为我们宝贵的财富，在我们遇到<br>kùnnan hé tiǎozhàn shí wèi wǒmen dàilai bāngzhù. Súhuà shuō de hǎo, 'yì fēn gēngyún, yì fēn<br>困难和挑战时为我们带来帮助。俗话说得好，"一分耕耘，一分<br>shōuhuò', fùchūle duōshǎo nǔlì, jiù néng dédào duōshǎo chéngguǒ. Yě jiù shì shuō, měi yí cì de<br>收获"，付出了多少努力，就能得到多少成果。也就是说，每一次的<br>nǔlì dōu huì ràng wǒmen lí chénggōng yuèláiyuè jìn.<br>努力都会让我们离成功越来越近。 |
| 이유2<br>근거 | Qícì, dāng wǒmen fùchū nǔlì, quán shēnxīn de tóurù dào mǒu jiàn shì shí, wǒmen cái néng<br>其次，当我们付出努力，全身心地投入到某件事时，我们才能<br>chénggōng. Bǐrú, yí ge kào nǔlì dédào chénggōng de rén, yídìng zài bèihòu fùchūle gèng duō de<br>成功。比如，一个靠努力得到成功的人，一定在背后付出了更多的<br>hànshuǐ. Tāmen zhīdào zìjǐ zài chénggōng de lù shang jīnglìle zěnyàng de guòchéng, suǒyǐ jiù huì<br>汗水。他们知道自己在成功的路上经历了怎样的过程，所以就会<br>gèngjiā zhēnxī dédào de jīhuì. Yǔ zhī xiāngfǎn, quán píng yùnqi chénggōng de rén, bù yídìng huì<br>更加珍惜得到的机会。与之相反，全凭运气成功的人，不一定会<br>zhēnxī láizhībúyì de jīhuì. Rúguǒ yí ge rén zhǐ qīdàizhe hǎoyùn jiànglín, nàme fǎn'ér<br>珍惜来之不易的机会。如果一个人只期待着好运降临，那么反而<br>huì làngfèi zìjǐ de shíjiān, shīqù gèng duō kěyǐ chénggōng de jīhuì.<br>会浪费自己的时间，失去更多可以成功的机会。 |
| 마무리 | Zǒng'éryánzhī, wǒ juéde nǔlì gèng zhòngyào.<br>总而言之，我觉得努力更重要。 |

해석   저는 노력이 더 중요하다고 생각합니다.

먼저, 노력은 우리 스스로가 제어할 수 있는 것이지만 운은 통제하기 어렵습니다. 예를 들어, 노력을 통해 우리는 점차 자신의 각종 측면에서의 능력을 향상시키고, 더 많은 경험을 쌓을 수 있습니다. 이러한 능력과 경험들은 우리의 소중한 재산이 되어, 우리가 어려움과 시련에 직면했을 때 도움이 될 것입니다. 속담에 '노력한 만큼 성과를 얻는다'라는 말이 있는 것처럼, 얼마만큼의 노력을 기울였는지에 따라 그만큼의 성과를 얻을 수 있습니다. 다시 말해, 매번의 노력은 우리가 성공에 점점 더 가까워지도록 만들 것입니다.

그다음으로, 우리가 노력을 기울이고 몸과 마음을 다해 어떤 일에 전념했을 때 우리는 비로소 성공할 수 있습니다. 예를 들어, 노력에 기대어 성공을 얻은 사람은 반드시 뒤에서 더 많은 땀을 흘렸을 것입니다. 그들은 자신이 성공의 과정에서 어떤 일들을 겪었는지 알기 때문에 얻은 기회를 더욱 소중히 여깁니다. 이와 반대로 운에만 기대어 성공한 사람은 귀중한 기회를 소중히 여기지 않을 수 있습니다. 만약 한 사람이 좋은 운이 오기만을 기대한다면, 오히려 자신의 시간을 낭비하고 성공할 수 있는 더 많은 기회를 잃어버릴 수 있습니다.

결론적으로 말하자면, 저는 노력이 더 중요하다고 생각합니다.

어휘  运气 yùnqi 몡운  控制 kòngzhì 동제어하다  掌控 zhǎngkòng 동통제하다  提升 tíshēng 동향상시키다
　　成果 chéngguǒ 몡성과  投入 tóurù 동기울이다, 투입하다  某 mǒu 때어떤  靠 kào 동기대다  凭 píng 깨~에 기대다
　　逐渐 zhújiàn 뮈점차  宝贵 bǎoguì 톙소중한  财富 cáifù 몡재산  挑战 tiǎozhàn 몡시련, 도전  俗话 súhuà 몡속담
　　一分耕耘, 一分收获 yì fēn gēngyún, yì fēn shōuhuò 노력한 만큼 성과를 얻는다  珍惜 zhēnxī 동소중히 여기다
　　来之不易 láizhībúyì 셍귀중하다, 성과를 이룬 것이 쉽지 않다  期待 qīdài 동기대하다  降临 jiànglín 동오다, 도래하다
　　反而 fǎn'ér 뮈오히려  失去 shīqù 동잃어버리다

**1**

　　自信和成功之间存在密切的联系。一个自信的人会更愿意去主动追求目标并面对挑战。他们通常相信自己的决策是正确的，所以在行动时会更加坚定和果断。他们不会因为一时的挫折和失败垂头丧气，而是会坚持追求自己的目标。正是因为他们有自信，所以才能够不断进步并取得成功。

해석　자신감과 성공 사이에는 밀접한 관계가 있다. 자신감 있는 사람은 더 능동적으로 목표를 추구하고 도전에 직면하길 원한다. 그들은 보통 자신의 결정이 옳다고 믿기 때문에 행동할 때 더욱 확고하고 결단력이 있다. 그들은 일시적인 좌절과 실패에 의기소침해하지 않고 꾸준히 자신의 목표를 추구한다. 그들은 자신감이 있기 때문에 끊임없이 발전하고 성공을 얻을 수 있다.

어휘　**存在** cúnzài 图있다, 존재하다　**密切** mìqiè 혱밀접하다　**主动** zhǔdòng 혱능동적이다, 자발적이다　**追求** zhuīqiú 图추구하다
　　　**目标** mùbiāo 몡목표　**面对** miànduì 图직면하다　**挑战** tiǎozhàn 몡도전　**通常** tōngcháng 凰보통　**决策** juécè 몡결정
　　　**行动** xíngdòng 图행동하다　**坚定** jiāndìng 혱확고하다, 결연하다　**果断** guǒduàn 혱결단력이 있다, 단호하다
　　　**挫折** cuòzhé 图좌절하다　**垂头丧气** chuítóusàngqì 셍의기소침하다　**不断** búduàn 凰끊임없이

모범답변

🎤

　　Gāngcái wǒ tīngdào de shì guānyú zìxìn hé chénggōng de wénzhāng. Xiàmiàn wǒ lái fùshù jùtǐ nèiróng.
**刚才我听到的是关于自信和成功的文章。下面我来复述具体内容。**
Zìxìn hé chénggōng yǒu hěn dà de liánxì, zìxìn de rén huì gèng yuànyì zhǔdòng zhuīqiú mùbiāo bìng miànduì tiǎozhàn.
**自信和成功有很大的联系，自信的人会更愿意主动追求目标并面对挑战。**
Tāmen huì xiāngxìn zìjǐ shì duì de, suǒyǐ xíngdòng shí huì gèngjiā jiāndìng. Tāmen bú huì yīn cuòzhé hé shībài ér
**他们会相信自己是对的，所以行动时会更加坚定。他们不会因挫折和失败而**
nánguò, ér shì huì jiānchí xiàqu. Zhèngshì yīnwèi yǒu zìxìn, tāmen cái néng jìnbù bìng chénggōng. Yǐshàng shì wǒ suǒ
**难过，而是会坚持下去。正是因为有自信，他们才能进步并成功。以上是我所**
tīngdào de guānyú zìxìn hé chénggōng de wénzhāng.
**听到的关于自信和成功的文章。**

해석　제가 방금 들은 것은 자신감과 성공과 관련된 글입니다. 이어서 제가 구체적인 내용을 설명해보겠습니다. 자신감과 성공은 큰 관계가 있으며, 자신감 있는 사람은 더 능동적으로 목표를 추구하고 도전에 직면하길 원합니다. 그들은 자신이 옳다고 믿기 때문에 행동할 때 더욱 확고합니다. 그들은 좌절과 실패에 슬퍼하지 않고 꾸준히 해나갑니다. 자신감이 있기 때문에 그들은 발전하고 성공할 수 있습니다. 이상 제가 들은 자신감과 성공과 관련된 글입니다.

어휘　**主动** zhǔdòng 혱능동적이다, 자발적이다　**追求** zhuīqiú 图추구하다　**目标** mùbiāo 몡목표　**面对** miànduì 图직면하다
　　　**挑战** tiǎozhàn 몡도전　**行动** xíngdòng 图헹동하다　**坚定** jiāndìng 혱확고하다, 결연하나　**挫折** cuòzhé 图좌절하다

**2**

　　在进行投资之前，一定要先了解市场趋势，这可以帮助我们做出更明智的投资决定。除此之外，不要把所有的资金全都投资到一个地方。这是因为一旦出现问题，例如股票大幅度下跌、房地产市场崩溃等，就会面临巨大的损失。因此，为了让投资进行得更顺利，投资者应该不断学习有关投资的知识，提高自己的判断力，选择适合自己的投资方式。

해석　투자를 하기 전에는 반드시 시장의 흐름을 먼저 이해해야 하는데, 이는 우리가 더 현명한 투자 결정을 내리는 데 도움을 준다. 이 외에, 모든 자금을 한 곳에 투자하면 안 된다. 이는 만약 주식이 큰 폭으로 하락하거나, 부동산 시장이 붕괴되는 등의 문제가 생기면 막대한 손실을 볼 수 있기 때문이다. 따라서 투자가 더욱 원활히 진행되게 하기 위해서 투자자는 투자에 대한 지식을 끊임없이 배우고, 자신의 판단력을 높여 자신에게 맞는 투자 방식을 선택해야 한다.

어휘　投资 tóuzī 图투자하다　市场 shìchǎng 图시장　趋势 qūshì 图흐름, 추세　明智 míngzhì 图현명하다　资金 zījīn 图자금
一旦 yídàn 图(일단) ~한다면　股票 gǔpiào 图주식　幅度 fúdù 图(사물의 변동) 폭　下跌 xiàdiē 图하락하다
房地产 fángdìchǎn 图부동산　崩溃 bēngkuì 图붕괴하다　巨大 jùdà 图막대한　损失 sǔnshī 图손실되다
不断 búduàn 图끊임없이　方式 fāngshì 图방식

**모범답변**

Gāngcái wǒ tīngdào de shì guānyú tóuzī de wénzhāng. Xiàmian wǒ lái fùshù jùtǐ nèiróng. Zài tóuzī zhīqián,
**刚才我听到的是关于投资的文章。下面我来复述具体内容。在投资之前，**
yào liǎojiě shìchǎng qūshì, zhè néng bāngzhù wǒmen zuòchu gèng hǎo de tóuzī juédìng. Cǐwài, bú yào bǎ suǒyǒu
**要了解市场趋势，这能帮助我们做出更好的投资决定。此外，不要把所有**
qián dōu tóuzī dào yí ge dìfang. Yīnwèi yídàn chūxiàn wèntí, jiù huì miànlín sǔnshī. Yīncǐ, wèile ràng tóuzī shùnlì
**钱都投资到一个地方。因为一旦出现问题，就会面临损失。因此，为了让投资顺利**
jìnxíng, tóuzīzhě yào búduàn xuéxí tóuzī zhīshi, tígāo pànduànlì, xuǎnzé shìhé zìjǐ de tóuzī fāngshì. Yǐshàng
**进行，投资者要不断学习投资知识，提高判断力，选择适合自己的投资方式。以上**
shì wǒ suǒ tīngdào de guānyú tóuzī de wénzhāng.
**是我所听到的关于投资的文章。**

해석　제가 방금 들은 것은 투자와 관련된 글입니다. 이어서 제가 구체적인 내용을 설명해보겠습니다. 투자를 하기 전에는 시장의 흐름을 이해해야 하는데, 이는 우리가 더 나은 투자 결정을 내리는 데 도움을 줍니다. 이 외에, 모든 자금을 한 곳에 투자하면 안 됩니다. 만약 문제가 생기면 손실을 볼 수 있기 때문입니다. 따라서 투자가 원활히 진행되게 하기 위해서 투자자는 투자 지식을 끊임없이 배우고, 판단력을 높여 자신에게 맞는 투자 방식을 선택해야 합니다. 이상 제가 들은 투자와 관련된 글입니다.

어휘　投资 tóuzī 图투자하다　市场 shìchǎng 图시장　趋势 qūshì 图흐름, 추세　一旦 yídàn 图(일단) ~한다면
损失 sǔnshī 图손실되다　不断 búduàn 图끊임없이　方式 fāngshì 图방식

**3**

村里有个喜欢安静的老人，可是不知从何时起，孩子们经常在老人家门口玩耍，门口变成了他们的游乐场，十分吵闹。老人想出了一个好办法，他把孩子们召集过来说："我这里很冷清，希望你们经常来玩儿。"说完他给每个人发了三颗糖。孩子们很开心，天天来玩儿。几天后，他给孩子们两颗糖，再后来只给一颗，最后干脆不给了。孩子们闷闷不乐地说："我们以后再也不来这儿了。"从此以后，老人重新过上了安静的生活。

해석　마을에 조용한 것을 좋아하는 노인이 있었는데, 어느 순간부터 아이들이 종종 노인의 집 앞에서 놀았고, 문 앞은 그들의 놀이터로 변해 매우 시끌벅적해졌다. 노인은 좋은 방법을 하나 생각해냈는데, 그는 아이들을 불러모아놓고 "여기는 쓸쓸하니 너희가 자주 놀러오면 좋겠구나."라고 말했다. 말이 끝난 후 그는 모든 아이에게 사탕을 세 알씩 나눠주었다. 아이들은 즐거워하며 매일 놀러 왔다. 며칠 후, 그는 아이들에게 사탕 두 알을 주고, 나중에는 한 알만 주고, 마지막에는 아예 주지 않았다. 아이들은 시무룩해하며 "우리 다시는 여기 와서 놀지 말자."라고 했다. 그로부터, 노인은 다시 조용한 삶을 살게 되었다.

어휘　玩耍 wánshuǎ 图놀다, 장난치다　游乐场 yóulèchǎng 图놀이터, 놀이공원　吵闹 chǎonào 图시끌벅적하다
召集 zhàojí 图불러모으다　冷清 lěngqing 图쓸쓸하다　颗 kē 图알, 방울　糖 táng 图사탕　干脆 gāncuì 图아예, 차라리
闷闷不乐 mènmènbúlè 图시무룩하다, 우울하다　重新 chóngxīn 图다시

🎤

Gāngcái wǒ tīngdào de shì guānyú yí ge lǎorén de wénzhāng. Xiàmian wǒ lái fùshù jùtǐ nèiróng. Cūn li yǒu ge
**刚才我听到的是关于一个老人的文章。下面我来复述具体内容。村里有个**

xǐhuan ānjìng de lǎorén, háizimen jīngcháng zài tā jiā ménkǒu wánr, shífēn chǎonào. Lǎorén bǎ háizimen jiào guòlai
**喜欢安静的老人，孩子们经常在他家门口玩儿，十分吵闹。老人把孩子们叫过来**

shuō xīwàng tāmen jīngcháng lái wánr, shuōwán gěi měi ge rén fāle sān kē táng. Hòulái tā gěile liǎng kē, zài hòulái zhǐ
**说希望他们经常来玩儿，说完给每个人发了三颗糖。后来他给了两颗，再后来只**

gěile yì kē, zuìhòu gāncuì bù gěi le. Háizimen mènmènbúlè de shuō tāmen yǐhòu bù lái wánr le. Lǎorén chóngxīn
**给了一颗，最后干脆不给了。孩子们闷闷不乐地说他们以后不来玩儿了。老人重新**

guòshangle ānjìng de shēnghuó. Yǐshàng shì wǒ suǒ tīngdào de guānyú yí ge lǎorén de wénzhāng.
**过上了安静的生活。以上是我所听到的关于一个老人的文章。**

해석 제가 방금 들은 것은 한 노인과 관련된 글입니다. 이어서 제가 구체적인 내용을 설명해보겠습니다. 마을에 조용한 것을 좋아하는 노인이 있었는데, 아이들이 종종 그의 집 앞에서 놀아서 매우 시끌벅적했습니다. 노인은 아이들을 불러서 자주 놀러오면 좋겠다고 하며 모든 아이에게 사탕을 세 알씩 나눠주었습니다. 그 후 그는 두 알을 줬고, 나중에는 한 알만 줬고, 마지막에는 아예 주지 않았습니다. 아이들은 시무룩해하며 다시는 놀러 오지 않겠다고 말했습니다. 노인은 다시 조용한 삶을 살게 되었습니다. 이상 제가 들은 한 노인과 관련된 글입니다.

어휘 **吵闹** chǎonào 〔형〕시끌벅적하다　**颗** kē 〔양〕알, 방울　**糖** táng 〔명〕사탕　**干脆** gāncuì 〔부〕아예, 차라리
**闷闷不乐** mènmènbúlè 〔성〕시무룩하다, 우울하다　**重新** chóngxīn 〔부〕다시, 재차

---

**4**

다음자 끊어읽기
Zài jiàoyù háizi de shíhou / xūyào hélǐ guǎnjiào. Guǎnjiào háizi shì / gàosu tāmen xíngwéi biāozhǔn, jí
**在教育孩子的时候/需要合理管教。管教孩子是/告诉他们行为标准，即**

성조변화
shénmeyàng de shìqing kěyǐ zuò, shénmeyàng de shìqing bù néng zuò. Rúguǒ háizi fànle cuòwù, jiāzhǎng jiù yào duì
**什么样的事情可以做，什么样的事情不能做。如果/孩子犯了错误，家长就要/对**

háizi jìnxíng guǎnjiào. Jiāzhǎng guǎnjiào háizi shí yídìng yào yǒu quánwēixìng, yào ràng háizi zhīdào zìjǐ shì rènzhēn de.
**孩子/进行管教。家长管教孩子时/一定要有权威性，要让孩子知道/自己是认真的。**

Hélǐ de guǎnjiào háizi kěyǐ péiyǎng tāmen de jìlǜ guānniàn, yě kěyǐ ràng tāmen zhīdào zìjǐ de xíngwéi shì bànsuí
**合理地管教孩子/可以培养/他们的纪律观念，也可以让他们知道/自己的行为/是伴随**

chéngfá huò jiǎngshǎng de. Lìngwài, jiāzhǎng yào hé lìng yíbàn bǎochí yízhìxìng, zài guǎnjiào háizi shí cǎiqǔ yíyàng
**惩罚或奖赏的。另外，家长要和另一半/保持一致性，在管教孩子时/采取一样**

de xíngdòng. Zhèyàng kěyǐ bāngzhù háizi jiànlì tǒngyī de xíngwéi biāozhǔn. Jíshǐ duì bǐcǐ de guǎnjiào fāngshì yǒu yìyì,
**的行动。这样可以帮助孩子建立/统一的行为标准。即使/对彼此的管教方式/有异议，**

yě zuìhǎo zài háizi bú zàichǎng de shíhou zài jìnxíng tǎolùn. Zhèyàng zuò kěyǐ bìmiǎn háizi duì jiāzhǎng de jiàoyù
**也最好/在孩子不在场的时候/再进行讨论。这样做/可以避免孩子/对家长的教育/**

chǎnshēng hùnluàngǎn, hái kěyǐ shùlì jiāzhǎng de quánwēi. Zài guǎnjiào háizi shí, bù kěyǐ zài shēntǐ shang hé xīnlǐ
**产生混乱感，还可以树立/家长的权威。在管教孩子时，不可以/在身体上和心理**

shang nüèdài háizi, zuìhǎo de fāngfǎ shì duì tāmen hǎo de biǎoxiàn jìnxíng jiǎnglì.
**上/虐待孩子，最好的方法/是/对他们好的表现/进行奖励。**

해석 아이를 교육할 때는 합당한 훈육이 필요하다. 아이를 훈육한다는 것은 그들에게 행동 기준, 즉 어떤 일을 해도 되고 어떤 일을 하면 안 되는지를 알려주는 것이다. 만약 아이가 잘못을 저질렀다면, 부모는 아이를 훈육해야 한다. 부모가 아이를 훈육할 때는 반드시 권위가 있어야 하며, 아이에게 자신이 진지하다는 것을 알게 해야 한다. 아이들을 합당하게 훈육하면 그들의 규율 관념을 기를 수 있으며, 그들이 자신의 행동이 처벌이나 보상을 수반한다는 것을 알게 할 수도 있다. 또한 부모는 배우자와 일관성을 유지해야 하며, 아이를 훈육할 때 동일한 행동을 취해야 한다. 이렇게 하면 아이가 통일된 행동 기준을 수립하는 데 도움이 된다. 설령 서로의 훈육 방식에 다른 의견이 있더라도 아이가 없을 때 다시 토론하는 것이 좋다. 이렇게 하면 아이가 부모의 교육에 대해 혼란이 생기는 것을 피할 수 있고, 부모의 권위도 확립할 수 있다. 아이를 훈육할 때는 신체적 그리고 심리적으로 아이를 학대해서는 안 되며, 가장 좋은 방법은 그들의 좋은 행동에 대해 보상을 하는 것이다.

어휘 **合理** hélǐ 휑 합당하다, 합리적이다 　**管教** guǎnjiào 동 훈육하다, 가르치다 　**行为** xíngwéi 명 행동 　**权威** quánwēi 휑 권위가 있는
**培养** péiyǎng 동 기르다 　**纪律** jìlǜ 명 규율 　**观念** guānniàn 명 관념 　**伴随** bànsuí 동 수반하다 　**惩罚** chéngfá 동 처벌하다
**奖赏** jiǎngshǎng 동 보상을 주다 　**保持** bǎochí 동 유지하다 　**一致** yízhì 동 일관되다 　**采取** cǎiqǔ 동 취하다
**行动** xíngdòng 명 행동 　**建立** jiànlì 동 수립하다 　**统一** tǒngyī 휑 통일된 　**彼此** bǐcǐ 대 서로 　**方式** fāngshì 명 방식
**异议** yìyì 명 다른 의견, 이의 　**避免** bìmiǎn 동 피하다 　**产生** chǎnshēng 동 생기다 　**混乱** hùnluàn 휑 혼란하다
**树立** shùlì 동 확립하다 　**心理** xīnlǐ 명 심리 　**虐待** nüèdài 동 학대하다 　**表现** biǎoxiàn 명 행동, 활약
**奖励** jiǎnglì 동 보상하다, 장려하다

---

**5**

**如果想保护环境，你平时会做哪些努力？**
만약 환경을 보호하고 싶다면, 당신은 평소에 어떤 노력을 할 것인가?

### 아웃라인

| | | |
|---|---|---|
| 나의 의견 | 平时我会减少使用塑料袋和一次性用品，严格进行垃圾分类，并选择低碳出行的方式。 | |
| | 평소에 나는 비닐봉지와 일회용품 사용을 줄이고, 분리수거를 철저히 하고, 저탄소 이동 방식을 선택할 것이다. | |
| 이유1 | 减少使用塑料袋和一次性用品。 | 비닐봉지와 일회용품 사용을 줄인다. |
| 근거 | 塑料袋和一次性用品很难被分解。 | 비닐봉지와 일회용품은 쉽게 분해되지 않는다. |
| | 白色垃圾会对环境造成很大危害。 | 플라스틱 쓰레기는 환경에 큰 해를 끼친다. |
| 이유2 | 严格进行垃圾分类。 | 분리수거를 철저히 한다. |
| 근거 | 按照规定进行分类，可以促进资源的回收利用。 | 규정에 따라 분리수거를 하면 자원의 재활용을 촉진할 수 있다. |
| | 废电池和药品会造成土地污染和水污染。 | 폐건전지와 약품은 토지 오염과 수질 오염을 일으킬 수 있다. |
| 이유3 | 选择低碳出行的方式。 | 저탄소 이동 방식을 선택한다. |
| 근거 | 出门时步行能保护环境，增加身体活动量。 | 외출을 할 때 걸으면 환경을 보호하고 신체 활동량을 늘릴 수 있다. |
| 마무리 | 平时我会减少使用塑料袋和一次性用品，严格进行垃圾分类，并选择低碳出行的方式。 | |
| | 평소에 나는 비닐봉지와 일회용품 사용을 줄이고, 분리수거를 철저히 하고, 저탄소 이동 방식을 선택할 것이다. | |

### 모범답변

| | |
|---|---|
| 나의 의견 | Rúguǒ xiǎng bǎohù huánjìng, píngshí wǒ huì jiǎnshǎo shǐyòng sùliàodài hé yícìxìng yòngpǐn,<br>**如果想保护环境，平时我会减少使用塑料袋和一次性用品，**<br>yángé jìnxíng lājī fēnlèi, bìng xuǎnzé dī tàn chūxíng de fāngshì.<br>**严格进行垃圾分类，并选择低碳出行的方式。** |
| 이유1<br>근거 | Shǒuxiān, jiǎnshǎo shǐyòng sùliàodài hé yícìxìng yòngpǐn. Jùtǐ lái shuō, sùliàodài hé<br>**首先，减少使用塑料袋和一次性用品。具体来说，塑料袋和**<br>yícìxìng yòngpǐn zài zìránjiè zhōng hěn nán bèi fēnjiě, róngyì xíngchéng dàliàng de báisè lājī,<br>**一次性用品在自然界中很难被分解，容易形成大量的白色垃圾，**<br>zhè huì duì huánjìng zàochéng hěn dà de wēihài. Suǒyǐ wǒ píngshí gòuwù huò chūqu yóuwán shí,<br>**这会对环境造成很大的危害。所以我平时购物或出去游玩时，**<br>jǐnliàng bù shǐyòng sùliàodài hé yícìxìng yòngpǐn.<br>**尽量不使用塑料袋和一次性用品。** |

모범답변·해석 | 실전모의고사 1　**181**

해커스 HSKK 고급 5일 만에 딸 수 있다!

| | | Qícì, yángé jìnxíng lājī fēnlèi. Jùtǐ lái shuō, wǒ huì ànzhào guīdìng duì lājī jìnxíng |
|---|---|---|
| 이유2 근거 | 🎤 | **其次，严格进行垃圾分类。具体来说，**我会按照规定对垃圾进行 |
| | | fēnlèi, zhèyàng kěyǐ cùjìn zīyuán de huíshōu lìyòng. Érqiě, wǒ cónglái bú huì bǎ fèidiànchí hé |
| | | 分类，这样可以促进资源的回收利用。而且我从来不会把废电池和 |
| | | guòqī yàopǐn dàngzuò kěhuíshōuwù diūqì, ér shì bǎ tāmen sòngdào huíshōuzhàn, yīnwèi suíshǒu |
| | | 过期药品当作可回收物丢弃，而是把它们送到回收站，因为随手 |
| | | diūqì de fèidiànchí hé yàopǐn kěnéng huì zàochéng tǔdì wūrǎn hé shuǐ wūrǎn. |
| | | 丢弃的废电池和药品可能会造成土地污染和水污染。 |

| | | Zuìhòu, xuǎnzé dītàn chūxíng de fāngshì. Jùtǐ lái shuō, chūmén shí wǒ huì jǐnliàng xuǎnzé |
|---|---|---|
| 이유3 근거 | 🎤 | **最后，选择低碳出行的方式。具体来说，**出门时我会尽量选择 |
| | | bùxíng, zuò dìtiě huòzhě qí zìxíngchē. Zhèyàng zuò bùjǐn néng bǎohù huánjìng, hái néng zēngjiā |
| | | 步行、坐地铁或者骑自行车。这样做不仅能保护环境，还能增加 |
| | | shēntǐ huódòngliàng, kěyǐ shuō shì yìjǔliǎngdé de zuòfǎ. |
| | | 身体活动量，可以说是一举两得的做法。 |

| | | Zǒng'éryánzhī, rúguǒ xiǎng bǎohù huánjìng, píngshí wǒ huì jiǎnshǎo shǐyòng sùliàodài hé |
|---|---|---|
| 마무리 | 🎤 | **总而言之，**如果想保护环境，平时我会减少使用塑料袋和 |
| | | yícìxìng yòngpǐn, yángé jìnxíng lājī fēnlèi, bìng xuǎnzé dītàn chūxíng de fāngshì. |
| | | 一次性用品，严格进行垃圾分类，并选择低碳出行的方式。 |

**해석** 만약 환경을 보호하고 싶다면, 평소에 저는 비닐봉지와 일회용품 사용을 줄이고, 분리수거를 철저히 하고, 저탄소 이동 방식을 선택할 것입니다. 먼저, 비닐봉지와 일회용품 사용을 줄입니다. 구체적으로 말하자면, 비닐봉지와 일회용품은 자연에서 쉽게 분해되지 않아 대량의 플라스틱 쓰레기가 되기 쉬운데, 이는 환경에 큰 해를 끼칩니다. 그래서 저는 평소에 쇼핑을 하거나 나가서 놀 때 가능한 한 비닐봉지와 일회용품을 사용하지 않습니다.

그다음으로, 분리수거를 철저히 합니다. 구체적으로 말하자면, 저는 규정에 따라 분리수거를 하는데, 이렇게 하면 자원의 재활용을 촉진할 수 있습니다. 게다가 저는 절대 폐건전지와 유통기한이 지난 약품을 재활용품으로 버리지 않고 이것들을 수거함에 보내는데, 아무렇게나 버리는 폐건전지와 약품은 토지 오염과 수질 오염을 일으킬 수 있기 때문입니다.

마지막으로, 저탄소 이동 방식을 선택합니다. 구체적으로 말하자면, 외출을 할 때 저는 최대한 걷거나, 지하철을 타거나 자전거를 타는 것을 선택합니다. 이렇게 하면 환경을 보호할 수 있을 뿐만 아니라, 신체 활동량도 늘릴 수 있으므로 일석이조인 방법이라고 할 수 있습니다.

결론적으로 말하자면, 만약 환경을 보호하고 싶다면, 평소에 저는 비닐봉지와 일회용품 사용을 줄이고, 분리수거를 철저히 하고, 저탄소 이동 방식을 선택할 것입니다.

**어휘** 垃圾分类 lājī fēnlèi 분리수거를 하다　低碳 dītàn 휑 저탄소의　方式 fāngshì 몡 방식　分解 fēnjiě 동 분해하다
白色垃圾 báisè lājī 몡 플라스틱 쓰레기　造成 zàochéng 동 (영향을) 끼치다, 초래하다　危害 wēihài 몡 해, 피해
资源 zīyuán 몡 자원　回收利用 huíshōu lìyòng 재활용하다　废电池 fèidiànchí 몡 폐건전지　土地 tǔdì 몡 토지, 땅
形成 xíngchéng 동 ~가 되다, 형성하다　尽量 jǐnliàng 휌 가능한 한　过期 guòqī 유통기한이 지나다
可回收 kě huíshōu 재활용하다, 회수할 수 있다　丢弃 diūqì 동 버리다　随手 suíshǒu 휌 아무렇게나, 손이 가는 대로
一举两得 yìjǔliǎngdé 솅 일석이조, 일거양득

对你来说，最理想的生活状态是什么样的？
당신에게 있어, 가장 이상적인 삶의 상태는 어떤 모습인가?

**아웃라인**

| 나의 의견 | 最理想的生活状态是拥有健康的身心，有目标和追求，并且身边有家人和朋友。 |
|---|---|
| | 가장 이상적인 삶의 상태는 건강한 몸과 마음이 있고, 목표와 추구하는 바가 있으며, 곁에 가족과 친구가 있는 것이다. |
| 이유1 | 拥有健康的身心。　건강한 몸과 마음이 있다. |
| 근거 | 没有健康，我们会失去一切。　건강이 없다면, 우리는 모든 것을 잃게 될 것이다. |
| | 我们只有身心健康，才能好好生活和工作。　우리는 몸과 마음이 건강해야만 잘 생활하고 일을 할 수 있다. |
| 이유2 | 有目标和追求。　목표와 추구하는 바가 있다. |
| 근거 | 有目标和追求，就会有激情和动力。　목표와 추구하는 바가 있다면 열정과 동기가 생길 것이다. |
| | 没有目标而生活，就像没有罗盘而航行。　목표가 없는 삶은 나침반 없는 항해와 같다. |
| 이유3 | 身边有家人和朋友。　곁에 가족과 친구가 있다. |
| 근거 | 我们能得到情感上的支持，会更积极向上。　우리는 감정적 지지를 받을 수 있으며, 더욱 긍정적이게 될 것이다. |
| | 我们可以与他们分享喜悦，也能得到帮助。　우리는 그들과 기쁨을 나눌 수 있고, 도움을 받을 수도 있다. |
| 마무리 | 最理想的生活状态是拥有健康的身心，有目标和追求，并且身边有家人和朋友。 |
| | 가장 이상적인 삶의 상태는 건강한 몸과 마음이 있고, 목표와 추구하는 바가 있으며, 곁에 가족과 친구가 있는 것이다. |

**모범답변**

| 나의 의견 | 🎤 Wǒ rènwéi zuì lǐxiǎng de shēnghuó zhuàngtài shì yōngyǒu jiànkāng de shēnxīn, yǒu mùbiāo<br>我认为最理想的生活状态是拥有健康的身心，有目标<br>hé zhuīqiú, bìngqiě shēnbiān yǒu jiārén hé péngyou.<br>和追求，并且身边有家人和朋友。 |
|---|---|
| 이유1<br>근거 | 🎤 Dì yī, yōngyǒu jiànkāng de shēnxīn. Rúguǒ méiyǒu jiànkāng, wǒmen jiù huì shīqù yíqiè.<br>第一，拥有健康的身心。如果没有健康，我们就会失去一切。<br>Jiànkāng shì xìngfú shēnghuó de jīchǔ, yě shì gāoxiào gōngzuò de qiántí. Wǒmen zhǐyǒu shēnxīn<br>健康是幸福生活的基础，也是高效工作的前提。我们只有身心<br>jiànkāng, cái néng hǎohǎo shēnghuó hé gōngzuò, qù zhuīqiú zìjǐ de mèngxiǎng, bìng zhàogù hǎo<br>健康，才能好好生活和工作，去追求自己的梦想，并照顾好<br>shēnbiān de rén.<br>身边的人。 |
| 이유2<br>근거 | 🎤 Dì èr, yǒu mùbiāo hé zhuīqiú. Rúguǒ wǒmen zài gōngzuò hé shēnghuó zhōng yǒu mùbiāo<br>第二，有目标和追求。如果我们在工作和生活中有目标<br>hé zhuīqiú, jiù huì yǒu jīqíng hé dònglì, cóng'ér gèng hǎo de shíxiàn gèrén jiàzhí, huòdé<br>和追求，就会有激情和动力，从而更好地实现个人价值，获得<br>mǎnzúgǎn. Yí wèi zhùmíng de zhéxuéjiā jiù céng shuōguo, 'Méiyǒu mùbiāo ér shēnghuó, jiù xiàng<br>满足感。一位著名的哲学家就曾说过，"没有目标而生活，就像<br>méiyǒu luópán ér hángxíng'.<br>没有罗盘而航行"。 |

Dì sān, shēnbiān yǒu jiārén hé péngyou. Rúguǒ zài wǒmen de rénshēng lǚtú zhōng yǒu
**第三，身边有家人和朋友。如果在我们的人生旅途中有**

jiārén hé péngyou péibàn, wǒmen jiù néng gèng róngyì dédào qínggǎn shang de zhīchí hé gǔlì,
**家人和朋友陪伴，我们就能更容易得到情感上的支持和鼓励，**

zhè huì ràng wǒmen gèngjiā jījí xiàngshàng, gèng yǒu dònglì qù guò zìjǐ xiǎng yào de shēnghuó.
**这会让我们更加积极向上，更有动力去过自己想要的生活。**

Dāng wǒmen huòdé chéngjiù shí, kěyǐ yǔ tāmen fēnxiǎng xǐyuè, ér dāng wǒmen miànlín kùnnan
**当我们获得成就时，可以与他们分享喜悦；而当我们面临困难**

shí, yě néng dédào tāmen de bāngzhù.
**时，也能得到他们的帮助。**

Zōngshàngsuǒshù, wǒ rènwéi zuì lǐxiǎng de shēnghuó zhuàngtài shì yōngyǒu jiànkāng de
**综上所述，我认为最理想的生活状态是拥有健康的**

shēnxīn, yǒu mùbiāo hé zhuīqiú, bìngqiě shēnbiān yǒu jiārén hé péngyou.
**身心，有目标和追求，并且身边有家人和朋友。**

---

**해석**  저는 가장 이상적인 삶의 상태는 건강한 몸과 마음이 있고, 목표와 추구하는 바가 있으며, 곁에 가족과 친구가 있는 것이라고 생각합니다.

첫째, 건강한 몸과 마음이 있는 것입니다. 만약 건강이 없다면, 우리는 모든 것을 잃게 될 것입니다. 건강은 행복한 삶의 기초이며, 효율적으로 일하는 것의 전제이기도 합니다. 우리는 몸과 마음이 건강해야만 잘 생활하고 일을 할 수 있으며, 자신의 꿈을 추구하고 곁에 있는 사람들을 돌볼 수 있습니다.

둘째, 목표와 추구하는 바가 있는 것입니다. 만약 우리가 일을 하고 살아가는 데 있어 목표와 추구하는 바가 있다면 열정과 동기가 생기고, 그리하여 자신의 가치를 더 잘 실현하고 만족감을 얻을 수 있습니다. 한 유명한 철학자는 '목표가 없는 삶은 나침반 없는 항해와 같다'라고 말했습니다.

셋째, 곁에 가족과 친구가 있는 것입니다. 만약 우리가 인생의 여정에서 가족과 친구의 동반이 있다면 우리는 감정적 지지와 격려를 더 쉽게 받을 수 있으며, 이는 우리가 더욱 긍정적이고 자신이 살고자 하는 삶을 더 잘 살 동기를 가지게 합니다. 우리가 성취를 거두었을 때 그들과 기쁨을 나눌 수 있고, 우리가 어려움을 마주했을 때 그들의 도움을 받을 수도 있습니다.

앞서 언급한 내용을 종합했을 때, 저는 가장 이상적인 삶의 상태는 건강한 몸과 마음이 있고, 목표와 추구하는 바가 있으며, 곁에 가족과 친구가 있는 것이라고 생각합니다.

**어휘**  **状态** zhuàngtài 몡 상태  **目标** mùbiāo 몡 목표  **追求** zhuīqiú 툉 추구하다  **失去** shīqù 툉 잃다  **激情** jīqíng 몡 열정
**动力** dònglì 몡 동기, 원동력  **罗盘** luópán 몡 나침반  **航行** hángxíng 툉 항해하다  **分享** fēnxiǎng 툉 나누다
**喜悦** xǐyuè 몡 기쁨  **梦想** mèngxiǎng 몡 꿈  **从而** cóng'ér 젭 그리하여  **实现** shíxiàn 툉 실현하다  **价值** jiàzhí 몡 가치
**满足感** mǎnzúgǎn 툉 만족감  **哲学家** zhéxuéjiā 몡 철학가  **旅途** lǚtú 몡 여정

# 실전모의고사 2  p.104

**1**　　　低头刷手机已经成为了一种社会现象，这种现象在年轻人中尤为普遍。在地铁和公交车上，几乎每个人都在低头看手机。甚至在聚会上，很多人依旧难以离开手机。手机显然已经成为了人们日常生活中不可或缺的存在。手机虽然为我们提供了快速获取信息的渠道，使我们的生活更加便捷，但过度沉迷于手机会导致人们缺乏面对面的沟通，对人际关系产生负面影响。

**해석**　고개를 숙이고 휴대폰을 보는 것은 일종의 사회 현상이 되었으며, 이러한 현상은 젊은이들 사이에서 특히 보편적이다. 지하철과 버스에서 거의 모든 사람이 고개를 숙이고 휴대폰을 보고 있다. 심지어 모임에서도 많은 사람이 여전히 휴대폰을 놓지 못한다. 휴대폰은 분명하게도 이미 사람들의 일상 생활에서 없어서는 안될 존재가 되었다. 휴대폰은 비록 우리에게 정보를 빠르게 얻을 수 있는 경로를 제공하고 우리의 삶을 더 편리하게 만들었지만, 과도하게 휴대폰에 빠지는 것은 사람들이 얼굴을 마주 보고 하는 소통의 부족을 초래하고 인간관계에 부정적인 영향을 미친다.

**어휘**　**刷手机** shuā shǒujī 휴대폰을 보다(훑어보다)　**现象** xiànxiàng 몡 현상　**尤为** yóuwéi 팀 특히, 더욱이　**依旧** yījiù 팀 여전히
**显然** xiǎnrán 혱 분명하다　**不可或缺** bùkěhuòquē 셍 없어서는 안되다　**存在** cúnzài 몡 존재　**获取** huòqǔ 동 얻다, 획득하다
**信息** xìnxī 몡 정보, 소식　**渠道** qúdào 몡 경로　**便捷** biànjié 혱 편리하다, 간편하다　**过度** guòdù 혱 과도하다
**沉迷** chénmí 동 깊이 빠지다　**导致** dǎozhì 동 초래하다　**缺乏** quēfá 동 부족하다　**面对面** miànduìmiàn 얼굴을 마주 보다
**沟通** gōutōng 동 소통하다

**모범답변**

Gāngcái wǒ tīngdào de shì guānyú shuā shǒujī de shèhuì xiànxiàng de wénzhāng. Xiàmian wǒ lái fùshù jùtǐ
**刚才我听到的是关于刷手机的社会现象的文章。下面我来复述具体**
nèiróng. Shuā shǒujī chéngwéile yì zhǒng shèhuì xiànxiàng, zhè zhǒng xiànxiàng zài niánqīngrén zhōng hěn pǔbiàn.
**内容。刷手机成为了一种社会现象，这种现象在年轻人中很普遍。**
Zài dìtiě hé gōngjiāochē shang, xǔduō rén dōu zài kàn shǒujī. Zài jùhuì shang, hěn duō rén yě líbukāi shǒujī. Shǒujī
**在地铁和公交车上，许多人都在看手机。在聚会上，很多人也离不开手机。手机**
chéngwéile zhòngyào de cúnzài. Shǒujī ràng wǒmen gèng kuài de huòqǔ xìnxī, ràng shēnghuó gèng biànjié, dàn
**成为了重要的存在。手机让我们更快地获取信息，让生活更便捷，但**
chénmí yú shǒujī huì shǐ rénmen quēfá miànduìmiàn de gōutōng, duì rénjì guānxi chǎnshēng bù hǎo de yǐngxiǎng.
**沉迷于手机会使人们缺乏面对面的沟通，对人际关系产生不好的影响。**
Yǐshàng shì wǒ suǒ tīngdào de guānyú shuā shǒujī de shèhuì xiànxiàng de wénzhāng.
**以上是我所听到的关于刷手机的社会现象的文章。**

**해석**　제가 방금 들은 것은 휴대폰을 보는 사회 현상과 관련된 글입니다. 이어서 제가 구체적인 내용을 설명해보겠습니다. 휴대폰을 보는 것은 일종의 사회 현상이 되었으며, 이러한 현상은 젊은이들 사이에서 매우 보편적입니다. 지하철과 버스에서 많은 사람이 휴대폰을 보고 있습니다. 모임에서도 많은 사람이 휴대폰을 놓지 못합니다. 휴대폰은 중요한 존재가 되었습니다. 휴대폰은 우리에게 정보를 빠르게 얻게 하고 생활을 편리하게 만들었지만, 휴대폰에 깊이 빠지는 것은 사람들이 얼굴을 마주 보고 하는 소통을 부족하게 하고 인간관계에 좋지 않은 영향을 미칩니다. 이상 제가 들은 휴대폰을 보는 사회 현상과 관련된 글입니다.

**어휘**　**刷手机** shuā shǒujī 휴대폰을 보다(훑어보다)　**现象** xiànxiàng 몡 현상　**存在** cúnzài 몡 존재　**获取** huòqǔ 동 얻다, 획득하다
**信息** xìnxī 몡 정보, 소식　**便捷** biànjié 혱 편리하다, 간편하다　**沉迷** chénmí 동 깊이 빠지다　**缺乏** quēfá 동 부족하다
**面对面** miànduìmiàn 얼굴을 마주 보다, 대면하다

## 2

在日常生活中，我们经常会遇到迟到的人。有些人迟到确实是因为遇到了意外情况，但其实很多人会习惯性地迟到。心理学家认为，有些人迟到并不是因为他们懒惰或无礼，也许是他们对时间的错误估计导致习惯性迟到。他们总是低估自己完成任务所需的时间，这种过于乐观的估计会让他们养成不守时的习惯。

해석 일상 생활에서 우리는 종종 지각하는 사람을 만난다. 어떤 사람들은 확실히 뜻밖의 상황에 부딪혀서 지각하지만, 사실 많은 사람은 습관적으로 지각한다. 심리학자들은 어떤 사람들이 지각하는 것은 게으르거나 무례하기 때문이 아니라 어쩌면 시간을 잘못 예측한 것이 습관적인 지각을 초래한 것일 수도 있다고 말한다. 그들은 항상 자신이 임무를 완수하는 데 필요한 시간을 과소평가하며, 이러한 지나치게 낙관적인 추정은 그들이 시간을 지키지 않는 습관을 갖게 한다.

어휘 **确实** quèshí [부] 확실히, 틀림없이 **意外** yìwài [형] 뜻밖의, 의외의 **情况** qíngkuàng [명] 상황 **心理学家** xīnlǐxuéjiā [명] 심리학자 **懒惰** lǎnduò [형] 게으르다 **无礼** wúlǐ [형] 무례하다 **也许** yěxǔ [부] 어쩌면, 아마 **估计** gūjì [동] 예측하다 **导致** dǎozhì [동] 초래하다 **低估** dīgū [동] 과소평가하다 **任务** rènwu [명] 임무 **过于** guòyú [부] 지나치게 **乐观** lèguān [형] 낙관적이다 **养成** yǎngchéng [동] 습관이 되다 **守时** shǒushí [동] 시간을 지키다

**모범답변**

Gāngcái wǒ tīngdào de shì guānyú chídào de rén de wénzhāng. Xiàmian wǒ lái fùshù jùtǐ nèiróng. Wǒmen
**刚才我听到的是关于迟到的人的文章。下面我来复述具体内容。我们**
jīngcháng huì yùdào chídào de rén. Yǒuxiē rén chídào shì yīnwèi yùdàole yìwài qíngkuàng, dàn hěn duō rén huì
**经常会遇到迟到的人。有些人迟到是因为遇到了意外情况，但很多人会**
xíguànxìng de chídào. Yǒuxiē rén chídào bú shì yīnwèi tāmen lǎnduò, kěnéng shì yīnwèi cuòwù de gūjìle shíjiān.
**习惯性地迟到。有些人迟到不是因为他们懒惰，可能是因为错误地估计了时间。**
Tāmen dīgū zìjǐ suǒ xū de shíjiān, zhè huì ràng tāmen yǎngchéng bù shǒushí de xíguàn. Yǐshàng shì wǒ suǒ tīngdào de
**他们低估自己所需的时间，这会让他们养成不守时的习惯。以上是我所听到的**
guānyú chídào de rén de wénzhāng.
**关于迟到的人的文章。**

해석 제가 방금 들은 것은 지각하는 사람과 관련된 글입니다. 이어서 제가 구체적인 내용을 설명해보겠습니다. 우리는 지각하는 사람을 자주 만납니다. 어떤 사람들은 뜻밖의 상황에 부딪혀서 지각하지만, 많은 사람은 습관적으로 지각합니다. 어떤 사람들이 지각하는 것은 게을러서가 아니라 시간을 잘못 예측해서일 수도 있습니다. 그들은 자신이 필요로 하는 시간을 과소평가하며, 이는 그들이 시간을 지키지 않는 습관을 갖게 합니다. 이상 제가 들은 지각하는 사람과 관련된 글입니다.

어휘 **意外** yìwài [형] 뜻밖의, 의외의 **情况** qíngkuàng [명] 상황 **懒惰** lǎnduò [형] 게으르다 **估计** gūjì [동] 예측하다 **低估** dīgū [동] 과소평가하다 **养成** yǎngchéng [동] 습관이 되다 **守时** shǒushí [동] 시간을 지키다

## 3

从前有一只狡猾的狐狸，它想去葡萄园偷一些葡萄来吃。可是葡萄园被围栏拦住了，狐狸观察了好一会儿才找到了可以钻进去的洞。它进去后偷吃了许多葡萄，吃得很饱，肚子也鼓了起来，于是感到很满足。然而当它想要从洞里出去时，肚子却被卡住了，越挣扎就被卡得越紧。狐狸这才感到害怕，它知道自己犯了贪婪的错，但后悔也已经来不及了。

해석 옛날에 한 교활한 여우가 있었는데, 여우는 포도밭에 가서 포도를 훔쳐 먹으려고 했다. 그러나 포도밭은 울타리로 막혀 있었고, 여우는 한참을 관찰하다가 들어갈 구멍을 찾았다. 여우는 들어가서 많은 포도를 훔쳐 먹었는데, 배부르게 먹어 배도 불룩해져 만족했다. 그러나 여우가 구멍에서 나가려고 할 때 배가 걸렸고, 발버둥칠수록 더 꽉 걸렸다. 여우는 그제서야 겁이 났고, 자신이 탐욕스러운 잘못을 저질렀다는 것을 깨달았지만, 후회해도 이미 늦었다.

어휘 **从前** cóngqián [명] 옛날, 이전 **狡猾** jiǎohuá [형] 교활하다, 간사하다 **狐狸** húli [명] 여우 **葡萄** pútao [명] 포도 **偷** tōu [동] 훔치다 **围栏** wéilán [명] 울타리 **拦住** lánzhù (꽉) 막다 **观察** guānchá [동] 관찰하다 **钻** zuān [동] (뚫고) 들어가다 **洞** dòng [명] 구멍 **肚子** dùzi [명] 배 **鼓** gǔ [형] 불룩하다 **于是** yúshì [접] 그래서 **满足** mǎnzú [동] 만족하다 **卡住** qiǎzhù 걸리다, 끼이다 **挣扎** zhēngzhá [동] 발버둥치다, 몸부림치다 **贪婪** tānlán [형] 탐욕스럽다 **后悔** hòuhuǐ [동] 후회하다 **来不及** láibují [동] 늦다, ~할 겨를이 없다

🎤

Gāngcái wǒ tīngdào de shì guānyú yì zhī húli de wénzhāng. Xiàmian wǒ lái fùshù jùtǐ nèiróng. Cóngqián yǒu yì zhī
**刚才我听到的是关于一只狐狸的文章。下面我来复述具体内容。从前有一只**

húli xiǎng qù tōu pútao chī. Kěshì pútaoyuán bèi lánzhù le, húli guānchále hěn jiǔ hòu cái zhǎodàole jìnqu de dòng.
**狐狸想去偷葡萄吃。可是葡萄园被拦住了，狐狸观察了很久后才找到了进去的洞。**

Tā tōuchīle hěn duō pútao, dùzi gǔgǔ de, gǎndào hěn mǎnzú. Tā xiǎng chūqu, dùzi què bèi qiǎzhù le, yuè dòng
**它偷吃了很多葡萄，肚子鼓鼓的，感到很满足。它想出去，肚子却被卡住了，越动**

jiù bèi qiǎ de yuè jǐn. Húli hàipà le, tā zhīdào zìjǐ fànle tānlán de cuò, dàn hòuhuǐ yě láibují le. Yǐshàng
**就被卡得越紧。狐狸害怕了，它知道自己犯了贪婪的错，但后悔也来不及了。以上**

shì wǒ suǒ tīngdào de guānyú yì zhī húli de wénzhāng.
**是我所听到的关于一只狐狸的文章。**

해석   제가 방금 들은 것은 한 여우와 관련된 글입니다. 이어서 제가 구체적인 내용을 설명해보겠습니다. 옛날에 한 여우가 포도를 훔쳐 먹으려고 했습니다. 그런데 포도밭도 막혀 있었고, 여우는 한참을 관찰한 후에야 들어갈 구멍을 찾았습니다. 여우는 포도를 많이 훔쳐 먹어서 배가 불룩해졌고, 만족했습니다. 여우가 밖으로 나가려는데 배가 걸렸고, 움직일수록 더 꽉 걸렸습니다. 여우는 겁이 나고 자신이 탐욕스러운 잘못을 저질렀다는 것을 깨달았지만, 후회해도 이미 늦었습니다. 이상 제가 들은 한 여우와 관련된 글입니다.

어휘   狐狸 húli 📖 여우  从前 cóngqián 📖 옛날, 이전  偷 tōu 📖 훔치다  葡萄 pútao 📖 포도  拦住 lánzhù (꽉) 막다
观察 guānchá 📖 관찰하다  洞 dòng 📖 구멍  肚子 dùzi 📖 배  鼓 gǔ 📖 불룩하다  满足 mǎnzú 📖 만족하다
卡住 qiǎzhù 걸리다, 끼이다  贪婪 tānlán 📖 탐욕스럽다  后悔 hòuhuǐ 📖 후회하다  来不及 láibují 📖 늦다, ~할 겨를이 없다

---

**4**

Jǔjué shíwù shì wǒmen jìnshí shí bì jīng de guòchéng, zhèngquè de jǔjué fāngshì duì wǒmen de jiànkāng hěn
**咀嚼食物是／我们进食时必经的过程，正确的咀嚼方式／对我们的健康／很**

zhòngyào.
**重要。**

Shǒuxiān, chōngfèn jǔjué shíwù yǒuzhù yú xiāohuà. Jǔjué shì xiāohuà guòchéng zhōng de dì yī bù, tōngguò
**首先，充分咀嚼食物／有助于消化。咀嚼是／消化过程中的第一步，通过**

jǔjué shíwù, wǒmen jiāng shíwù jiáochéng xiǎokuài, shǐ xiāohuàméi gèng róngyì xiāohuà shíwù. Chōngfèn jǔjué shíwù
**咀嚼食物，我们将食物嚼成小块，使消化酶更容易消化食物。充分咀嚼食物／**

kěyǐ bāngzhù wǒmen gèng hǎo de xīshōu yíngyǎng wùzhì, jiǎnshǎo xiāohuà bùliáng hé chángwèi wèntí fāshēng de gàilǜ.
**可以帮助我们／更好地吸收营养物质，减少／消化不良和肠胃问题发生的概率。**

Qícì, chōngfèn jǔjué shíwù yǒuzhù yú kòngzhì yǐnshí. Zài wǒmen chōngfèn jǔjué shíwù de guòchéng zhōng, dànǎo huì
**其次，充分咀嚼食物／有助于控制饮食。在我们充分咀嚼食物的过程中，大脑会**

jiēshōu dào gèng duō de bǎofù xìnhào, cóng'ér ràng wǒmen yìshí dào zìjǐ yǐjīng chībǎo le, zhè néng bìmiǎn bào yǐn bào shí.
**接收到／更多的饱腹信号，从而／让我们意识到／自己已经吃饱了，这能避免暴饮暴食。**

Jǔjué shíwù shí yīnggāi xìjiáomànyàn, bú yào jíyú tūnyàn. Zhuānjiā jiànyì, měi yì kǒu shíwù yīnggāi jǔjué
**咀嚼食物时／应该细嚼慢咽，不要急于吞咽。专家建议，每一口食物／应该咀嚼**

èrshí dào sānshí cì, zhídào shíwù biàn de róuruǎn, róngyì xiàyàn wéizhǐ, zhè biànyú shíwù bèi réntǐ xiāohuà hé xīshōu.
**20到30次，直到食物变得柔软，容易下咽为止，这便于食物被人体消化和吸收。**

Lìngwài, jǔjué shíwù shí, yīnggāi fàngmàn jiézòu, xiǎngshòu shíwù de wèidao hé kǒugǎn, shǐ wèijué hé jǔjuégǎn
**另外，咀嚼食物时，应该放慢节奏，享受／食物的味道和口感，使味觉和咀嚼感**

dédào mǎnzú.
**得到满足。**

해석   음식을 씹는 것은 우리가 음식을 먹을 때 반드시 거쳐야 하는 과정이며, 올바르게 씹는 방법은 우리의 건강에 매우 중요하다.

우선, 음식을 충분히 씹는 것은 소화에 도움이 된다. 씹는 것은 소화 과정의 첫 번째 단계로, 음식을 씹음으로써 우리는 음식을 작은 조각으로 씹어 소화 효소가 음식을 더 쉽게 소화할 수 있게 한다. 음식을 충분히 씹으면 우리가 영양소를 더 잘 흡수하고, 소화 불량 및 위장 문제가 일어날 확률을 줄이는 데 도움이 된다. 그다음으로, 음식을 충분히 씹으면 식단 조절에 도움이 된다. 우리가 음식을 충분히 씹는 과정에서 뇌는 더 많은 포만감 신호를 수신하여 우리가 이미 배부르다고 인식하게 하는데, 이를 통해 과식을 피할 수 있다.

음식을 씹을 때는 오래 씹고 천천히 삼켜야 하며, 너무 급하게 삼키지 말아야 한다. 전문가들은 음식이 부드럽고 삼키기 쉬워질 때까지 음식을 한 입마다 20~30회 씹어야 한다고 제안하며, 이렇게 하면 인체에 소화되고 흡수되기 쉽다. 또한 음식을 씹을 때는 속도를 늦추고 음식의 맛과 식감을 즐기며, 미각과 씹는 감각을 만족시켜야 한다.

어휘   咀嚼 jǔjué 통 (음식물을) 씹다  食物 shíwù 명 음식  方式 fāngshì 명 방법  充分 chōngfèn 분 충분히  嚼 jiáo 통 씹다
消化酶 xiāohuàméi 명 소화 효소  吸收 xīshōu 통 흡수하다  营养物质 yíngyǎng wùzhì 명 영양소  肠胃 chángwèi 명 위장
概率 gàilǜ 명 확률  控制 kòngzhì 통 조절하다  饱腹信号 bǎofù xìnhào 포만감 신호  意识 yìshí 통 인식하다, 의식하다
避免 bìmiǎn 통 피하다  暴饮暴食 bào yǐn bào shí 과식하다, 마구 먹고 마시다
细嚼慢咽 xìjiáomànyàn 성 오래 씹고 천천히 삼키다  下咽 xiàyàn 삼키다  专家 zhuānjiā 명 전문가
柔软 róuruǎn 형 부드럽다  咽 yàn 통 삼키다  便于 biànyú 통 ~하기 쉽다  节奏 jiézòu 명 속도, 리듬
享受 xiǎngshòu 통 즐기다  满足 mǎnzú 통 만족시키다

---

**5** **你和父母之间有什么相同和不同的地方？**
당신과 부모님 사이에는 어떤 공통점과 차이점이 있는가?

### 아웃라인

| 나의 의견 | 我和父母之间有以下相同和不同的地方。  나와 부모님 사이에 아래와 같은 공통점과 차이점이 있다. |
|---|---|
| 이유1 | 我说一下相同的地方，我的性格和为人处世方式受到了父母的影响。<br>공통점을 말해보자면, 나의 성격 그리고 사람들과 함께 살아가는 방식은 부모님의 영향을 받았다. |
| 근거 | 我的父母有责任心，重视人际关系。  나의 부모님은 책임감 있으며, 인간관계를 중요시한다.<br>我和父母一样有责任心，并礼貌待人。  나도 부모님과 마찬가지로 책임감 있고 예의 바르게 사람을 대한다. |
| 이유2 | 我说一下不同的地方，我和父母对许多事情的看法不一样。<br>차이점을 말해보자면, 나와 부모님은 많은 일에 대한 견해가 다르다. |
| 근거 | 我们在不同的时代和环境中成长。  우리는 서로 다른 시대와 환경에서 자랐다.<br>我们有着不同的世界观和人生观。  우리는 서로 다른 세계관과 인생관을 가지고 있다. |
| 마무리 | 我和父母之间有以上相同和不同的地方。  나와 부모님 사이에 위와 같은 공통점과 차이점이 있다. |

### 모범답변

| 나의 의견 🎤 | Wǒ rènwéi wǒ hé fùmǔ zhījiān yǒu yíxià xiāngtóng hé bùtóng de dìfang.<br>**我认为我和父母之间有以下相同和不同的地方。** |
|---|---|
| 이유1<br>근거 🎤 | Shǒuxiān, wǒ shuō yíxià xiāngtóng de dìfang, wǒ de xìnggé hé wéirénchǔshì de fāngshì<br>**首先，我说一下相同的地方，我的性格和为人处世的方式**<br>shòudàole fùmǔ de yǐngxiǎng. Jùtǐ lái shuō, wǒ de fùmǔ hěn yǒu zérènxīn, zài gōngzuò zhōng<br>**受到了父母的影响。具体来说，我的父母很有责任心，在工作中**<br>jīngjīngyèyè、yìsībùgǒu. Tóngshí, tāmen xìnggé wēnhé, zhòngshì rénjì guānxi, suǒyǐ<br>**兢兢业业、一丝不苟。同时，他们性格温和，重视人际关系，所以**<br>zǒngshì yǔ zhōuwéi rén yǒuhǎo xiāngchǔ. Wǒ cóngxiǎo zài fùmǔ de jiàoyù xià chéngzhǎng, suǒyǐ<br>**总是与周围人友好相处。我从小在父母的教育下成长，所以** |

| | | zìrán'érrán de jìchéngle tāmen de zhèxiē yōudiǎn. Wǒ zài xuéxí hé gōngzuò shí, yě hé fùmǔ<br>**自然而然地继承了他们的这些优点。我在学习和工作时，也和父母**<br>yíyàng yǒu gāodù de zérènxīn, bìng lǐmào dàirén, suǒyǐ hěn duō péngyou hé tóngshì dōu<br>**一样有高度的责任心，并礼貌待人，所以很多朋友和同事都**<br>xǐhuan wǒ.<br>**喜欢我。** |
|---|---|---|
| 이유2<br>근거 | 🎤 | Qícì, wǒ shuō yíxià bùtóng de dìfang, Wǒ hé fùmǔ duì xǔduō shìqing de kànfǎ bù<br>**其次，我说一下不同的地方，我和父母对许多事情的看法不**<br>yíyàng. Jùtǐ lái shuō, wǒmen zài bùtóng de shídài hé shēnghuó huánjìng zhōng chéngzhǎng,<br>**一样。具体来说，我们在不同的时代和生活环境中成长，**<br>jiēshòule bùtóng de jiàoyù hé wénhuà, suǒ jīnglì de shì yě gè yǒu bùtóng. Suǒyǐ wǒmen yǒuzhe<br>**接受了不同的教育和文化，所经历的事也各有不同。所以我们有着**<br>bùtóng de shìjièguān hé rénshēngguān, duì hěn duō shìqing chíyǒu de kànfǎ cúnzài chāyì. Wèile<br>**不同的世界观和人生观，对很多事情持有的看法存在差异。为了**<br>huàjiě dàigōu, wǒ huì shìzhe yǐ kāifàng de xīntài qù lǐjiě tāmen, tāmen yě huì zūnzhòng wǒ de<br>**化解代沟，我会试着以开放的心态去理解他们，他们也会尊重我的**<br>xiǎngfǎ hé xuǎnzé.<br>**想法和选择。** |
| 마무리 | 🎤 | Zǒng'éryánzhī, wǒ rènwéi wǒ hé fùmǔ zhījiān yǒu yǐshàng xiāngtóng hé bùtóng de dìfang.<br>**总而言之，我认为我和父母之间有以上相同和不同的地方。** |

해석　저는 저와 부모님 사이에 아래와 같은 공통점과 차이점이 있다고 생각합니다.

먼저, 공통점을 말해보겠습니다. 저의 성격 그리고 사람들과 함께 살아가는 방식은 부모님의 영향을 받았습니다. 구체적으로 말하자면, 제 부모님은 매우 책임감 있으며, 일에 있어서 근면성실하고 꼼꼼합니다. 동시에 그들은 성격이 온화하고 인간관계를 중요시하기 때문에 항상 주변 사람들과 사이 좋게 지냅니다. 저는 어렸을 때부터 부모님의 가르침 아래에서 자랐기 때문에 자연스럽게 그들의 이러한 장점을 본받았습니다. 제가 공부를 하고 일을 할 때도 부모님과 마찬가지로 큰 책임감이 있고 예의 바르게 사람을 대하며, 그리하여 많은 친구와 동료가 저를 좋아합니다.

그다음으로, 차이점을 말해보겠습니다. 저와 부모님은 많은 일에 대한 견해가 다릅니다. 구체적으로 말하자면, 우리는 서로 다른 시대와 생활 환경에서 자랐고 서로 다른 교육과 문화를 접했으며, 경험한 일도 각각 다릅니다. 따라서 저희는 서로 다른 세계관과 인생관을 가지고 있으며, 여러 일에 대한 견해에도 차이가 존재합니다. 세대 차이를 줄이기 위해 저는 열린 마음으로 그들을 이해하려 하며, 그들도 저의 생각과 선택을 존중해 주십니다.

결론적으로 말하자면, 저는 저와 부모님 사이에 위와 같은 공통점과 차이점이 있다고 생각합니다.

어휘　**为人处世** wéirénchǔshì 사람들과 함께 살아가다　**方式** fāngshì 몡 방식　**时代** shídài 몡 시대　**具体** jùtǐ 혱 구체적이다
**兢兢业业** jīngjīngyèyè 셍 근면성실하다　**一丝不苟** yìsībùgǒu 셍 꼼꼼하다, 조금도 소홀히 하지 않다　**温和** wēnhé 혱 온화하다
**相处** xiāngchǔ 동 함께 지내다　**成长** chéngzhǎng 동 자라다　**自然而然** zìrán'érrán 셍 자연스럽게
**继承** jìchéng 동 본받다, 상속하다　**存在** cúnzài 동 존재하다　**化解** huàjiě 동 줄이다, 풀다　**代沟** dàigōu 몡 세대 차이
**开放** kāifàng 동 열다, 개방하다　**心态** xīntài 몡 마음

## 6

你觉得毕业后先就业好，还是先创业好？为什么？

당신은 졸업 후 먼저 취업을 하는 것이 좋다고 생각하는가, 아니면 창업을 하는 것이 좋다고 생각하는가? 왜인가?

**아웃라인**

| 나의 의견 | 毕业后先就业更好。 졸업 후 먼저 취업을 하는 것이 더 좋다. |
|---|---|
| 이유1 | 通过就业，我可以积累经验和人脉。 취업을 통해 나는 경험과 인맥을 쌓을 수 있다. |
| 근거 | 我可以积累实战经验和社会资源。 나는 실전 경험과 사회적 자원을 쌓을 수 있다. |
| | 我可以扩大社交圈，建立人脉。 나는 사회적 관계를 확대하며 인맥을 쌓을 수 있다. |
| 이유2 | 通过就业，我可以缓解经济压力。 취업을 통해 나는 경제적 스트레스를 완화할 수 있다. |
| 근거 | 就业能提供收入来源，满足我的生活需求。 취업은 수입 원천을 제공하여 나의 생활 수요를 만족시킬 수 있다. |
| | 我可以存钱，为以后的发展打下经济基础。 나는 돈을 모아 앞으로의 발전에 경제적 기초를 마련할 수 있다. |
| 이유3 | 一毕业就创业会面临更多风险。 졸업하자마자 창업을 하면 더 많은 위험에 직면할 수 있다. |
| 근거 | 没做准备就创业的话，我会经历更多失败。 준비를 하지 않고 창업을 하면, 나는 더 많은 실패를 겪을 수 있다. |
| | 如果先就业，我会获得很多经验。 만약 먼저 취업을 하면 나는 많은 경험을 쌓을 수 있다. |
| 마무리 | 毕业后先就业更好。 졸업 후 먼저 취업을 하는 것이 더 좋다. |

**모범답변**

| 나의 의견 | Wǒ juéde bìyè hòu xiān jiùyè gèng hǎo.<br>**我觉得毕业后先就业更好。** |
|---|---|
| 이유1<br>근거 | Dì yī, tōngguò jiùyè, wǒ kěyǐ zài shíjì gōngzuò jīlěi jīngyàn hé rénmài. Jùtǐ lái<br>**第一，通过就业，我可以在实际工作积累经验和人脉。具体来**<br>shuō, zài shíjì gōngzuò zhōng, wǒ kěyǐ shēnrù liǎojiě shìchǎng zhuàngkuàng, jīlěi bǎoguì de shízhàn<br>**说，在实际工作中，我可以深入了解市场状况，积累宝贵的实战**<br>jīngyàn hé shèhuì zīyuán, wèi yǐhòu de fāzhǎn dǎxia jiānshí de jīchǔ. Wǒ hái kěyǐ rènshi hěn duō<br>**经验和社会资源，为以后的发展打下坚实的基础。我还可以认识很多**<br>quānnèi rénshì, kuòdà shèjiāoquān, jiànlì rénmài, zhè huì duì yǐhòu de fāzhǎn tígōng gèng duō de<br>**圈内人士，扩大社交圈，建立人脉，这会对以后的发展提供更多的**<br>jīhuì.<br>**机会。** |
| 이유2<br>근거 | Dì èr, tōngguò jiùyè, wǒ kěyǐ huòdé wěndìng de shōurù, huǎnjiě jīngjì yālì. Jùtǐ<br>**第二，通过就业，我可以获得稳定的收入，缓解经济压力。具体**<br>lái shuō, jiùyè néng wèi wǒ tígōng shōurù láiyuán, mǎnzú wǒ de jīběn shēnghuó xūqiú, wǒ de jīngjì<br>**来说，就业能为我提供收入来源，满足我的基本生活需求，我的经济**<br>yālì yě huì dédào huǎnjiě. Wǒ měi ge yuè kěyǐ cún yì bǐ qián, wèi yǐhòu de fāzhǎn dǎxia jīngjì<br>**压力也会得到缓解。我每个月可以存一笔钱，为以后的发展打下经济**<br>jīchǔ.<br>**基础。** |

| | |
|---|---|
| 이유3<br>근거 | Dì sān, yí bìyè jiù chuàngyè huì miànlín gèng duō fēngxiǎn. Jùtǐ lái shuō, suīrán chuàngyè shì<br>**第三，一毕业就创业会面临更多风险。具体来说，虽然创业是**<br>wǒ duō nián yǐlái de mèngxiǎng, dàn zài méiyǒu zuò rènhé zhǔnbèi de qíngkuàng xia jiù chuàngyè<br>**我多年以来的梦想，但在没有做任何准备的情况下就创业**<br>de huà, wǒ kěnéng huì yīn quēfá jīngyàn ér jīnglì gèng duō shībài. Ér rúguǒ xiān jiùyè, wǒ huì<br>**的话，我可能会因缺乏经验而经历更多失败。而如果先就业，我会**<br>huòdé hěn duō jīngyàn, yīncǐ néng jiàngdī fēngxiǎn, tígāo jīnhòu de chuàngyè chénggōnglǜ.<br>**获得很多经验，因此能降低风险，提高今后的创业成功率。** |
| 마무리 | Zōngshàngsuǒshù, wǒ juéde bìyè hòu xiān jiùyè gèng hǎo.<br>**综上所述，我觉得毕业后先就业更好。** |

해석 저는 졸업 후에 먼저 취업을 하는 것이 더 좋다고 생각합니다.

첫째, 취업을 통해 저는 실제 업무에서 경험과 인맥을 쌓을 수 있습니다. 구체적으로 말하자면, 저는 실제 업무에서 저는 시장 상황을 깊이 이해하고 소중한 실전 경험과 사회적 자원을 쌓아, 앞으로의 발전에 견고한 기초를 마련할 수 있습니다. 저는 같은 분야의 사람들을 만나고 사회적 관계를 확대하며 인맥을 쌓을 수도 있는데, 이는 앞으로의 발전을 위한 더 많은 기회를 제공할 것입니다.

둘째, 취업을 통해 저는 안정적인 수입을 얻어 경제적 스트레스를 완화할 수 있습니다. 구체적으로 말하자면, 취업은 저에게 수입 원천을 제공하여 저의 기본적인 생활 수요를 만족시킬 수 있으며, 저의 경제적 스트레스도 이로 인해 완화될 수 있습니다. 저는 매월 돈을 모아 앞으로의 발전에 경제적 기초를 마련할 수 있습니다.

셋째, 졸업하자마자 창업을 하면 더 많은 위험에 직면할 수 있습니다. 구체적으로 말하자면, 비록 창업은 제 오랜 꿈이지만 아무런 준비가 없는 상태에서 창업을 하면, 저는 아마도 경험이 부족하여 더 많은 실패를 겪을 수 있습니다. 그러나 만약 먼저 취업을 하면 저는 많은 경험을 쌓을 수 있어서 위험을 줄이고 이후의 창업 성공률을 높일 수 있습니다.

앞서 언급한 내용을 종합했을 때, 저는 졸업 후에 먼저 취업을 하는 것이 더 좋다고 생각합니다.

어휘 **就业** jiùyè [동] 취업하다 **创业** chuàngyè [동] 창업하다 **人脉** rénmài [명] 인맥 **实战** shízhàn [명] 실전 **资源** zīyuán [명] 자원
**建立** jiànlì [동] 쌓다, 형성하다 **缓解** huǎnjiě [동] 완화시키다 **来源** láiyuán [명] 원천, 근원 **满足** mǎnzú [동] 만족시키다
**需求** xūqiú [명] 수요, 필요 **面临** miànlín [동] 직면하다 **风险** fēngxiǎn [명] 위험, 리스크 **具体** jùtǐ [형] 구체적이다
**市场** shìchǎng [명] 시장 **状况** zhuàngkuàng [명] 상황 **宝贵** bǎoguì [형] 소중한 **坚实** jiānshí [형] 견고하다
**圈内人士** quānnèi rénshì 같은 분야의 사람 **扩大** kuòdà [동] 확대하다, 넓히다 **稳定** wěndìng [형] 안정적이다
**基本** jīběn [형] 기본적인 **梦想** mèngxiǎng [명] 꿈 **缺乏** quēfá [동] 부족하다

**1**

　　经常听到家长说现在的孩子很难管住，不听家长的话。其实在很多情况下，不是孩子难教，而是家长不理解孩子。每个孩子都有自己的特性和需求，因此教育孩子要先走进他们的世界，站在他们的角度去理解，关注他们内心的想法。这样做才能因材施教，给予正确的引导和教育，让孩子得到更好的发展。

해석　요즘 아이들은 통제하기 어렵고 부모 말을 듣지 않는다고 부모들이 말하는 것을 자주 들을 수 있다. 사실 많은 경우에는 아이를 가르치기 힘든 게 아니라 부모가 아이를 이해하지 못하는 것이다. 모든 아이들은 각자의 특성과 욕구가 있기 때문에, 아이를 가르치려면 먼저 그들의 세계로 들어가 그들의 관점에서 이해하고 그들의 내면의 생각에 주목해야 한다. 이렇게 해야만 눈높이에 맞게 교육하고 올바른 지도와 교육을 제공하여 아이가 더 잘 발전하게 할 수 있다.

어휘　**管住** guǎnzhù 통제하다　**情况** qíngkuàng 圆경우, 상황　**需求** xūqiú 圆욕구, 수요　**世界** shìjiè 圆세계
　　　**角度** jiǎodù 圆관점, 각도　**因材施教** yīncáishījiào 圀눈높이에 맞게 교육하다　**给予** jǐyǔ 圄제공하다, 주다
　　　**引导** yǐndǎo 圄지도하다, 인도하다

**모범답변**

Gāngcái wǒ tīngdào de shì guānyú háizi jiàoyù de wénzhāng. Xiàmian wǒ lái fùshù jùtǐ nèiróng. Jiāzhǎng
**刚才我听到的是关于孩子教育的文章。下面我来复述具体内容。家长**
jīngcháng shuō háizi bù tīnghuà. Qíshí zài hěn duō shíhou, bú shì háizi nán jiāo, ér shì jiāzhǎng bù lǐjiě háizi. Měi ge
**经常说孩子不听话。其实在很多时候，不是孩子难教，而是家长不理解孩子。每个**
háizi dōu yǒu zìjǐ de tèxìng hé xūqiú, suǒyǐ jiāzhǎng yào zǒujìn háizi de shìjiè, lǐjiě tāmen, guānzhù tāmen de
**孩子都有自己的特性和需求，所以家长要走进孩子的世界，理解他们，关注他们的**
xiǎngfǎ. Zhèyàng zuò cái néng yīncáishījiào, zhèngquè de yǐndǎo háizi, ràng háizi gèng hǎo de fāzhǎn. Yǐshàng shì
**想法。这样做才能因材施教，正确地引导孩子，让孩子更好地发展。以上是**
wǒ suǒ tīngdào de guānyú háizi jiàoyù de wénzhāng.
**我所听到的关于孩子教育的文章。**

해석　제가 방금 들은 것은 아이의 교육과 관련된 글입니다. 이어서 제가 구체적인 내용을 설명해보겠습니다. 부모는 아이가 말을 듣지 않는다고 자주 말합니다. 사실 많은 경우에는 아이를 가르치기 힘든 게 아니라 부모가 아이를 이해하지 못하는 것입니다. 모든 아이들은 각자의 특성과 욕구가 있기 때문에, 부모는 아이들의 세계로 들어가 그들을 이해하고 그들의 생각에 주목해야 합니다. 이렇게 해야만 눈높이에 맞게 교육하고 아이를 올바르게 지도하며 아이가 더 잘 발전하게 할 수 있습니다. 이상 제가 들은 아이의 교육과 관련된 글입니다.

어휘　**需求** xūqiú 圆욕구, 수요　**世界** shìjiè 圆세계　**因材施教** yīncáishījiào 圀눈높이에 맞게 교육하다
　　　**引导** yǐndǎo 圄지도하다, 인도하다

**2**

　　人的一生其实很短暂，在这有限的时间里，怎样度过自己的人生、选择怎样的生活方式，都是我们每个人必须面对的课题。保持良好的心态，是拥有美好人生的关键。心态决定我们的命运，积极的心态可以让我们在面对困难时更有勇气。保持良好心态的重点在于接受自己的不完美。我们只有接受自己的不足，才能找到内心的平衡。

해석　사람의 일생은 사실 매우 짧다. 이 한정된 시간 속에서 자신의 인생을 어떻게 보낼 것인지, 어떤 삶의 방식을 선택할 것인지는 우리 모두가 반드시 직면해야 할 과제이다. 좋은 마음가짐을 유지하는 것은 아름다운 인생을 사는 관건이다. 마음가짐은 우리의 운명을 결정짓고, 긍정적인 마음가짐은 우리가 어려움에 직면했을 때 더욱 용기를 북돋아 준다. 좋은 마음가짐을 유지하는 것의 핵심은 자신의 불완전함을 받아들이는 데에 있다. 우리는 자신의 부족함을 받아들여야만 내면의 균형을 찾을 수 있다.

短暂 duǎnzàn 휑 (시간이) 짧다　有限 yǒuxiàn 휑 한정적이다　度过 dùguò 동 (시간을) 보내다　人生 rénshēng 명 인생
　　方式 fāngshì 명 방식　面对 miànduì 동 직면하다, 마주 보다　课题 kètí 명 (처리해야 할) 과제　保持 bǎochí 동 유지하다
　　良好 liánghǎo 휑 좋다, 양호하다　心态 xīntài 명 마음가짐　关键 guānjiàn 명 관건, 열쇠　命运 mìngyùn 명 운명
　　困难 kùnnan 명 어려움　勇气 yǒngqì 명 용기　重点 zhòngdiǎn 명 핵심, 중점　在于 zàiyú 동 ~에 있다
　　接受 jiēshòu 동 받아들이다　完美 wánměi 휑 완벽하다　不足 bùzú 휑 부족하다　平衡 pínghéng 휑 균형이 맞다

## 모범답변

🎤

Gāngcái wǒ tīngdào de shì guānyú zěnyàng dùguò rénshēng de wénzhāng. Xiàmian wǒ lái fùshù jùtǐ nèiróng.
**刚才我听到的是关于怎样度过人生的文章。下面我来复述具体内容。**
Rén de yìshēng hěn duǎnzàn, zěnyàng dùguò zìjǐ de rénshēng, xuǎnzé zěnyàng de shēnghuó fāngshì, shì měi ge rén dōu
**人的一生很短暂，怎样度过自己的人生、选择怎样的生活方式，是每个人都**
yào miànduì de wèntí. Bǎochí liánghǎo de xīntài, shì měihǎo rénshēng de guānjiàn. Xīntài juédìng mìngyùn, jījí de xīntài
**要面对的问题。保持良好的心态，是美好人生的关键。心态决定命运，积极的心态**
néng ràng wǒmen gèng yǒu yǒngqì. Bǎochí liánghǎo xīntài de zhòngdiǎn shì jiēshòu zìjǐ de bù wánměi. Zhǐyǒu zhèyàng
**能让我们更有勇气。保持良好心态的重点是接受自己的不完美。只有这样**
cái néng zhǎodào nèixīn de pínghéng. Yǐshàng shì wǒ suǒ tīngdào de guānyú zěnyàng dùguò rénshēng de wénzhāng.
**才能找到内心的平衡。以上是我所听到的关于怎样度过人生的文章。**

해석　제가 방금 들은 것은 인생을 어떻게 보낼지와 관련된 글입니다. 이어서 제가 구체적인 내용을 설명해보겠습니다. 사람의 일생은 매우 짧습니다. 자신의 인생을 어떻게 보낼 것인지, 어떤 삶의 방식을 선택할 것인지는 모두가 직면해야 할 문제입니다. 좋은 마음가짐을 유지하는 것은 아름다운 인생의 관건입니다. 마음가짐은 운명을 결정짓고, 긍정적인 마음가짐은 우리에게 더욱 용기를 북돋아 줍니다. 좋은 마음가짐을 유지하는 것의 핵심은 자신의 불완전함을 받아들이는 것입니다. 그래야만 내면의 균형을 찾을 수 있습니다. 이상 제가 들은 인생을 어떻게 보낼지와 관련된 글입니다.

어휘　度过 dùguò 동 (시간을) 보내다　短暂 duǎnzàn 휑 (시간이) 짧다　方式 fāngshì 명 방식　面对 miànduì 동 직면하다, 마주 보다
　　保持 bǎochí 동 유지하다　良好 liánghǎo 휑 좋다, 양호하다　心态 xīntài 명 마음가짐　关键 guānjiàn 명 관건, 열쇠
　　命运 mìngyùn 명 운명　勇气 yǒngqì 명 용기　重点 zhòngdiǎn 명 핵심, 중점　接受 jiēshòu 동 받아들이다
　　完美 wánměi 휑 완벽하다　平衡 pínghéng 휑 균형이 맞다

**3**　　动物园的袋鼠从笼子里跑出来了，管理员们开会讨论，一致认为笼子的高度过低。他们将笼子由原来的十米加高到二十米，结果第二天袋鼠还是跑到外面来了。于是他们把笼子加高到三十米，但始终没能阻止袋鼠跑出来。长颈鹿见此情形，问袋鼠：“他们会不会再加高你的笼子？”袋鼠不慌不忙地回答：“很有可能，如果他们继续忘记关门的话！”这个故事告诉我们，解决问题要从根本上入手。

해석　동물원의 캥거루가 우리에서 뛰쳐나와서 관리자들이 회의를 열어 논의를 했는데, 모두 우리의 높이가 너무 낮다고 생각했다. 그들은 우리를 원래의 10미터에서 20미터로 높였는데, 그 결과 다음날 캥거루는 여전히 밖으로 뛰쳐나왔다. 이에 그들은 우리를 30미터까지 높였지만 한결같이 캥거루가 뛰쳐나오는 것을 막지 못했다. 기린은 이 상황을 보고 캥거루에게 "그들이 너의 우리를 더 높이 올릴까?"라고 물었다. 캥거루는 침착하게 대답했다. "아마도 그렇겠지, 만약 그들이 계속 문을 닫는 것을 잊는다면 말이야!" 이 이야기는 우리에게 문제를 해결하는 것은 근본부터 시작해야 한다는 것을 알려준다.

어휘　袋鼠 dàishǔ 명 캥거루　笼子 lóngzi 명 우리　一致 yízhì 튀 모두, 일제히　由 yóu 깨 ~에서, ~으로부터　原来 yuánlái 명 원래
　　结果 jiéguǒ 튀 결과적으로　始终 shǐzhōng 튀 한결같이　阻止 zǔzhǐ 동 막다, 저지하다　长颈鹿 chángjǐnglù 명 기린
　　情形 qíngxing 명 상황, 정황　不慌不忙 bùhuāngbùmáng 휑 침착하다　根本 gēnběn 명 근본　入手 rùshǒu 동 시작하다

Gāngcái wǒ tīngdào de shì guānyú yì zhī dàishǔ de wénzhāng. Xiàmian wǒ lái fùshù jùtǐ nèiróng. Dòngwùyuán de
**刚才我听到的是关于一只袋鼠的文章。下面我来复述具体内容。动物园的**
dàishǔ cóng lóngzi li pǎo chūlai le, guǎnlǐyuánmen dōu juéde lóngzi de gāodù tài dī. Tāmen bǎ lóngzi jiāgāo dào èrshí
**袋鼠从笼子里跑出来了，管理员们都觉得笼子的高度太低。他们把笼子加高到二十**
mǐ, sānshí mǐ, dàn dàishǔ měi cì dōu pǎochūlai le. Chángjǐnglù kàndào hòu wèn dàishǔ tāmen huì bu huì zài jiā gāo
**米、三十米，但袋鼠每次都跑出来了。长颈鹿看到后问袋鼠他们会不会再加高**
lóngzi, dàishǔ bùhuāngbùmáng de shuō rúguǒ tāmen yìzhí bù guānmén de huà jiù hěn yǒu kěnéng. Zhège gùshi gàosu
**笼子，袋鼠不慌不忙地说如果他们一直不关门的话就很有可能。这个故事告诉**
wǒmen, yào cóng gēnběn shang jiějué wèntí. Yǐshàng shì wǒ suǒ tīngdào de guānyú yì zhī dàishǔ de wénzhāng.
**我们，要从根本上解决问题。以上是我所听到的关于一只袋鼠的文章。**

**해석** 제가 방금 들은 것은 한 캥거루와 관련된 글입니다. 이어서 제가 구체적인 내용을 설명해보겠습니다. 동물원의 캥거루가 우리에서 뛰쳐나와서, 관리자들은 모두 우리의 높이가 너무 낮다고 생각했습니다. 그들은 우리를 20미터, 30미터까지 높였지만, 캥거루는 매번 뛰쳐나왔습니다. 기린이 이를 보고 캥거루에게 그들이 우리를 더 높일지 물었고, 캥거루는 침착하게 그들이 계속 문을 닫지 않는다면 가능성이 높다고 말했습니다. 이 이야기는 우리에게 근본부터 문제를 해결해야 한다는 것을 알려줍니다. 이상 제가 들은 한 캥거루와 관련된 글입니다.

**어휘** 袋鼠 dàishǔ 명 캥거루  笼子 lóngzi 명 우리  长颈鹿 chángjǐnglù 명 기린  不慌不忙 bùhuāngbùmáng 성 침착하다
根本 gēnběn 명 근본

---

**4**

Sònglǐ shì Zhōngguó wénhuà zhōng hěn zhòngyào de yíbùfen, qízhōng yǒu hěn duō xuéwen. Yīncǐ yào gēnjù
**送礼 是/中国文化中很重要的一部分，其中有很多学问。因此/要/根据**
bùtóng de duìxiàng hé mùdì, xuǎnzé bùtóng de lǐwù. Sònglǐ shí de xìjié kànsì bù qǐyǎn, dànshì shāo bù
**不同的对象和目的，选择/不同的礼物。送礼时的细节/看似不起眼，但是/稍不**
liúyì, jiù huì ràng jiēshòu lǐwù de rén gǎndào zìjǐ bú bèi zūnzhòng.
**留意，就会让接受礼物的人/感到自己不被尊重。**

Zhōngguórén rènwéi sòng zhōngbiǎo yǒu 'sòng zhōng' de yùyì, biǎoshì shēngmìng de zhōngjié, yīncǐ sòng
**中国人/认为/送钟表有"送终"的寓意，表示/生命的终结，因此送**
zhōngbiǎo bèi shìwéi bù jílì de xiàngzhēng. Yóuqí shì wèi zhǎngbèi qìngzhù shēngrì shí, sòng zhōngbiǎo shì dàjì. Fūqī
**钟表被视为不吉利的象征。尤其是为长辈庆祝生日时，送钟表/是大忌。夫妻**
huò liànrén zhījiān zé bú shìhé sòng lí, yīnwèi 'lízi' de 'lí' hé 'líbié' de 'lí' fāyīn xiāngtóng,
**或恋人之间/则/不适合送梨，因为/"梨子"的"梨"和"离别"的"离"发音相同，**
yīncǐ bèi rènwéi shì bù jílì de lǐwù. Dāo huò jiǎndāo hányǒu 'yìdāoliǎngduàn' de yìsi, yīncǐ yě bú shìhé
**因此/被认为是/不吉利的礼物。刀或剪刀/含有/"一刀两断"的意思，因此/也不适合**
sònglǐ.
**送礼。**

Chúcǐzhīwài, yīnggāi zhùyì shùzì hé bāozhuāng de yánsè. Sònglǐ shí yào sòng shuāngshù, shuāngshù pǔbiàn
**除此之外，应该注意/数字和包装的颜色。送礼时要送双数，双数普遍**
xiàngzhēngzhe 'hǎoshìchéngshuāng', dàn yào bìkāi shùzì 'sì', yīnwèi shùzì 'sì' yǔ 'sǐ' fāyīn xiāngjìn. Zài
**象征着"好事成双"，但/要避开数字"4"，因为/数字"4"与"死"发音相近。在**
bāozhuāng yánsè fāngmiàn, chúnbáisè hé chúnhēisè bāozhuāng bèi shìwéi bù jílì, ér hóngsè hé jīnsè dàibiǎozhe xǐqìng
**包装颜色方面，纯白色和纯黑色包装/被视为不吉利，而/红色和金色/代表着喜庆**
hé chénggōng.
**和成功。**

해석 선물을 하는 것은 중국 문화에서 매우 중요한 부분으로, 그 안에는 많은 노하우가 있다. 따라서 대상과 목적에 따라 선물을 선택해야 한다. 선물할 때의 디테일은 별거 아닌 것처럼 보이지만 자칫 잘못하다간 선물을 받는 사람이 스스로가 존중 받지 못한다는 느낌을 받게 할 수 있다.

중국인들은 시계를 선물하는 것이 '임종을 지키다'는 뜻을 가지고 있어 삶의 끝을 나타낸다고 생각하기 때문에, 시계를 선물하는 것은 불길함의 상징으로 여겨진다. 특히 어른들의 생신을 축하할 때 시계를 선물하는 것은 금물이다. 부부나 연인 사이에서는 배를 선물하기에 적합하지 않은데, '梨子(배)'의 梨와 '离别(이별)'의 '离'가 발음이 같아 불길한 선물로 여겨지기 때문이다. 칼이나 가위도 '단호하게 관계를 끊다'라는 의미를 담고 있어 선물하기에 적합하지 않다.

이 외에 숫자와 포장의 색깔에 주의를 기울여야 한다. 선물을 할 때는 짝수로 선물해야 하는데, 짝수는 일반적으로 '좋은 일은 쌍으로 온다'를 상징한다. 하지만 숫자 '4'는 피해야 하는데, 숫자 '4'와 '死(죽음)'의 발음이 비슷하기 때문이다. 포장의 색 측면에서 순백색과 순흑색 포장은 불길한 것으로 여겨지며, 빨간색과 금색은 경사와 성공을 나타낸다.

어휘 **送礼** sònglǐ [동] 선물을 하다 **学问** xuéwen [명] 노하우, 학문 **对象** duìxiàng [명] 대상 **细节** xìjié [명] 디테일
**不起眼** bù qǐyǎn 별 것 아니다, 보잘것없다 **留意** liúyì [동] 주의하다 **送终** sòngzhōng [동] 임종을 지키다, 장례를 치르다
**寓意** yùyì [명] 뜻 **终结** zhōngjié [동] 끝나다 **吉利** jílì [형] 길하다, 운이 좋다 **象征** xiàngzhēng [명] 상징 [동] 상징하다
**长辈** zhǎngbèi [명] 어른 **庆祝** qìngzhù [동] 축하하다 **大忌** dàjì [명] 금물 **梨** lí [명] 배 **剪刀** jiǎndāo [명] 가위
**一刀两断** yìdāoliǎngduàn [성] 단호하게 관계를 끊다 **包装** bāozhuāng [명] 포장 **双数** shuāngshù [명] 짝수
**好事成双** hǎoshìchéngshuāng [성] 좋은 일은 쌍으로 온다 **代表** dàibiǎo [동] 나타내다, 상징하다 **喜庆** xǐqìng [명] 경사

**5** 电脑和手机已经十分普遍，因此有些人认为没必要练字，对此你怎么看？为什么？
컴퓨터와 휴대폰은 이미 매우 보편화되어서, 어떤 사람들은 한자를 쓰는 연습을 할 필요가 없다고 생각하는데, 이에 대해 당신은 어떻게 생각하는가? 왜인가?

### 아웃라인

| | |
|---|---|
| 나의 의견 | **应该要练字。** 한자를 쓰는 연습을 해야 한다. |
| 이유1 | **书写是一种能够传达情感的重要沟通方式。** 글자를 쓰는 것은 감정을 전달할 수 있는 중요한 의사소통 방식이다. |
| 근거 | **我们可以从文字中感受到对方的用心。** 우리는 글자 속에서 상대방의 마음을 느낄 수 있다.<br>**手写的文字能够传递温暖和真诚。** 손으로 쓴 글자는 따뜻함과 진심을 전달할 수 있다. |
| 이유2 | **练字有助于缓解焦虑情绪，提高注意力。**<br>한자를 쓰는 연습을 하는 것은 불안한 정서를 완화하고 주의력을 향상시키는 데 도움이 된다. |
| 근거 | **练字时我会全身心投入到其中。** 한자를 쓰는 연습을 할 때면 나는 온전히 그 속에 몰입할 수 있다.<br>**通过练字，我慢慢地克服了焦虑情绪。** 한자를 쓰는 연습을 통해, 나는 천천히 불안한 감정을 극복했다. |
| 이유3 | **汉字的书写是一种独特的艺术形式。** 한자를 쓰는 것은 일종의 독특한 예술 형식이다. |
| 근거 | **练字时，我们可以感受到线条的优美。** 한자를 쓰는 연습을 할 때 우리는 선의 아름다움을 느낄 수 있다.<br>**这有助于提升审美水平。** 이는 심미적 수준을 높이는 데 도움이 된다. |
| 마무리 | **应该要练字。** 한자를 쓰는 연습을 해야 한다. |

### 모범답변

나의 의견

Wǒ rènwéi yīnggāi yào liàn zì.
**我认为应该要练字。**

이유1
근거

Shǒuxiān, jǐnguǎn xiànzài diànnǎo hé shǒujī chéngwéile zhǔyào de gōutōng gōngjù, dàn
**首先，尽管现在电脑和手机成为了主要的沟通工具，但**
shūxiě réngrán shì yì zhǒng nénggòu chuándá qínggǎn de zhòngyào gōutōng fāngshì. Bǐrú, dāng
**书写仍然是一种能够传达情感的重要沟通方式。比如，当**
wǒmen shōudào shǒuxiě xìnjiàn huò kǎpiàn shí, kěyǐ cóng wénzì zhōng gǎnshòu dào duìfāng de
**我们收到手写信件或卡片时，可以从文字中感受到对方的**

yòngxīn. Shǒuxiě de wénzì gèng néng chuándá qínggǎn, gèng jùyǒu gǎnrǎnlì, nénggòu chuándì yì

用心。手写的文字更能传达情感，更具有感染力，能够传递一

zhǒng wēnnuǎn hé zhēnchéng. Yīncǐ liànchu yì shǒu hǎo zì shì hěn yǒu bìyào de.

种温暖和真诚。因此练出一手好字是很有必要的。

**이유2 근거**

Qícì, liàn zì yǒuzhù yú huǎnjiě jiāolǜ qíngxù, tígāo zhùyìlì hé zhuānzhùlì. Bǐrú,

其次，练字有助于缓解焦虑情绪，提高注意力和专注力。比如，

jiù ná wǒ zìjǐ lái shuō, kuài jiézòu de shēnghuó chángcháng shǐ wǒ gǎndào jiāolǜ, wǒ hái róngyì yīn

就拿我自己来说，快节奏的生活常常使我感到焦虑，我还容易因

shǒujī ér fēnxīn, wúfǎ zhuānxīn zuò yí jiàn shì. Dàn wǒ fāxiàn liàn zì shí xīnzhōng de zániàn huì bèi

手机而分心，无法专心做一件事。但我发现练字时心中的杂念会被

xiāochú, wǒ huì quánshēnxīn de tóurù dào qízhōng. Tōngguò liàn zì, wǒ mànmān de kèfúle jiāolǜ

消除，我会全身心地投入到其中。通过练字，我慢慢地克服了焦虑

qíngxù, péiyǎngle nàixīn hé yìlì.

情绪，培养了耐心和毅力。

**이유3 근거**

Zuìhòu, Hànzì de shūxiě shì yì zhǒng dútè de yìshù xíngshì. Bǐrú, zài liàn zì shí,

最后，汉字的书写是一种独特的艺术形式。比如，在练字时，

wǒmen kěyǐ gǎnshòu dào bǐhuà de liúchàng hé xiàntiáo de yōuměi, zhè zhǒng shěnměi gǎnshòu

我们可以感受到笔画的流畅和线条的优美，这种审美感受

yǒuzhù yú wǒmen tíshēng shěnměi shuǐpíng hé yìshù xiūyǎng.

有助于我们提升审美水平和艺术修养。

**마무리**

Zōngshàngsuǒshù, wǒ rènwéi yīnggāi yào liàn zì.

综上所述，我认为应该要练字。

해석  저는 한자를 쓰는 연습을 해야 한다고 생각합니다.

먼저, 현재 컴퓨터와 휴대폰이 주요 의사소통 도구가 되었지만, 글자를 쓰는 것은 여전히 감정을 전달할 수 있는 중요한 의사소통 방식입니다. 예를 들어, 우리가 손으로 쓴 편지 혹은 카드를 받았을 때, 글자 속에서 상대방의 마음을 느낄 수 있습니다. 손으로 쓴 글자는 감정을 더욱 잘 전달할 수 있고 더욱 호소력을 가지고 있어, 따뜻함과 진심을 전달할 수 있습니다. 따라서 글씨를 잘 쓰는 연습을 하는 것은 매우 중요합니다.

그다음으로, 한자를 쓰는 연습을 하는 것은 불안한 정서를 완화하고 주의력과 집중력을 향상시키는 데 도움이 됩니다. 예를 들어, 제 경우를 들어보자면 빠른 리듬의 생활 속에서 저는 종종 불안함을 느끼며, 저는 휴대폰으로 인해 주의력이 산만해지기 쉬워 한 가지 일을 몰두해서 하기 힘듭니다. 그러나 저는 한자를 쓰는 연습을 할 때면 마음 속의 잡념이 사라지고, 제가 온전히 그 속에 몰입한다는 것을 발견했습니다. 한자를 쓰는 연습을 통해, 저는 천천히 불안한 감정을 극복하고, 인내심과 끈기를 길렀습니다.

마지막으로, 한자를 쓰는 것은 일종의 독특한 예술 형식입니다. 예를 들어, 한자를 쓰는 연습을 할 때 우리는 필획의 거침없음과 선의 아름다움을 느낄 수 있으며, 이러한 심미적 감각은 우리가 심미적 수준과 예술적 소양을 높이는 데 도움이 됩니다.

앞서 언급한 내용을 종합했을 때, 저는 한자를 쓰는 연습을 해야 한다고 생각합니다.

어휘  **必要** bìyào 혱 필요하다  **练字** liàn zì 한자를 쓰는 연습을 하다  **方式** fāngshì 몡 방식  **文字** wénzì 몡 글자
**传达** chuándá 됭 전달하다  **传递** chuándì 됭 전달하다, 전하다  **温暖** wēnnuǎn 혱 따뜻하다  **缓解** huǎnjiě 됭 완화시키다
**焦虑** jiāolǜ 혱 불안하다  **情绪** qíngxù 몡 정서  **投入** tóurù 됭 몰입하다, 투입하다  **克服** kèfú 됭 극복하다
**独特** dútè 혱 독특하다  **形式** xíngshì 몡 형식  **感受** gǎnshòu 됭 느끼다  **优美** yōuměi 혱 아름답다
**审美** shěnměi 됭 심미하다, 아름다움을 평가하다  **提升** tíshēng 됭 높이다  **沟通工具** gōutōng gōngjù 몡 의사소통 방식
**感染力** gǎnrǎnlì 몡 호소력  **节奏** jiézòu 몡 리듬  **分心** fēnxīn 됭 주의력이 산만하다  **专心** zhuānxīn 혱 몰두하다
**杂念** zániàn 몡 잡념  **消除** xiāochú 됭 사라지다  **培养** péiyǎng 됭 기르다  **毅力** yìlì 몡 끈기
**流畅** liúchàng 혱 거침없다, 유창하다  **修养** xiūyǎng 몡 소양, 교양

人们常说"学无止境"，你怎么看？

사람들은 흔히 '배움에는 끝이 없다'라고 말하는데, 당신은 어떻게 생각하는가?

## 아웃라인

| 나의 의견 | "学无止境"这个成语很有道理。 '배움에는 끝이 없다'라는 이 성어는 매우 일리가 있다. |
| --- | --- |
| 이유1 | "学无止境"意味着成长是持续不断的过程。 '배움에는 끝이 없다'라는 것은 성장이 지속적으로 이어지는 과정이라는 것을 의미한다. |
| 근거 | 我们要学习各种知识，适应变化的环境。 우리는 각종 지식을 배워, 변화하는 환경에 적응해야 한다. |
| | 通过学习和实践，我们能够实现自我成长。 배우고 실천하는 것을 통해, 우리는 자아 성장을 이룰 수 있다. |
| 이유2 | "学无止境"是一种社会发展的动力。 '배움에는 끝이 없다'라는 것은 사회 발전의 원동력이다. |
| 근거 | 充满创新精神的社会是鼓励学习的社会。 혁신 정신이 충만한 사회는 배우는 것을 장려하는 사회이다. |
| | 当人接触新知识时，思考方式也会改变。 사람들이 새로운 지식을 접할 때, 사고방식도 변한다. |
| | 这种变化能为社会发展起到很好的作用。 이러한 변화는 사회의 발전에도 좋은 역할을 할 수 있다. |
| 마무리 | "学无止境"这个成语很有道理。 '배움에는 끝이 없다'라는 이 성어는 매우 일리가 있다. |

## 모범답변

| 나의 의견 | Wǒ rènwéi 'xuéwúzhǐjìng' zhège chéngyǔ hěn yǒu dàolǐ. 'Xuéwúzhǐjìng'de yìsi shì<br>我认为"学无止境"这个成语很有道理。"学无止境"的意思是<br>'xuéwen méiyǒu biānjì, xuéxí méiyǒu zhōngdiǎn'.<br>"学问没有边际，学习没有终点"。 |
| --- | --- |
| 이유1<br>근거 | Yì fāngmiàn, cóng gèrén chéngzhǎng de jiǎodù lái kàn, 'xuéwúzhǐjìng' yìwèizhe wǒmen de<br>一方面，从个人成长的角度来看，"学无止境"意味着我们的<br>chéngzhǎng shì yí ge chíxù búduàn de guòchéng. Jùtǐ lái shuō, zài rénshēng de bùtóng jiēduàn,<br>成长是一个持续不断的过程。具体来说，在人生的不同阶段，<br>wǒmen huì yùdào gè zhǒng tiǎozhàn hé jīyù, yīncǐ wǒmen yào xuéxí gè zhǒng xīn de zhīshi hé<br>我们会遇到各种挑战和机遇，因此我们要学习各种新的知识和<br>jìnéng. Zhǐyǒu zhèyàng, cái néng shìyìng biànhuà de huánjìng. Cóng yòu'ér shíqī, qīngnián shíqī,<br>技能。只有这样，才能适应变化的环境。从幼儿时期、青年时期，<br>zài dào lǎonián shíqī, wǒmen dōu kěyǐ huòqǔ xīn zhīshi, tōngguò búduàn xuéxí hé shíjiàn,<br>再到老年时期，我们都可以获取新知识，通过不断学习和实践，<br>wǒmen nénggòu fājué zìjǐ de qiánlì, cóng'ér tíshēng zìjǐ de nénglì, shíxiàn zìwǒ chéngzhǎng.<br>我们能够发掘自己的潜力，从而提升自己的能力，实现自我成长。 |
| 이유2<br>근거 | Lìng yì fāngmiàn, cóng shèhuì fāzhǎn de jiǎodù lái kàn, 'xuéwúzhǐjìng' shì yì zhǒng shèhuì<br>另一方面，从社会发展的角度来看，"学无止境"是一种社会<br>fāzhǎn de dònglì. Jùtǐ lái shuō, yí ge chōngmǎn chuàngxīn jīngshén de shèhuì, yídìng shì yí ge gǔlì<br>发展的动力。具体来说，一个充满创新精神的社会，一定是一个鼓励<br>rénmen xuéxí de shèhuì. Dāng rénmen búduàn jiēchù xīn de zhīshi hé jìnéng shí, rén de sīkǎo<br>人们学习的社会。当人们不断接触新的知识和技能时，人的思考 |

| | | |
|---|---|---|
| | | fāngshì hé xíngwéi yě huì suí zhī gǎibiàn. Zhè zhǒng biànhuà bùjǐn yǒuzhù yú gèrén nénglì de<br>**方式和行为也会随之改变。这种变化不仅有助于个人能力的**<br>tíshēng, hái néng wèi shèhuì de fāzhǎn qǐdào hěn hǎo de zuòyòng.<br>**提升，还能为社会的发展起到很好的作用。** |
| 마무리 | 🎤 | Zǒng'éryánzhī, wǒ rènwéi 'xuéwúzhǐjìng' zhège chéngyǔ hěn yǒu dàolǐ.<br>**总而言之，我认为"学无止境"这个成语很有道理。** |

해석 저는 '배움에는 끝이 없다'라는 이 성어는 매우 일리가 있다고 생각합니다. '배움에는 끝이 없다'의 의미는 '학문에는 끝이 없으며, 배움에는 종착점이 없다.'입니다.

한편으로, 개인의 성장이라는 관점에서 보면, '배움에는 끝이 없다'라는 것은 우리의 성장이 지속적으로 이어지는 과정이라는 것을 의미합니다. 구체적으로 말하자면, 인생의 다양한 단계에서 우리는 다양한 도전과 기회를 마주하기 때문에 우리는 새로운 각종 지식과 기술을 배워야 합니다. 이렇게 해야만 변화하는 환경에 적응할 수 있습니다. 유아기, 청소년기부터 노년기까지 우리는 새로운 지식을 얻을 수 있으며 끊임없이 배우고 실천하는 것을 통해, 우리는 자신의 잠재력을 발굴하여 자신의 능력을 향상시키고 자아 성장을 이룰 수 있습니다.

다른 한편으로, 사회의 발전이라는 관점에서 보면, '배움에는 끝이 없다'라는 것은 사회 발전의 원동력입니다. 구체적으로 말하자면, 혁신 정신이 충만한 사회는 분명 사람들이 배우는 것을 장려하는 사회일 것입니다. 사람들이 끊임없이 새로운 지식과 기술을 접할 때, 사람의 사고방식과 행동도 이에 따라 변합니다. 이러한 변화는 개인 능력의 향상에 도움이 될 뿐만 아니라 사회의 발전에도 좋은 역할을 할 수 있습니다.

결론적으로 말하자면, 저는 '배움에는 끝이 없다'라는 이 성어는 매우 일리가 있다고 생각합니다.

어휘 **学无止境** xuéwúzhǐjìng [성] 배움에는 끝이 없다 **成语** chéngyǔ [명] 성어 **成长** chéngzhǎng [동] 성장하다, 자라다 **意味着** yìwèizhe [동] 의미하다 **持续** chíxù [동] 지속하다 **不断** búduàn [동] 이어지다, 끊임없다 **实践** shíjiàn [동] 실천하다 **实现** shíxiàn [동] 이루다, 실현하다 **动力** dònglì [명] 원동력 **充满** chōngmǎn [동] 충만하다 **创新** chuàngxīn [동] 혁신하다 **精神** jīngshén [명] 정신 **鼓励** gǔlì [동] 장려하다, 격려하다 **接触** jiēchù [동] 접하다 **思考方式** sīkǎo fāngshì [명] 사고 방식 **学问** xuéwen [명] 학문 **边际** biānjì [명] 끝, 한계 **终点** zhōngdiǎn [명] 종착점 **个人** gèrén [명] 개인 **角度** jiǎodù [명] 관점 **具体** jùtǐ [형] 구체적이다 **阶段** jiēduàn [명] 단계 **挑战** tiǎozhàn [명] 도전, 시련 **机遇** jīyù [명] 기회 **技能** jìnéng [명] 기술 **时期** shíqī [명] 시기 **发掘** fājué [동] 발굴하다 **潜力** qiánlì [명] 잠재력 **提升** tíshēng [동] 향상시키다 **行为** xíngwéi [명] 행동

**1**

　　京剧是中国传统戏曲的主要代表之一，距今已有二百多年的历史。京剧在文学、表演、音乐等各个方面都有一套规范化的表演形式。京剧的服装具有鲜明的中国特色，可以通过服装的色彩、图案和造型来表现角色的性格和社会地位。京剧以历史故事为主要演出内容，目前一共有一千三百多个传统剧目。

해석　경극은 중국 전통 희곡의 주요 대표 중 하나로, 지금으로부터 200여 년의 역사를 가지고 있다. 경극은 문학, 공연, 음악 등 각 방면에서 모두 규범화된 공연 형식을 가지고 있다. 경극 의상은 중국 특색이 뚜렷하고, 의상의 빛깔, 문양과 디자인을 통해 배역의 성격과 사회적 지위를 표현할 수 있다. 경극은 역사 이야기를 주요 공연 내용으로 하고 있으며, 현재 총 1300여 개의 전통극 레퍼토리가 있다.

어휘　**京剧** jīngjù 몡경극　**传统** chuántǒng 몡전통　**代表** dàibiǎo 몡대표　**文学** wénxué 몡문학　**表演** biǎoyǎn 몡공연
　　　**方面** fāngmiàn 몡방면　**规范** guīfàn 혱규범에 맞는　**形式** xíngshì 몡형식, 형태　**服装** fúzhuāng 몡의상, 복장
　　　**鲜明** xiānmíng 혱뚜렷하다　**特色** tèsè 몡특색　**色彩** sècǎi 몡빛깔, 색채　**图案** tú'àn 몡문양, 도안
　　　**造型** zàoxíng 몡디자인, 이미지　**表现** biǎoxiàn 동표현하다　**角色** juésè 몡배역, 역할　**性格** xìnggé 몡성격
　　　**社会** shèhuì 몡사회　**地位** dìwèi 몡지위　**演出** yǎnchū 동공연하다　**目前** mùqián 몡현재　**剧目** jùmù 몡레퍼토리

모범답변

　　　Gāngcái wǒ tīngdào de shì guānyú jīngjù de wénzhāng. Xiàmian wǒ lái fùshù jùtǐ nèiróng. Jīngjù shì Zhōngguó
**刚才我听到的是关于京剧的文章。下面我来复述具体内容。京剧是中国**
chuántǒng xìqǔ zhī yī, yǒu èrbǎi duō nián de lìshǐ. Jīngjù zài wénxué, biǎoyǎn děng fāngmiàn dōu yǒu zìjǐ de biǎoyǎn
**传统戏曲之一，有二百多年的历史。京剧在文学、表演等方面都有自己的表演**
xíngshì. Jīngjù de fúzhuāng yǒu xiānmíng de Zhōngguó tèsè, kěyǐ tōngguò fúzhuāng lái biǎoxiàn juésè. Jīngjù de
**形式。京剧的服装有鲜明的中国特色，可以通过服装来表现角色。京剧的**
zhǔyào nèiróng shì lìshǐ gùshi, mùqián yǒu yìqiān sānbǎi duō ge chuántǒng jùmù. Yǐshàng shì wǒ suǒ tīngdào de
**主要内容是历史故事，目前有一千三百多个传统剧目。以上是我所听到的**
guānyú jīngjù de wénzhāng.
**关于京剧的文章。**

해석　제가 방금 들은 것은 경극과 관련된 글입니다. 이어서 제가 구체적인 내용을 설명해보겠습니다. 경극은 중국 전통 희곡 중의 하나로, 200여 년의 역사를 가지고 있습니다. 경극은 문학, 공연 등 방면에서 모두 경극만의 공연 형식이 있습니다. 경극의 의상은 중국 특색이 뚜렷하고, 의상으로 배역을 표현할 수 있습니다. 경극의 주요 내용은 역사 이야기이며, 현재 1300여 개의 전통극 레퍼토리가 있습니다. 이상 제가 들은 경극과 관련된 글입니다.

어휘　**京剧** jīngjù 몡경극　**传统** chuántǒng 몡전통　**文学** wénxué 몡문학　**表演** biǎoyǎn 몡공연　**方面** fāngmiàn 몡방면
　　　**形式** xíngshì 몡형식, 형태　**服装** fúzhuāng 몡의상, 복장　**鲜明** xiānmíng 혱뚜렷하다　**特色** tèsè 몡특색
　　　**表现** biǎoxiàn 동표현하다　**角色** juésè 몡배역, 역할　**目前** mùqián 몡현재　**剧目** jùmù 몡레퍼토리

**2**

　　读书是一种享受，它可以充实我们的生活，丰富我们的精神世界。在忙碌的生活中，我们时常会感到迷茫，而读书就像一盏明灯，能够照亮我们前行的道路。当我们沉浸在书籍的世界里时，当下的忧虑都会暂时消失，取而代之的是一种宁静和满足感。这种满足感并不仅仅来自于知识的积累，更来自于情感上的体验。

해석   독서는 일종의 즐거움으로, 이는 우리의 삶을 충만하게 하고 우리의 정신 세계를 풍요롭게 한다. 바쁜 생활 속에서 우리는 종종 막막함을 느끼지만, 독서는 등불과도 같이 우리가 나아갈 길을 밝혀줄 수 있다. 우리가 책의 세계에 빠져 있을 때 현재의 걱정은 잠시나마 사라지고 이를 대신하는 것은 평온함과 만족감이다. 이러한 만족감은 지식의 축적에서 올 뿐만 아니라 더욱이 감정적인 경험에서도 온다.

어휘   **享受** xiǎngshòu 동 즐기다, 누리다   **充实** chōngshí 동 충만하게 하다   **精神** jīngshén 명 정신   **世界** shìjiè 명 세계
**忙碌** mánglù 형 바쁘다, 눈코 뜰 새 없다   **时常** shícháng 부 종종, 항상   **迷茫** mímáng 형 막막하다, 아득하다
**盏** zhǎn 양 개[등을 세는 단위]   **照亮** zhàoliàng 동 밝히다, 밝게 비추다   **沉浸** chénjìn 동 빠지다, 몰두하다   **书籍** shūjí 명 책, 서적
**忧虑** yōulǜ 명 걱정   **暂时** zànshí 명 잠시, 잠깐   **消失** xiāoshī 동 사라지다   **取而代之** qǔ'érdàizhī 성 대신하다, 바꾸다
**宁静** níngjìng 형 평온하다   **来自于** láizì yú ~으로부터 오다   **积累** jīlěi 동 축적되다, 쌓이다   **体验** tǐyàn 동 경험하다

**모범답변**

🎤

Gāngcái wǒ tīngdào de shì guānyú dúshū de wénzhāng. Xiàmian wǒ lái fùshù jùtǐ nèiróng. Dúshū shì zhǒng
**刚才我听到的是关于读书的文章。下面我来复述具体内容。读书是种**
xiǎngshòu, tā néng chōngshí wǒmen de shēnghuó, fēngfù wǒmen de jīngshén shìjiè. Zài shēnghuó zhōng, wǒmen huì
**享受，它能充实我们的生活，丰富我们的精神世界。在生活中，我们会**
gǎndào mímáng, ér dúshū xiàng yì zhǎn dēng, néng zhàoliàng wǒmen de dàolù. Dāng wǒmen chénjìn zài shū li shí,
**感到迷茫，而读书像一盏灯，能照亮我们的道路。当我们沉浸在书里时，**
níngjìng hé mǎnzúgǎn huì qǔdài yōulǜ. Zhè zhǒng mǎnzúgǎn láizì yú zhīshi de jīlěi hé qínggǎn shang de tǐyàn. Yǐshàng
**宁静和满足感会取代忧虑。这种满足感来自于知识的积累和情感上的体验。以上**
shì wǒ suǒ tīngdào de guānyú dúshū de wénzhāng.
**是我所听到的关于读书的文章。**

해석   제가 방금 들은 것은 독서와 관련된 글입니다. 이어서 제가 구체적인 내용을 설명해보겠습니다. 독서는 일종의 즐거움으로, 이는 우리의 삶을 충만하게 하고 우리의 정신 세계를 풍부하게 합니다. 생활 속에서 우리는 막막함을 느끼는데, 독서는 등불과도 같이 우리의 길을 밝혀줄 수 있습니다. 우리가 책에 빠져 있을 때, 평온함과 만족감이 걱정을 대신합니다. 이러한 만족감은 지식의 축적과 감정적인 경험에서 옵니다. 이상 제가 들은 독서와 관련된 글입니다.

어휘   **享受** xiǎngshòu 동 즐기다, 누리다   **充实** chōngshí 동 충만하게 하다   **精神** jīngshén 명 정신   **世界** shìjiè 명 세계
**迷茫** mímáng 형 막막하다, 아득하다   **盏** zhǎn 양 개[등을 세는 단위]   **照亮** zhàoliàng 동 밝히다, 밝게 비추다
**沉浸** chénjìn 동 빠지다, 몰두하다   **宁静** níngjìng 형 평온하다   **忧虑** yōulǜ 명 걱정   **积累** jīlěi 동 축적되다, 쌓이다
**体验** tǐyàn 동 경험하다

---

**3**     一个木匠准备退休，想回家和妻子儿女享受生活。老板很舍不得让这位优秀的员工离开，但也没有别的办法。老板希望木匠在离开之前最后再帮忙建造一座房子，木匠答应了，但他的心早已不在工作上。他为了尽快离开，用便宜的材料建了一座质量很差的房子。没想到房子建好后，老板居然把钥匙给了他，说那座房子是送给他的退休礼物。

해석   한 목수가 은퇴를 준비하며, 집으로 돌아가 아내, 자녀와 함께 삶을 즐기려 했다. 사장은 이 훌륭한 직원이 떠나는 것이 매우 아쉬웠지만, 다른 방법이 없었다. 사장은 목수가 떠나기 전에 마지막으로 집을 하나 더 지어주기를 바랐고, 목수는 승낙했지만 그의 마음은 이미 더 이상 일에 있지 않았다. 그는 가능한 한 빨리 떠나기 위해 저렴한 재료로 질이 아주 나쁜 집을 지었다. 뜻밖에도 집이 다 지어지고 나서 사장은 열쇠를 그에게 주며 그 집은 그에게 주는 은퇴 선물이라고 했다.

어휘   **木匠** mùjiàng 명 목수   **退休** tuìxiū 동 은퇴하다   **享受** xiǎngshòu 동 즐기다, 누리다   **老板** lǎobǎn 명 사장
**舍不得** shěbude 아쉽다, 섭섭하다   **优秀** yōuxiù 형 훌륭하다, 우수하다   **员工** yuángōng 명 직원, 종업원
**答应** dāying 동 승낙하다, 동의하다   **尽快** jǐnkuài 부 가능한 한 빨리   **材料** cáiliào 명 재료   **建** jiàn 동 짓다, 건축하다
**质量** zhìliàng 명 질, 품질   **居然** jūrán 부 뜻밖에, 의외로   **钥匙** yàoshi 명 열쇠

🎙️

Gāngcái wǒ tīngdào de shì guānyú yí ge mùjiàng de wénzhāng. Xiàmian wǒ lái fùshù jùtǐ nèiróng. Yí ge mùjiàng
刚才我听到的是关于一个木匠的文章。下面我来复述具体内容。一个木匠

zhǔnbèi tuìxiū, xiǎng huíjiā hé jiārénmen xiǎngshòu shēnghuó. Lǎobǎn shěbude tā, dàn yě méi bànfǎ. Lǎobǎn ràng
准备退休，想回家和家人们享受生活。老板舍不得他，但也没办法。老板让

mùjiàng zài zǒu zhīqián zuìhòu zài jiàn yí zuò fángzi, mùjiàng suīrán dāying le, dàn tā de xīn yǐjīng bú zài gōngzuò shang.
木匠在走之前最后再建一座房子，木匠虽然答应了，但他的心已经不在工作上。

Tā xiǎng kuàidiǎn zǒu, yúshì jiànle yí zuò zhìliàng hěn chà de fángzi. Méi xiǎngdào lǎobǎn bǎ fángzi de yàoshi gěile tā,
他想快点走，于是建了一座质量很差的房子。没想到老板把房子的钥匙给了他，

shuō nà shì gěi tā de lǐwù. Yǐshàng shì wǒ suǒ tīngdào de guānyú yí ge mùjiàng de wénzhāng.
说那是给他的礼物。以上是我所听到的关于一个木匠的文章。

해석 　제가 방금 들은 것은 한 목수와 관련된 글입니다. 이어서 제가 구체적인 내용을 설명해보겠습니다. 한 목수가 은퇴를 준비하며, 집으로 돌아가 가족과 함께 삶을 즐기려고 했습니다. 사장은 그를 아쉬워했지만 방법이 없었습니다. 사장은 목수에게 가기 전에 마지막으로 집을 하나 더 지으라고 했고, 목수는 승낙했지만 그의 마음은 이미 더 이상 일에 있지 않았습니다. 그는 빨리 떠나고 싶어 질이 아주 나쁜 집을 지었습니다. 뜻밖에도 사장은 그에게 집 열쇠를 주며 그것이 그에게 주는 선물이라고 말했습니다. 이상 제가 들은 한 목수와 관련된 글입니다.

어휘 　木匠 mùjiàng 圆 목수　退休 tuìxiū 图 은퇴하다　享受 xiǎngshòu 图 즐기다, 누리다　老板 lǎobǎn 圆 사장
　　　舍不得 shěbude 图 아쉽다, 섭섭하다　答应 dāying 图 승낙하다, 동의하다　建 jiàn 图 짓다, 건축하다　质量 zhìliàng 圆 질, 품질
　　　钥匙 yàoshi 圆 열쇠

---

**4**

　끊어읽기　　성조변화　　다음자
Zài shēnghuó zhōng wǒmen chángcháng huì fāxiàn, rúguǒ yí ge rén zài wàimào, zhìlì, dàirénchǔshì děng
在生活中/我们常常会发现，如果/一个人/在外貌、智力、待人处事等

fāngmiàn gěi rén liúxiàle hǎo yìnxiàng, nàme tā de qítā fāngmiàn yě huì dédào jiào hǎo de píngjià. Zhè zhǒng sīwéi
方面/给人留下了好印象，那么/他的其他方面/也会得到/较好的评价。这种思维

fāngshì zài xīnlǐxué shang bèi chēngwéi 'guānghuán xiàoyìng'.
方式/在心理学上/被称为"光环效应"。

Rénmen duì shìwù de rènzhī wǎngwǎng shì cóng júbù kuòsàn dào zhěngtǐ de, yīncǐ róngyì chūxiàn yǐpiāngàiquán
人们对事物的认知/往往是/从局部扩散到整体的，因此/容易出现/以偏概全

de xiànxiàng. Dāng yí ge rén bèi biāozhùle mǒu zhǒng zhèngmiàn de tèzhì shí, yǔ tā yǒuguān de yíqiè dōu huì bèi rènwéi
的现象。当一个人被标注了/某种正面的特质时，与他有关的一切/都会被认为

shì zhèngmiàn de; ér dāng yí ge rén bèi tiēshangle fùmiàn de biāoqiān shí, yǔ tā yǒuguān de yíqiè yě dōu huì bèi kànzuò
是正面的；而/当一个人被贴上了/负面的标签时，与他有关的一切/也都会被看作

shì fùmiàn de. Zài rénjì jiāowǎng zhōng, rúguǒ zhǐ gēnjù yí ge rén de gèbié tèzhēng lái duì qí běnzhì huò quánbù tèzhēng
是负面的。在人际交往中，如果/只根据一个人的个别特征/来对其本质或全部特征/

xià jiélùn, jiù huì dǎozhì kàn bu qīng duìfāng de zhēnshí pǐnzhì, cóng'ér róngyì xíngchéng yì zhǒng piànmiàn de jiélùn.
下结论，就会导致/看不清对方的真实品质，从而/容易形成/一种片面的结论。

Guānghuán xiàoyìng zài duì bù shúxī de rén jìnxíng píngjià shí tǐxiàn de gèngjiā míngxiǎn, yīncǐ kěnéng huì duì
光环效应/在对不熟悉的人进行评价时/体现得更加明显，因此/可能会对

rénjì guānxi chǎnshēng xiāojí yǐngxiǎng. Wǒmen yīnggāi gàojie zìjǐ bú yào shòudào guānghuán xiàoyìng de yǐngxiǎng,
人际关系/产生消极影响。我们应该告诫自己不要受到/光环效应的影响、

xiànrù guānghuán xiàoyìng de wùqū.
陷入/光环效应的误区。

해석    살다 보면 우리는 종종 만약 한 사람이 외모, 지능, 대인 관계 등에서 좋은 인상을 남기면 그는 다른 측면에서도 좋은 평가를 받는다는 것을 발견하게 된다. 이런 사고방식을 심리학에서는 '후광 효과'라고 부른다.

사물에 대한 사람들의 인식은 종종 일부에서 전체로 확산되기 때문에 일부로 전체를 평가하는 현상이 나타나기 쉽다. 한 사람에게 어떤 긍정적인 특성이 태그되면 그와 관련된 모든 것이 긍정적인 것으로 간주되고, 한 사람에게 부정적인 특성이 태그되면 그와 관련된 모든 것이 부정적인 것으로 간주된다. 인간관계에서 만약 한 사람의 개별적인 특징만을 가지고 그의 본성이나 전체적 특징에 대해 결론을 내리면, 상대방의 진정한 인품이 잘 보이지 않게 되는 것을 초래하여 단편적인 결론을 형성하기 쉽다.

후광 효과는 잘 모르는 사람을 평가할 때 더 뚜렷하게 나타나기 때문에, 인간관계에 부정적인 영향을 미칠 수 있다. 우리는 후광 효과의 영향을 받아 후광 효과의 오해에 빠지지 않도록 자신에게 경고해야 한다.

어휘    智力 zhìlì 뗑지능   待人处事 dàirénchǔshì 대인 관계, 사람을 대하고 일을 처리하는 것   评价 píngjià 뗑평가 통평가하다
思维方式 sīwéi fāngshì 사고방식   心理学 xīnlǐxué 뗑심리학   光环效应 guānghuán xiàoyìng 뗑후광 효과
事物 shìwù 뗑사물   局部 júbù 뗑일부   扩散 kuòsàn 통확산하다   整体 zhěngtǐ 뗑전체
以偏概全 yǐpiāngàiquán 쥉일부로 전체를 평가하다   现象 xiànxiàng 뗑현상   标注 biāozhù 통태그하다, 표시하여 밝히다
某 mǒu 때어떤   贴上标签 tiēshang biāoqiān 특성을 태그하다, 딱지를 붙이다   人际交往 rénjì jiāowǎng 뗑인간관계
个别 gèbié 휑개별적인   特征 tèzhēng 뗑특징   本质 běnzhì 뗑본성, 본질   下结论 xià jiélùn 결론을 내리다
导致 dǎozhì 통초래하다   对方 duìfāng 뗑상대방   品质 pǐnzhì 뗑인품   形成 xíngchéng 통형성하다
片面 piànmiàn 휑단편적이다   体现 tǐxiàn 통나타나다   明显 míngxiǎn 휑뚜렷하다   消极 xiāojí 휑부정적이다
告诫 gàojiè 통경고하다, 훈계하다   陷入 xiànrù 통(불리한 지경에) 빠지다   误区 wùqū 뗑오해, 오류가 있는 부분

---

**5**

你认为把文学作品改编为电影时，要忠于原著，还是要大胆创新？为什么？
당신은 문학 작품을 영화로 각색할 때, 원작에 충실해야 한다고 생각하는가, 아니면 과감하게 창작해야 한다고 생각하는가? 왜인가?

### 아웃라인

| | |
|---|---|
| 나의 의견 | **要忠于原著。** 원작에 충실해야 한다. |
| 이유1 | 忠于原著是改编的基础。 원작에 충실하는 것은 각색의 기본이다. |
| 근거 | 改编的作品与原著差距大，会让观众产生心理落差。<br>각색한 작품이 원작과 차이가 크다면, 관객들에게 큰 심리적 간극을 줄 수 있다.<br>改编时忠于原著，才能保持原著的精华。 각색할 때는 원작에 충실해야만 원작의 정수를 유지할 수 있다. |
| 이유2 | 忠于原著是对作者和观众的一种尊重。 원작에 충실하는 것은 작가와 관객에 대한 일종의 존중이다. |
| 근거 | 作者要花大量时间和精力来创作。 작가는 많은 시간과 에너지를 들여 창작한다.<br>改编时要尊重作者的意图。 각색할 때는 작가의 의도를 존중해야 한다.<br>做过多改编是对观众不尊重的做法。 지나치게 많이 각색하는 것은 관객을 존중하지 않는 행동이다. |
| 마무리 | 要忠于原著。 원작에 충실해야 한다. |

### 모범답변

| | |
|---|---|
| 나의 의견 🎙 | Wǒ rènwéi yào zhōngyú yuánzhù.<br>**我认为要忠于原著。** |
| 이유1<br>근거 🎙 | Shǒuxiān, zhōngyú yuánzhù shì gǎibiān de jīchǔ. Rúguǒ gǎibiān de yǐngshì zuòpǐn yǔ<br>**首先，忠于原著是改编的基础。如果改编的影视作品与**<br>yuánzhù běnshēn chājù tài dà, huì ràng xǐ'ài yuánzhù de guānzhòng chǎnshēng hěn dà de xīnlǐ<br>**原著本身差距太大，会让喜爱原著的观众产生很大的心理**<br>luòchā. Wénxué zuòpǐn tōngguò zuòzhě de chuàngzuò, chéngxiànle yí ge wánzhěng de gùshi<br>**落差。文学作品通过作者的创作，呈现了一个完整的故事** |

qíngjié hé jīngshén nèihán. Yīncǐ gǎibiān shí yīnggāi zhōngyú yuánzhù de héxīn zhǔtí, qíngjié,

情节和精神内涵。因此改编时应该忠于原著的核心主题、情节、

rénwù xìnggé hé qínggǎn, zhèyàng cái néng bǎochí yuánzhù de jīnghuá hé mèilì, yǐnqǐ guānzhòng

人物性格和情感，这样才能保持原著的精华和魅力，引起观众

de gòngmíng, shǐ guānzhòng gèng hǎo de lǐjiě hé xīnshǎng yǐngshì zuòpǐn.

的共鸣，使观众更好地理解和欣赏影视作品。

**이유2 근거**

Qícì, zhōngyú yuánzhù shì duì zuòzhě hé guānzhòng de yì zhǒng zūnzhòng. Rúguǒ yí bù

其次，忠于原著是对作者和观众的一种尊重。如果一部

wénxué zuòpǐn shòudào dúzhě de xǐ'ài, nàme zhè wúyí shì duì zuòzhě de kěndìng. Zuòzhě yìbān yào

文学作品受到读者的喜爱，那么这无疑是对作者的肯定。作者一般要

huā dàliàng de shíjiān hé jīnglì lái jìnxíng chuàngzuò, yīncǐ gǎibiān shí yào yǐ zhōngyú yuánzhù wéi

花大量的时间和精力来进行创作，因此改编时要以忠于原著为

qiántí, zūnzhòng zuòzhě de yìtú, bǎoliú yuánzhù de nèihán. Cǐwài, zuò guò duō de shān jiǎn hé

前提，尊重作者的意图，保留原著的内涵。此外，做过多的删减和

gǎibiān shì duì guānzhòng bù zūnzhòng de zuòfǎ, yīnwèi guānzhòngmen xiǎng kàndào de

改编是对观众不尊重的做法，因为观众们想看到的

kěndìng shì yuánzhù zhōng jīngcǎi de gùshi, ér bú shì yǔ cǐ wúguān de nèiróng.

肯定是原著中精彩的故事，而不是与此无关的内容。

**마무리**

Zōngshàngsuǒshù, wǒ rènwéi yào zhōngyú yuánzhù.

综上所述，我认为要忠于原著。

해석　저는 원작에 충실해야 한다고 생각합니다.

먼저, 원작에 충실하는 것은 각색의 기본입니다. 만약 각색한 영상 작품이 원작 자체와 차이가 너무 크다면, 원작을 좋아했던 관객들에게는 큰 심리적 간극을 줄 수 있습니다. 문학 작품은 작가의 창작을 통해 완전한 이야기 줄거리와 정신적 의미를 보여줍니다. 따라서 각색할 때는 원작의 핵심 주제, 줄거리, 인물의 성격과 감정에 충실해야만 원작의 정수와 매력을 유지할 수 있으며, 관객의 공감을 끌어내고 관객으로 하여금 영상 작품을 더 잘 이해하고 감상하게 할 수 있습니다.

그다음으로, 원작에 충실하는 것은 작가와 관객에 대한 일종의 존중입니다. 만약 한 문학 작품이 독자로부터 사랑받는다면, 그것은 작가에 대한 인정임에 틀림없습니다. 작가는 일반적으로 많은 시간과 에너지를 들여 창작을 진행하기 때문에 각색할 때는 원작에 충실하는 것을 전제로 하여, 작가의 의도를 존중하고 원작의 의미를 남겨두어야 합니다. 이 밖에, 지나치게 많이 삭제하거나 각색하는 것은 관객을 존중하지 않는 행동인데, 관객들이 보고 싶었던 것은 분명 원작에서의 흥미로운 이야기이지 이와 상관없는 내용이 아니기 때문입니다.

앞서 언급한 내용을 종합했을 때, 저는 원작에 충실해야 한다고 생각합니다.

어휘　文学作品 wénxué zuòpǐn 圐 문학 작품　改编 gǎibiān 통 각색하다, 다시 편집하다　忠于 zhōngyú ~에 충실하다
原著 yuánzhù 圐 원작　大胆 dàdǎn 혱 과감하다, 대담하다　创新 chuàngxīn 혱 창작하다, 창조하다　差距 chājù 차이
心理 xīnlǐ 圐 심리　落差 luòchā 圐 간극, 갭　保持 bǎochí 통 유지하다　精华 jīnghuá 圐 정수　精力 jīnglì 圐 에너지
创作 chuàngzuò 창작하다　意图 yìtú 圐 의도　保留 bǎoliú 통 남겨두다　本身 běnshēn 圐 자체
呈现 chéngxiàn 통 보이다, 나타나다　完整 wánzhěng 혱 완전하다　情节 qíngjié 圐 줄거리　精神 jīngshén 圐 정신
内涵 nèihán 圐 의미　核心 héxīn 圐 핵심　主题 zhǔtí 圐 주제　人物 rénwù 圐 인물　魅力 mèilì 圐 매력
共鸣 gòngmíng 통 공감하다　欣赏 xīnshǎng 통 감상하다　前提 qiántí 圐 전제　删减 shānjiǎn 삭제하다

## 6

有人认为"勤能补拙"，你怎么看？为什么？
어떤 사람들은 '노력으로 부족함을 메울 수 있다'라고 생각하는데, 당신은 어떻게 생각하는가? 왜인가?

아웃라인

| 나의 의견 | "勤能补拙"这个成语很有道理。 '노력으로 부족함을 메울 수 있다'라는 이 성어는 매우 일리 있다. |
|---|---|
| 이유1 | 没有天赋，也可以通过后天的努力成功。 타고난 재능이 없어도 후천적인 노력을 통해 성공할 수 있다. |
| 근거 | 梅兰芳靠后天的努力成为了著名的京剧演员。 메이란팡은 후천적인 노력에 기대어 유명한 경극 배우가 되었다.<br>很多成功人士和梅兰芳一样。 많은 성공한 사람도 메이란팡과 같다.<br>我们也可以通过后天不断的努力取得成功。 우리도 후천적으로 끊임없이 노력하여 성공을 이룰 수 있다. |
| 이유2 | 勤奋和努力能使一个人更加自信。 부지런함과 노력은 사람을 더욱 자신감을 갖게 할 수 있다. |
| 근거 | 当人通过不断的努力克服困难时，会更有自信心。<br>사람이 꾸준한 노력으로 어려움을 극복했을 때 더욱 자신감을 갖게 된다.<br>这种自信心会产生积极影响。 이러한 자신감은 긍정적인 영향을 미칠 것이다. |
| 마무리 | "勤能补拙"这个成语很有道理。 '노력으로 부족함을 메울 수 있다'라는 이 성어는 매우 일리 있다. |

모범답변

| 나의 의견 | Wǒ rènwéi 'qínnéngbǔzhuō' zhège chéngyǔ hěn yǒu dàolǐ. 'Qínnéngbǔzhuō' de yìsi shì<br>**我认为"勤能补拙"这个成语很有道理。"勤能补拙"的意思是**<br>qínfèn nǔlì kěyǐ míbǔ zìjǐ de bùzú.<br>**勤奋努力可以弥补自己的不足。** |
|---|---|
| 이유1<br>근거 | Yì fāngmiàn, méiyǒu tiānfù de rén, yě kěyǐ tōngguò hòutiān de nǔlì chénggōng. Bǐrú, Méi<br>**一方面，没有天赋的人，也可以通过后天的努力成功。比如，梅**<br>Lánfāng niánqīng de shíhou, tā de shīfù shuō tā shì bènzhuō de xuéyìzhě, zài biǎoyǎn fāngmiàn<br>**兰芳年轻的时候，他的师傅说他是笨拙的学艺者，在表演方面**<br>méiyǒu tiānfù. Dàn tā kào hòutiān de qínfèn hé nǔlì, chéngwéile Zhōngguó zuì zhùmíng de jīngjù<br>**没有天赋。但他靠后天的勤奋和努力，成为了中国最著名的京剧**<br>yǎnyuán. Háiyǒu hěn duō chénggōng rénshì hé Méi Lánfāng yíyàng, tōngguò hòutiān de qínfèn hé<br>**演员。还有很多成功人士和梅兰芳一样，通过后天的勤奋和**<br>nǔlì, zhújiàn chāoyuèle nàxiē tiānfù hěn gāo dàn bú gòu nǔlì de rén. Kějiàn, wǒmen jíshǐ<br>**努力，逐渐超越了那些天赋很高但不够努力的人。可见，我们即使**<br>méiyǒu tianfù, yě kěyǐ tōngguò hòutiān búduàn de nǔlì hé shíjiàn, tígāo zìjǐ de nénglì,<br>**没有天赋，也可以通过后天不断的努力和实践，提高自己的能力，**<br>jīlěi fēngfù de jīngyàn, míbǔ zìjǐ de bùzú, zuìzhōng qǔdé chénggōng.<br>**积累丰富的经验，弥补自己的不足，最终取得成功。** |
| 이유2<br>근거 | Lìng yì fāngmiàn, qínfèn hé nǔlì néng shǐ yí ge rén gèngjiā zìxìn. Bǐrú, dāng yí ge rén<br>**另一方面，勤奋和努力能使一个人更加自信。比如，当一个人**<br>tōngguò búduàn de nǔlì kèfú kùnnan, tíshēng zìjǐ de nénglì shí, huì biàn de gèng yǒu zìxìnxīn,<br>**通过不断的努力克服困难、提升自己的能力时，会变得更有自信心，** |

zhè zhǒng zìxìnxīn jiāng huì shǐ tā gèng hǎo de míbǔ zìjǐ de bùzú, duì tā de zhěngtǐ fāzhǎn
这种自信心将会使他更好地弥补自己的不足，对他的整体发展
chǎnshēng jījí de yǐngxiǎng.
产生积极的影响。

마무리

Zǒng'éryánzhī, wǒ rènwéi 'qínnéngbǔzhuō' zhège chéngyǔ hěn yǒu dàolǐ.
总而言之，我认为"勤能补拙"这个成语很有道理。

해석 저는 '노력으로 부족함을 메울 수 있다'라는 이 성어가 매우 일리 있다고 생각합니다. '노력으로 부족함을 메울 수 있다'의 의미는 부지런히 노력하면 자신의 부족한 점을 보완할 수 있다는 것입니다.

한편으로, 타고난 재능이 없는 사람도 후천적인 노력을 통해 성공할 수 있습니다. 예를 들어, 메이란팡이 젊었을 때 그의 스승은 그를 우둔한 예술가라고 하며 연기에 타고난 재능이 없다고 했습니다. 그러나 그는 후천적인 꾸준함과 노력에 기대어 중국에서 가장 유명한 경극 배우가 되었습니다. 많은 성공한 사람도 메이란팡과 같이, 후천적인 꾸준함과 노력으로 타고난 재능이 많지만 충분히 노력하지 않는 사람들을 점차 뛰어넘었습니다. 우리는 비록 타고난 재능이 없더라도 후천적으로 끊임없이 노력하고 실천하여 자신의 능력을 향상시키고, 풍부한 경험을 쌓으며, 자신의 부족한 점을 보완하면 결국 성공을 이룰 수 있다는 것을 알 수 있습니다.

다른 한편으로, 부지런함과 노력은 사람을 더욱 자신감을 갖게 만듭니다. 예를 들어, 한 사람이 꾸준한 노력으로 어려움을 극복하여 자신의 능력을 향상시킬 때 더욱 자신감을 갖게 할 수 있으며, 이러한 자신감은 자신의 부족한 점을 더 잘 보완하게 하여 그의 전반적인 발전에 긍정적인 영향을 미칠 것입니다.

결론적으로 말하자면, 저는 '노력으로 부족함을 메울 수 있다'라는 이 성어가 매우 일리 있다고 생각합니다.

어휘 **勤能补拙** qínnéngbǔzhuō [성] 노력으로 부족함을 메울 수 있다 **成语** chéngyǔ [명] 성어 **道理** dàolǐ [명] 일리
**天赋** tiānfù [명] 타고난 재능 **靠** kào [동] 기대다 **人士** rénshì [명] 사람 **不断** búduàn [부] 끊임없이 **勤奋** qínfèn [형] 부지런하다
**克服** kèfú [동] 극복하다 **弥补** míbǔ [동] 보완하다 **不足** bùzú [형] 부족하다 **笨拙** bènzhuō [형] 우둔하다 **逐渐** zhújiàn [부] 점차
**超越** chāoyuè [동] 뛰어넘다 **实践** shíjiàn [동] 실천하다 **提升** tíshēng [동] 향상시키다

**1**

> 　　与他人沟通时，多听少说是一项重要的原则。多听指的是耐心地倾听对方说的话，肯定对方的感受；而少说指的是不随意打断别人的话或提出意见，不随意批评对方。多听少说是对对方的尊重，也是一种修养。这样做不仅可以更好地了解对方，还可以让对方感到自己受到尊重，从而形成良好的沟通氛围。

해석　다른 사람과 소통할 때, 많이 듣고 적게 말하는 것은 중요한 원칙이다. 많이 듣는 것은 상대방이 하는 말을 인내심 있게 경청하고 상대방의 느낌을 인정하는 것을 의미한다. 적게 말하는 것은 남의 말을 함부로 끊거나 의견을 제시하지 않고 상대방을 함부로 비판하지 않는 것을 의미한다. 많이 듣고 적게 말하는 것은 상대방에 대한 존중이자 일종의 교양이기도 하다. 이렇게 하면 상대방을 더 잘 알 수 있을 뿐만 아니라 상대방은 자신이 존중 받고 있다는 느낌을 갖게 되어, 좋은 소통 분위기가 조성된다.

어휘　沟通 gōutōng 图소통하다　原则 yuánzé 圆원칙　耐心 nàixīn 圈인내심이 있다　倾听 qīngtīng 图경청하다
　　　对方 duìfāng 圆상대방　肯定 kěndìng 图인정하다　感受 gǎnshòu 圆느낌, 체험　随意 suíyì 图함부로, 제멋대로
　　　打断 dǎduàn 图끊다　意见 yìjiàn 圆의견　批评 pīpíng 图비판하다　修养 xiūyǎng 圆교양
　　　形成 xíngchéng 图조성하다, 형성하다　良好 liánghǎo 圈좋다　氛围 fēnwéi 圆분위기

**모범답변**

🎤

Gāngcái wǒ tīngdào de shì guānyú gōutōng de zhòngyào yuánzé de wénzhāng. Xiàmian wǒ lái fùshù jùtǐ nèiróng.
**刚才我听到的是关于沟通的重要原则的文章。下面我来复述具体内容。**
Gēn tārén gōutōng shí, duō tīng shǎo shuō shì zhòngyào de yuánzé. Duō tīng zhǐ de shì nàixīn de tīng duìfāng de huà,
**跟他人沟通时，多听少说是重要的原则。多听指的是耐心地听对方的话，**
kěndìng tā de gǎnshòu, shǎo shuō de yìsi shì bù suíbiàn dǎduàn biérén de huà, yě bù suíbiàn pīpíng biérén. Duō tīng
**肯定他的感受，少说的意思是不随便打断别人的话，也不随便批评别人。多听**
shǎo shuō shì yì zhǒng xiūyǎng, kěyǐ gèng hǎo de liǎojiě duìfāng, ràng tā gǎndào zìjǐ shòudào zūnzhòng, cóng'ér
**少说是一种修养，可以更好地了解对方，让他感到自己受到尊重，从而**
xíngchéng hǎo de gōutōng fēnwéi. Yǐshàng shì wǒ suǒ tīngdào de guānyú gōutōng de zhòngyào yuánzé de wénzhāng.
**形成好的沟通氛围。以上是我所听到的关于沟通的重要原则的文章。**

해석　제가 방금 들은 것은 소통의 중요한 원칙과 관련된 글입니다. 이어서 제가 구체적인 내용을 설명해보겠습니다. 다른 사람과 소통할 때, 많이 듣고 적게 말하는 것은 중요한 원칙입니다. 많이 듣는다는 것은 상대방의 말을 인내심 있게 듣고 그 느낌을 인정하는 것을 의미하며, 적게 말한다는 것은 남의 말을 함부로 끊지 않고, 함부로 다른 사람을 비판하지 않는 것을 의미합니다. 많이 듣고 적게 말하는 것은 일종의 교양이며, 상대방을 더 잘 알 수 있고, 자신이 존중 받고 있다고 느끼게 되어 좋은 소통 분위기를 조성할 수 있습니다. 이상 제가 들은 소통의 중요한 원칙과 관련된 글입니다.

어휘　沟通 gōutōng 图소통하다　原则 yuánzé 圆원칙　耐心 nàixīn 圈인내심이 있다　对方 duìfāng 圆상대방
　　　肯定 kěndìng 图인정하다　感受 gǎnshòu 圆느낌, 체험　批评 pīpíng 图비판하다　修养 xiūyǎng 圆교양
　　　形成 xíngchéng 图조성하다, 형성하다　氛围 fēnwéi 圆분위기

**2**

> 　　一只老鼠不小心闯入了狮子的领地，狮子抓住它后准备一口吃掉。老鼠非常害怕，但还是鼓起勇气让狮子给自己一个机会，说以后它一定会回报狮子。狮子觉得很可笑，但还是放走了老鼠。不久后，狮子掉进了陷阱，这时老鼠帮它咬断了陷阱的绳子，救出了狮子。可见，我们不应该仅凭外表判断他人，因为每个人都有与众不同的价值和能力。

해석   쥐 한 마리가 실수로 사자의 영토에 침입했는데, 사자는 쥐를 잡아서 한입에 먹으려고 했다. 쥐는 몹시 겁을 먹었지만 용기를 내어 사자를 향해 자신에게 한 번만 기회를 달라며, 나중에 꼭 사자에게 보답하겠다고 했다. 사자는 가소롭다고 생각했지만, 그래도 쥐를 놓아주었다. 얼마 후 사자가 함정에 빠졌는데, 그때 쥐가 함정의 밧줄을 물어뜯어 사자를 구출해냈다. 이를 통해 우리는 겉모습으로만 타인을 판단해서는 안 된다는 것을 알 수 있는데, 모든 사람은 남다른 가치와 능력이 있기 때문이다.

어휘   **老鼠** lǎoshǔ 圏 쥐   **闯** chuǎng 통 침입하다, (맹렬하게) 뛰어들다   **狮子** shīzi 圏 사자   **领地** lǐngdì 圏 영토
**抓** zhuā 잡다, 쥐다   **鼓起勇气** gǔqǐ yǒngqì 용기를 내다   **回报** huíbào 통 보답하다   **可笑** kěxiào 형 가소롭다, 우습다
**陷阱** xiànjǐng 圏 함정   **咬断** yǎoduàn 물어뜯다   **绳子** shéngzi 圏 밧줄   **救** jiù 통 구출하다
**可见** kějiàn 집 (이를 통해) ~임을 알 수 있다   **凭** píng 개 ~으로, ~에 근거하여   **外表** wàibiǎo 圏 겉모습
**与众不同** yǔzhòngbùtóng 성 남다르다, 보통 사람과 다르다   **价值** jiàzhí 圏 가치

### 모범답변

🎙️

Gāngcái wǒ tīngdào de shì guānyú lǎoshǔ hé shīzi de wénzhāng. Xiàmiàn wǒ lái fùshù jùtǐ nèiróng. Yì zhī lǎoshǔ
**刚才我听到的是关于老鼠和狮子的文章。下面我来复述具体内容。一只老鼠**
bù xiǎoxīn jìnrùle shīzi de lǐngdì, shīzi zhǔnbèi chīdiào tā. Lǎoshǔ ràng shīzi gěi zìjǐ yí ge jīhuì, shuō yǐhòu
**不小心进入了狮子的领地，狮子准备吃掉它。老鼠让狮子给自己一个机会，说以后**
huì huíbào shīzi. Shīzi juéde hěn kěxiào, dàn háishi fàngle lǎoshǔ. Bùjiǔ hòu, shīzi diàojìnle xiànjǐng, ér
**会回报狮子。狮子觉得很可笑，但还是放了老鼠。不久后，狮子掉进了陷阱，而**
lǎoshǔ yǎoduànle shéngzi, jiùle shīzi. Kějiàn, bù yīnggāi yǐ wàibiǎo pànduàn biérén, yīnwèi měi ge rén dōu yǒu yǔ
**老鼠咬断了绳子，救了狮子。可见，不应该以外表判断别人，因为每个人都有与**
biérén bù yíyàng de jiàzhí hé nénglì. Yǐshàng shì wǒ suǒ tīngdào de guānyú lǎoshǔ hé shīzi de wénzhāng.
**别人不一样的价值和能力。以上是我所听到的关于老鼠和狮子的文章。**

해석   제가 방금 들은 것은 쥐와 사자와 관련된 글입니다. 이어서 제가 구체적인 내용을 설명해보겠습니다. 쥐 한 마리가 실수로 사자의 영토에 들어갔는데, 사자는 쥐를 잡아먹으려고 했습니다. 쥐는 사자를 향해 자신에게 한 번만 기회를 달라며, 나중에 사자에게 보답할 것이라고 했습니다. 사자는 가소롭다고 생각했지만, 그래도 쥐를 놓아주었습니다. 얼마 후 사자는 함정에 빠졌는데, 쥐는 밧줄을 물어뜯어 사자를 구출했습니다. 이를 통해 겉모습으로만 다른 사람을 판단해서는 안 된다는 것을 알 수 있는데, 모든 사람은 다른 사람과는 다른 가치와 능력을 가지고 있기 때문입니다. 이상 제가 들은 쥐와 사자와 관련된 글입니다.

어휘   **老鼠** lǎoshǔ 圏 쥐   **狮子** shīzi 圏 사자   **领地** lǐngdì 圏 영토   **回报** huíbào 통 보답하다   **可笑** kěxiào 형 가소롭다, 우습다
**陷阱** xiànjǐng 圏 함정   **咬断** yǎoduàn 물어뜯다   **绳子** shéngzi 圏 밧줄   **救** jiù 통 구출하다
**可见** kějiàn 집 (이를 통해) ~임을 알 수 있다   **外表** wàibiǎo 圏 겉모습   **价值** jiàzhí 圏 가치

**3**
　　从前，有个农民很贫穷，他和家人几乎每天都饿肚子。一天，家人趁他外出时把家里仅有的一头病牛卖了，换来了粮食。农民回家后发现病牛被卖了，非常生气。他对家人说："那头牛是一头病牛，已经没力气做任何事了。我们再穷，也不能这样欺骗别人。"于是他把病牛要了回来，并对买牛的人说了实话。买牛的人反而被他的诚实感动，甚至还送了他一些粮食。

해석   옛날에 한 농부가 가난해서 그와 가족은 거의 매일 굶주렸다. 어느 날 가족들은 그가 외출한 틈을 타 집에 하나뿐인 병든 소 한 마리를 팔아 식량으로 바꿔 왔다. 농부가 집으로 돌아온 후 병든 소가 팔린 것을 발견하고는 매우 화가 났다. 그는 가족에게 "그 소는 병든 소라서 더 이상 어떠한 일도 할 힘이 없어. 우리가 아무리 가난해도 이렇게 남을 속여서는 안 돼."라고 말했다. 이에 그는 병든 소를 다시 데려오며 소를 산 사람에게 진실을 말했다. 소를 산 사람은 오히려 그의 진실함에 감동해 심지어 그에게 약간의 식량까지 주었다.

어휘   **从前** cóngqián 圏 옛날, 이전   **农民** nóngmín 圏 농부, 농민   **贫穷** pínqióng 형 가난하다   **饿肚子** è dùzi 굶주리다
**趁** chèn 개 (시간·조건 등을) 틈타서, 이용하여   **粮食** liángshi 圏 식량, 양식   **力气** lìqi 圏 힘   **欺骗** qīpiàn 통 속이다, 기만하다
**于是** yúshì 집 이에, 그래서   **实话** shíhuà 圏 진실, 솔직한 말   **反而** fǎn'ér 및 오히려   **诚实** chéngshí 형 진실하다
**感动** gǎndòng 통 감동하다

🎙️

Gāngcái wǒ tīngdào de shì guānyú yí ge nóngmín de wénzhāng. Xiàmian wǒ lái fùshù jùtǐ nèiróng. Cóngqián,
**刚才我听到的是关于一个农民的文章。下面我来复述具体内容。从前，**
yǒu ge nóngmín hěn qióng, tāmen yì jiā rén zǒngshì è dùzi. Yìtiān, jiārén bǎ jiā li de bìng niú mài le, huànlaile
**有个农民很穷，他们一家人总是饿肚子。一天，家人把家里的病牛卖了，换来了**
liángshi. Tā zhīdào hòu hěn shēngqì, duì jiārén shuō nà tóu bìng niú méi lìqi zuò rènhé shì, tāmen zài qióng yě bù néng
**粮食。他知道后很生气，对家人说那头病牛没力气做任何事，他们再穷也不能**
piàn rén. Tā yàohuíle nà tóu bìng niú, hái duì mǎi niú de rén shuōle shíhuà. Mǎi niú de rén hěn gǎndòng, sòngle tā yìxiē
**骗人。他要回了那头病牛，还对买牛的人说了实话。买牛的人很感动，送了他一些**
liángshi. Yǐshàng shì wǒ suǒ tīngdào de guānyú yí ge nóngmín de wénzhāng.
**粮食。以上是我所听到的关于一个农民的文章。**

해석　제가 방금 들은 것은 한 농부와 관련된 글입니다. 이어서 제가 구체적인 내용을 설명해보겠습니다. 옛날에 한 농부가 가난해서 그들 가족은 항상 굶주렸습니다. 어느 날, 가족은 집에 있는 병든 소를 팔고 식량으로 바꿔 왔습니다. 그가 알게 된 후 화를 내며 가족에게 그 병든 소는 어떠한 일도 할 힘이 없고, 그들이 아무리 가난해도 사람을 속여서는 안 된다고 말했습니다. 그는 그 병든 소를 다시 데려오며 소를 산 사람에게 진실을 말했습니다. 소를 산 사람은 감동하여 그에게 약간의 식량을 주었습니다. 이상 제가 들은 한 농부와 관련된 글입니다.

어휘　**从前** cóngqián 옛날, 이전　**农民** nóngmín 명 농부, 농민　**穷** qióng 형 가난하다　**饿肚子** è dùzi 굶주리다
　　　**粮食** liángshi 명 식량, 양식　**力气** lìqi 명 힘　**骗** piàn 동 속이다　**实话** shíhuà 명 진실, 솔직한 말　**感动** gǎndòng 동 감동하다

---

**4**

Yí wèi zhīmíng de zhǔchírén zài yí dàng jiémù zhōng cǎifǎngle yí wèi xiǎonánhái, wèn tā: "Nǐ zhǎngdà hòu xiǎng
**一位知名的主持人/在一档节目中/采访了/一位小男孩，问他："你长大后想**
dāng shénme ne?" Xiǎonánhái tiānzhēn de huídá: "Wǒ yào dāng fēijī jiàshǐyuán." Zhǔchírén suíjí zhuīwèn: "Rúguǒ
**当什么呢？"小男孩天真地回答："我要当飞机驾驶员。"主持人随即追问："如果**
yǒu yìtiān, nǐ de fēijī zài kōngzhōng fēixíng, dànshì suǒyǒu de yǐnqíng dōu xīhuǒ le, nǐ huì zěnme chǔlǐ?" Xiǎonánhái
**有一天，你的飞机/在空中飞行，但是/所有的引擎/都熄火了，你会怎么处理？"小男孩/**
kǎolǜ piànkè hòu shuō: "Wǒ huì gàosu fēijī shang de rén jìhǎo ānquándài, ránhòu wǒ dàishang jiàngluòsǎn tiào
**考虑片刻后说："我会告诉/飞机上的人/系好安全带，然后/我戴上降落伞跳**
xiàqu." Zàichǎng de guānzhòng fēnfēn pěngfùdàxiào, zhǔchírén què zhuānzhù de kànzhe nàge xiǎonánhái, nàixīn de
**下去。"在场的观众/纷纷捧腹大笑，主持人却专注地看着/那个小男孩，耐心地**
děngdàizhe tā shuōchū zìjǐ de lǐyóu. Méi guò duōjiǔ, xiǎonánhái yǎn zhōng liúchu liǎng háng rèlèi, zhè ràng zhǔchírén
**等待着/他说出自己的理由。没过多久，小男孩眼中/流出两行热泪，这让主持人**
gǎndào hěn yìwài. Tā zhuīwèn dào: "Nǐ wèishénme yào zhèyàng zuò ne?" Xiǎonánhái de dá'àn jiēshìle tā nèixīn zuì
**感到很意外。他追问道："你为什么要这样做呢？"小男孩的答案/揭示了/他内心最**
zhēnzhì de xiǎngfǎ: "Wǒ yào qù ná ránliào, wǒ hái yào huílai!"
**真挚的想法："我要去拿燃料，我还要回来！"**

해석　한 유명 진행자가 한 프로그램에서 한 소년을 인터뷰하며 그에게 물었다. "당신은 커서 무엇이 되고 싶나요?" 소년은 천진난만하게 대답했다. "저는 비행기 조종사가 되고 싶어요." 진행자는 이어서 물었다. "만약 어느 날 당신의 비행기가 하늘을 날고 있는데 모든 엔진이 꺼진다면, 당신은 어떻게 처리할 건가요?" 소년은 잠시 생각한 뒤 말했다. "비행기 안에 있는 사람들에게 안전벨트를 잘 매라고 하고, 저는 낙하산을 타고 뛰어내릴 거예요." 현장에 있던 관객들은 잇달아 배꼽을 잡고 웃었지만 진행자는 소년을 집중하여 보며 인내심을 갖고 그가 이유를 말해주기를 기다렸다. 얼마 지나지 않아 소년의 눈에서 두 줄기 뜨거운 눈물이 흘러나왔고, 이는 진행자를 깜짝 놀라게 했다. 그는 이어서 "왜 그렇게 하려고 했나요?"라고 물었고, 소년의 대답은 그의 마음속 가장 진지한 생각을 드러냈다. "저는 연료를 가지러 갈 거예요. 저는 다시 돌아올 거거든요!"

어휘　**主持人** zhǔchírén 명 진행자　**采访** cǎifǎng 동 인터뷰하다　**天真** tiānzhēn 형 천진난만하다　**驾驶员** jiàshǐyuán 명 조종사
　　　**随即** suíjí 부 이어서, 바로　**追问** zhuīwèn 동[캐]묻다　**引擎** yǐnqíng 명 엔진　**熄火** xīhuǒ 명 (시동이) 꺼지다, 불이 꺼지다
　　　**处理** chǔlǐ 동 처리하다　**片刻** piànkè 명 잠시　**系** jì 동 매다　**降落伞** jiàngluòsǎn 명 낙하산　**纷纷** fēnfēn 부 잇달아

捧腹大笑 pěngfùdàxiào ⒮ 배꼽을 잡고 웃다　专注 zhuānzhù ⒧ 집중하다, 주시하다　等待 děngdài ⒨ 기다리다
理由 lǐyóu ⒩ 이유　意外 yìwài ⒧ 깜짝 놀라다, 의외이다　揭示 jiēshì ⒨ 드러내다　真挚 zhēnzhì ⒧ 진지하다, 진실하다
燃料 ránliào ⒩ 연료

**5** 你认为你在性格上的优点是什么？请简单介绍一下。
당신은 당신 성격의 장점이 무엇이라고 생각하는가? 간단하게 소개하시오.

**아웃라인**

| 나의 의견 | 我在性格上的优点是乐观开朗，而且有耐心。　내 성격의 장점은 긍정적이고 쾌활하며, 인내심이 있는 것이다. |
|---|---|
| 이유1 | 朋友们都觉得我乐观开朗。　친구들은 모두 나를 긍정적이고 쾌활하다고 생각한다. |
| 근거 | 我能给朋友们传播积极的情绪。　나는 친구들에게 긍정적인 감정을 전파할 수 있다. |
| | 我是一个很好的倾诉对象。　나는 속마음을 털어놓기 좋은 상대이다. |
| | 开朗的性格有助于我适应新的环境和变化。　쾌활한 성격은 내가 새로운 환경과 변화에 적응하는 데 도움이 된다. |
| 이유2 | 我觉得自己是个有耐心的人。　나는 스스로가 인내심 있는 사람이라고 생각한다. |
| 근거 | 遇到不如意的事情时，我不会乱发脾气。　마음대로 되지 않는 일이 생길 때 나는 제멋대로 화를 내지 않는다. |
| | 在工作中意见不合时，我会耐心沟通。　업무에서 의견이 일치하지 않을 때, 나는 인내심 있게 소통한다. |
| | 耐心的性格使我更好地解决各种问题。　인내심 있는 성격은 내가 여러 문제를 더 잘 해결하게 한다. |
| 마무리 | 我在性格上的优点是乐观开朗，而且有耐心。　내 성격의 장점은 긍정적이고 쾌활하며, 인내심이 있는 것이다. |

**모범답변**

| 나의 의견 | Wǒ rènwéi wǒ zài xìnggé shang de yōudiǎn shì lèguān kāilǎng, érqiě yǒu nàixīn.<br>我认为我在性格上的优点是乐观开朗，而且有耐心。 |
|---|---|
| 이유1<br>근거 | Shǒuxiān, péngyoumen dōu juéde wǒ lèguān kāilǎng. Bǐrú, wǒ zǒngshì nénggòu gěi péngyoumen chuánbō kuàilè jījí de qíngxù, suǒyǐ tāmen dōu juéde wǒ róngyì xiāngchǔ. Zài péngyoumen yǎn li, wǒ shì yí ge hěn hǎo de qīngsù duìxiàng, tāmen yǒu bù kāixīn de shì, jiù huì lái xiàng wǒ qīngsù, ér wǒ huì rènzhēn qīngtīng tāmen shuō de huà, nǔlì gěi tāmen zhèngnéngliàng, gǔlì tāmen jījí de miànduì wèntí. Cǐwài, kāilǎng de xìnggé yǒuzhù yú wǒ jiéjiāo xīn de péngyou, shìyìng xīn de huánjìng hé biànhuà.<br>首先，朋友们都觉得我乐观开朗。比如，我总是能够给朋友们传播快乐积极的情绪，所以他们都觉得我容易相处。在朋友们眼里，我是一个很好的倾诉对象，他们有不开心的事，就会来向我倾诉，而我会认真倾听他们说的话，努力给他们正能量，鼓励他们积极地面对问题。此外，开朗的性格有助于我结交新的朋友，适应新的环境和变化。 |
| 이유2<br>근거 | Qícì, Wǒ juéde zìjǐ shì ge yǒu nàixīn de rén. Bǐrú, zài shēnghuó zhōng yùdào bù rúyì de shìqing shí, wǒ bú huì luàn fā píqi, ér shì xiān lěngjìng de sīkǎo, zhǎochu jiějué wèntí de<br>其次，我觉得自己是个有耐心的人。比如，在生活中遇到不如意的事情时，我不会乱发脾气，而是先冷静地思考，找出解决问题的 |

bànfǎ. Zài bǐrú, zài gōngzuò zhōng yǔ shàngsī huò tóngshì yìjiàn bù hé shí, wǒ bú huì gùzhí de

**办法。再比如，在工作中与上司或同事意见不合时，我不会固执地**

jiānchí zìjǐ de yìjiàn, ér shì nàixīn de hé duìfāng gōutōng, jījí xúnzhǎo zuì jiā jiějué fāng'àn.

**坚持自己的意见，而是耐心地和对方沟通，积极寻找最佳解决方案。**

Wǒ nàixīn de xìnggé shǐ wǒ zài gōngzuò zhōng nénggòu bǎochí pínghé yǔ lǐzhì, cóng'ér gèng hǎo

**我耐心的性格使我在工作中能够保持平和与理智，从而更好**

de jiějué gè zhǒng wèntí.

**地解决各种问题。**

마무리

Zǒng'éryánzhī, wǒ rènwéi wǒ zài xìnggé shang de yōudiǎn shì lèguān kāilǎng, érqiě yǒu nàixīn.

**总而言之，我认为我在性格上的优点是乐观开朗，而且有耐心。**

**해석** 저는 제 성격의 장점이 긍정적이고 쾌활하며, 인내심이 있는 것이라고 생각합니다.

먼저, 친구들은 모두 저를 긍정적이고 쾌활하다고 생각합니다. 예를 들어, 저는 항상 친구들에게 즐겁고 긍정적인 감정을 전파할 수 있기 때문에 그들은 모두 제가 함께 어울리기 쉬운 사람이라고 생각합니다. 친구들의 눈에 저는 속마음을 털어놓기 좋은 상대라서, 그들에게 슬픈 일이 있으면 저에게 털어놓습니다. 저는 진지하게 그들의 말을 귀기울여 듣고 그들에게 긍정적인 에너지를 줄 수 있도록 노력하며, 그들이 문제에 긍정적으로 대처할 수 있도록 격려합니다. 이 밖에, 쾌활한 성격은 제가 새로운 친구를 사귀고, 새로운 환경과 변화에 적응하는 데 도움이 됩니다.

그다음으로, 저는 스스로가 인내심 있는 사람이라고 생각합니다. 예를 들어, 생활 속에서 마음대로 되지 않는 일이 생겼을 때 저는 제멋대로 화를 내지 않고, 먼저 냉정하게 생각하여 문제를 해결할 방법을 찾습니다. 또 예를 들어, 업무에서 상사나 동료와 의견이 일치하지 않을 때, 저는 제 의견을 고집스럽게 유지하지 않고, 인내심 있게 상대방과 소통하여 적극적으로 최상의 해결 방안을 찾으려고 노력합니다. 저의 인내심 있는 성격은 제가 업무에서 평정과 이성을 유지하게 하며, 그리하여 여러 문제를 더 잘 해결하게 합니다.

결론적으로 말하자면, 제 성격의 장점이 긍정적이고 쾌활하며, 인내심이 있는 것이라고 생각합니다.

**어휘** **乐观** lèguān 형 긍정적이다  **开朗** kāilǎng 형 쾌활하다, 명랑하다  **传播** chuánbō 통 전파하다  **情绪** qíngxù 명 감정, 기분
**对象** duìxiàng 명 상대  **倾诉** qīngsù 통 (속마음을) 털어놓다  **如意** rúyì 통 마음대로 되다, 생각대로 되다
**沟通** gōutōng 통 소통하다, 교류하다  **相处** xiāngchǔ 통 함께 어울리다  **倾听** qīngtīng 통 귀를 기울여 듣다
**能量** néngliàng 명 에너지, 능력  **结交** jiéjiāo 통 사귀다  **思考** sīkǎo 통 깊이 생각하다  **固执** gùzhí 형 고집스럽다
**对方** duìfāng 명 상대방  **寻找** xúnzhǎo 통 찾다, 구하다  **方案** fāng'àn 명 방안  **保持** bǎochí 통 유지하다
**理智** lǐzhì 명 이성, 이성과 지혜  **从而** cóng'ér 접 그리하여

---

**6** 团队领导应该具备哪些能力？为什么？

팀 리더는 어떤 능력을 갖춰야 하는가? 왜인가?

### 아웃라인

| | | |
|---|---|---|
| 나의 의견 | **团队领导应该具备以下几种能力。** | 팀 리더는 아래와 같은 능력을 갖추어야 한다. |
| 이유1 | **团队领导要有领导能力和决策能力。** | 팀 리더는 리더십과 의사 결정 능력이 있어야 한다. |
| 근거 | **团队领导要有明确的目标，激发团队创造力。** | |
| | 팀 리더는 명확한 목표가 있어야 하며, 팀의 창의력을 불러일으켜야 한다. | |
| | **团队领导要迅速做出明智的决策。** | 팀 리더는 신속하게 현명한 결정을 내릴 수 있어야 한다. |
| | **这样才能带领团队渡过难关、实现共同目标。** | |
| | 이렇게 해야만 팀을 이끌고 어려움을 극복하고 공동 목표를 달성할 수 있다. | |
| 이유2 | **团队领导要有管理能力和沟通能力。** | 팀 리더는 관리 능력과 커뮤니케이션 능력이 있어야 한다. |
| 근거 | **团队领导应该有效管理团队，进行有效沟通。** | |
| | 팀 리더는 팀 구성원을 효과적으로 관리하고, 효과적인 커뮤니케이션을 해야 한다. | |
| | **这样才能得到各方的支持，完成团队业务。** | 이렇게 해야만 각 관계자들의 지지를 받아 팀 업무를 완수할 수 있다. |

| | | |
|---|---|---|
| 이유3 | 团队领导要有持续学习的能力。 | 팀 리더는 지속적인 학습 능력이 있어야 한다. |
| 근거 | 团队领导要做到与时俱进，不断学习。 | 팀 리더는 시대에 발맞추어 발전하고 끊임없이 학습해야 한다. |
| | 这样才能带领团队不断取得成就。 | 이렇게 해야만 팀이 계속 성취를 이룰 수 있도록 이끌 수 있다. |
| 마무리 | 团队领导应该具备以上几种能力。 | 팀 리더는 위와 같은 능력을 갖추어야 한다. |

**모범답변**

| | |
|---|---|
| 나의 의견 🎤 | Wǒ rènwéi tuánduì lǐngdǎo yīnggāi jùbèi yǐxià jǐ zhǒng nénglì.<br>我认为团队领导应该具备以下几种能力。 |
| 이유1<br>근거 🎤 | Dì yī, tuánduì lǐngdǎo yào yǒu lǐngdǎo nénglì hé juédìng nénglì. Jùtǐ lái shuō, tuánduì<br>第一，团队领导要有领导能力和决策能力。具体来说，团队<br>lǐngdǎo yào yǒu míngquè de yuànjǐng hé mùbiāo, jīfā tuánduì de chuàngzàolì, bìng zài miànduì<br>领导要有明确的愿景和目标，激发团队的创造力，并在面对<br>fùzá de wèntí shí xùnsù zuòchū míngzhì de juécè. Zhèyàng cái néng dàilǐng tuánduì dùguò<br>复杂的问题时迅速做出明智的决策。这样才能带领团队渡过<br>nánguān, shíxiàn gòngtóng mùbiāo, cùjìn tuánduì chéngyuán hé qǐyè de fāzhǎn.<br>难关、实现共同目标，促进团队成员和企业的发展。 |
| 이유2<br>근거 🎤 | Dì èr, tuánduì lǐngdǎo yào yǒu guǎnlǐ nénglì hé gōutōng nénglì. Jùtǐ lái shuō, tuánduì lǐngdǎo<br>第二，团队领导要有管理能力和沟通能力。具体来说，团队领导<br>de zhèxiē nénglì zhíjiē guānxì dào tuánduì hé qǐyè de fāzhǎn, yīncǐ tuánduì lǐngdǎo yīnggāi yǒuxiào<br>的这些能力直接关系到团队和企业的发展，因此团队领导应该有效<br>de guǎnlǐ tuánduì chéngyuán hé yèwù jìnzhǎn qíngkuàng, bìng dǒngde yǔ tuánduì chéngyuán,<br>地管理团队成员和业务进展情况，并懂得与团队成员、<br>shàngjí lǐngdǎo hé kèhù jìnxíng yǒuxiào de gōutōng hé xiétiáo. Zhèyàng cái néng dédào gè fāng de<br>上级领导和客户进行有效的沟通和协调。这样才能得到各方的<br>zhīchí, shùnlì wánchéng tuánduì yèwù.<br>支持，顺利完成团队业务。 |
| 이유3<br>근거 🎤 | Dì sān, tuánduì lǐngdǎo yào yǒu chíxù xuéxí de nénglì. Jùtǐ lái shuō, tuánduì lǐngdǎo xūyào<br>第三，团队领导要有持续学习的能力。具体来说，团队领导需要<br>zuòdào yǔshíjùjìn, búduàn xuéxí xīn de guǎnlǐ fāngfǎ hé shíjiàn jīngyàn, tígāo zìshēn de guǎnlǐ<br>做到与时俱进，不断学习新的管理方法和实践经验，提高自身的管理<br>nénglì hé zōnghé sùzhì, lái shìyìng chíxù biànhuà de shìchǎng huánjìng. Zhèyàng cái néng dàilǐng<br>能力和综合素质，来适应持续变化的市场环境。这样才能带领<br>tuánduì búduàn qǔdé chéngjiù.<br>团队不断取得成就。 |
| 마무리 🎤 | Zōngshàngsuǒshù, wǒ rènwéi tuánduì lǐngdǎo yīnggāi jùbèi yǐshàng jǐ zhǒng nénglì.<br>综上所述，我认为团队领导应该具备以上几种能力。 |

해석 　저는 팀 리더가 아래와 같은 능력을 갖추어야 한다고 생각합니다.

첫째, 팀 리더는 리더십과 의사 결정 능력이 있어야 합니다. 구체적으로 말하자면, 팀 리더는 명확한 비전과 목표가 있어야 하며, 팀의 창의력을 불러일으키고, 복잡한 문제에 직면했을 때 신속하게 현명한 결정을 내릴 수 있어야 합니다. 이렇게 해야만 팀을 이끌고 어려움을 극복하고 공동 목표를 달성하며, 팀 구성원과 기업의 발전을 촉진할 수 있습니다.

둘째, 팀 리더는 관리 능력과 커뮤니케이션 능력이 있어야 합니다. 구체적으로 말하자면, 팀 리더의 이러한 능력은 팀과 기업의 발전에 직접적으로 연관되어 있으므로, 팀 리더는 팀 구성원과 업무 진행 상황을 효과적으로 관리해야 하며, 팀 구성원, 상사 및 고객과의 효과적인 커뮤니케이션 및 조정을 할 줄 알아야 합니다. 이렇게 해야만 각 관계자들의 지지를 받아 팀 업무를 원활하게 완수할 수 있습니다.

셋째, 팀 리더는 지속적인 학습 능력이 있어야 합니다. 구체적으로 말하자면, 팀 리더는 시대에 발맞추어 발전해야 하며, 새로운 관리 방법과 실무 경험을 끊임없이 학습하고 자신의 관리 능력과 종합적인 소질을 향상시켜서 지속적으로 변화하는 시장 환경에 적응해야 합니다. 이렇게 해야만 팀이 계속 성취를 이룰 수 있도록 이끌 수 있습니다.

앞서 언급한 내용을 종합했을 때, 저는 팀 리더가 위와 같은 능력을 갖추어야 한다고 생각합니다.

어휘 　**团队** tuánduì 명 팀, 단체　**领导** lǐngdǎo 명 리더, 대표　**具备** jùbèi 통 갖추다　**决策** juécè 명 의사 결정
**明确** míngquè 형 명확하다　**目标** mùbiāo 명 목표　**激发** jīfā 통 불러일으키다　**创造力** chuàngzàolì 명 창의력
**迅速** xùnsù 형 신속하다　**明智** míngzhì 형 현명하다　**带领** dàilǐng 통 이끌다　**渡过** dùguò 통 극복하다, 넘다
**难关** nánguān 명 어려움, 난관　**实现** shíxiàn 통 달성하다　**成员** chéngyuán 명 구성원　**沟通** gōutōng 통 커뮤니케이션하다
**业务** yèwù 명 업무　**持续** chíxù 통 지속하다　**与时俱进** yǔshíjùjìn 시대에 발맞추어 발전하다　**不断** búduàn 뷔 계속, 끊임없이
**成就** chéngjiù 명 성취　**愿景** yuànjǐng 명 비전, 청사진　**面对** miànduì 통 직면하다　**促进** cùjìn 통 촉진하다
**企业** qǐyè 명 기업　**进展** jìnzhǎn 통 진행하다　**上级** shàngjí 명 상사, 상급자　**客户** kèhù 명 고객, 거래처
**协调** xiétiáo 통 조정하다　**综合** zōnghé 통 종합하다　**素质** sùzhì 명 소질, 능력　**市场** shìchǎng 명 시장

**해커스** 중국어 중국어 말하기 시험

# HSKK 고급

## 5일 만에 딸 수 있다!

**초판 1쇄 발행 2024년 6월 25일**

| | |
|---|---|
| **지은이** | 해커스 HSK연구소 |
| **펴낸곳** | ㈜해커스 |
| **펴낸이** | 해커스 출판팀 |

| | |
|---|---|
| **주소** | 서울특별시 서초구 강남대로61길 23 ㈜해커스 |
| **고객센터** | 02-537-5000 |
| **교재 관련 문의** | publishing@hackers.com |
| | 해커스중국어 사이트(china.Hackers.com) 교재 Q&A 게시판 |
| **동영상강의** | china.Hackers.com |

| | |
|---|---|
| **ISBN** | 979-11-379-1526-8 (13720) |
| **Serial Number** | 01-01-01 |

**중국어인강 1위,**
**해커스중국어** china.Hackers.com

**해커스**중국어

- 해커스 스타강사의 **본 교재 인강** (교재 내 할인쿠폰 수록)
- 실전 감각을 끌어올리는 **다양한 버전의 교재 MP3**
- 실제 시험과 동일한 환경에서 연습할 수 있는 **유튜브로 보는 실전모의고사**

중국어도 역시

# 1위 해커스중국어

중국어인강
**1위**

네이버
검색어 트렌드
**1위**

강의 만족도
**96.4%**

[인강] 주간동아 선정 2019 한국 브랜드만족지수 교육(중국어인강) 부문 1위
[트렌드] 주요 5개 업체 간의 네이버 검색어 트렌드 검색량 비교 결과(검색어: 업체명+중국어, 대표 강사 및 상품 등 2019.07.~2020.07.)
[만족도] 해커스중국어 2020 강의 수강생 대상 설문조사 취합 결과

## 중국어인강 **1위** 해커스의 저력,
## 수많은 HSK 합격자로 증명합니다.

HSK 200% 환급반 4급
성적미션 환급자
**합격 점수**
# 평균 253점

\* 성적 미션 달성자
\*\*HSK 200% 환급반 4급 성적미션 환급대상자 56명 기준(2023.03.28.~2024.04.15.)

HSK 200% 환급반 5급
성적미션 환급자
**합격 점수**
# 평균 234점

\* 성적 미션 달성자
\*\* HSK 200% 환급반 5급 성적미션 환급대상자 86명 기준(2023.03.28.~2024.04.15.)

## HSK 6급 252점 고득점 합격

| HSK 6급(2023.11.18) 汉语水平考试 | | | 총점 |
|---|---|---|---|
| 듣기 | 독해 | 쓰기 | 총점 |
| 90 | 80 | 82 | 252 |

HSK 환급반 수강생 정\*웅님 후기

## 이미 많은 선배들이 **해커스중국어**에서
## 고득점으로 HSK 졸업 했습니다.